U0950553

高校社科文库
University Social Science Series
教育部高等学校
社会科学发展研究中心

汇集高校哲学社会科学优秀原创学术成果
搭建高校哲学社会科学学术著作出版平台
探索高校哲学社会科学专著出版的新模式
扩大高校哲学社会科学科研成果的影响力

社会保障权实施成本研究

The Research on the Implementation Cost of Social Security Right

庞凤喜
潘孝珍/著

光明日报出版社

图书在版编目（CIP）数据

社会保障权实施成本研究 / 庞凤喜，潘孝珍著．--北京：光明日报出版社，2012.12（2024.6重印）
（高校社科文库）
ISBN 978-7-5112-3527-5

Ⅰ.①社… Ⅱ.①庞…②潘… Ⅲ.①社会保障—研究—中国 Ⅳ.①D632.1

中国版本图书馆CIP数据核字（2012）第286954号

社会保障权实施成本研究

SHEHUI BAOZHANGQUAN SHISHI CHENGBEN YANJIU

著　　者：庞凤喜　潘孝珍

责任编辑：刘伟哲　　责任校对：傅泉泽
封面设计：小宝工作室　　责任印制：曹　净

出版发行：光明日报出版社
地　　址：北京市西城区永安路106号，100050
电　　话：010-63169890（咨询），010-63131930（邮购）
传　　真：010-63131930
网　　址：http：//book. gmw. cn
E - mail：gmrbcbs@gmw. cn
法律顾问：北京市兰台律师事务所龚柳方律师

印　　刷：三河市华东印刷有限公司
装　　订：三河市华东印刷有限公司
本书如有破损、缺页、装订错误，请与本社联系调换，电话：010-63131930

开　　本：165mm×230mm
字　　数：200千字　　印　　张：13.25
版　　次：2012年12月第1版　　印　　次：2024年6月第3次印刷
书　　号：ISBN 978-7-5112-3527-5-01

定　　价：68.00元

版权所有　　翻印必究

前 言

社会保障权是现代社会公民的一项基本权利，《中华人民共和国宪法》第四十五条明确规定：中华人民共和国公民在年老、疾病或者丧失劳动能力的情况下，有从国家和社会获得物质帮助的权利。国家发展为公民享受这些权利所需要的社会保险、社会救济和医疗卫生事业。但是，我们也特别需要看到的是，社会保障权的实现需要消耗大量稀缺的公共资源，换言之，社会保障权的实现绝不是无成本的。在当前“未富先老”的我国，努力降低或控制社会保障权的实施成本，对于提高社会保障权实现的有效性无疑具有极其重要的价值。

具体来说，尽管我国目前的经济总量已位居全球第二位的水平，但与排名第一位的美国相比，我国经济总量尚不及美国的50%；以人均收入的角度来观察，我国仅仅排在全球第89位的水平。显然，为实施社会保障权，我国现有经济体系能够提供的资金供给是有限的。与此同时，我国现阶段社会保障资金的支出需求却在不断增长，这种增长源自于：一是我国人口老龄化问题正在不断加剧；二是我国社会保障覆盖面亟待进一步扩大；三是我国社会保障待遇水平亟需进一步提高。简而言之，从社会保障权实施的资金供给与需求来看，应该说，形势是极为严峻的。而且也正是这种巨大的社会保障资金需求，一直在不断推高着我国的社会保险费率。有关统计显示：我国单位和个人缴纳的社会保险费率之和已高达职工工资总额的40%左右，在全部170多个样本国家中排名第13位。它清楚地表明：我国社保基金征缴比例的提高已无太大空间。因此，已经能够观察和不难推测到的现象就是：我国当前和未来存在巨大的社会保障支付需求，而可预见的资金缺口将日益扩大。

正因为如此，严格控制社会保障权的实施成本，是实现社会保障权既定质量的基本途径，也是实现我国社会保障制度可持续运行的基本要求。但遗憾的是，我国社会各界迄今仍未对此问题予以足够的关注，由此也使得我国社会保障权实施成本的控制问题几乎成为理论研究与政府决策的盲点。因此，尽管本书的写作尚嫌粗糙，我们仍希望藉此书籍的出版，能够吸引更多的人关注和研究社会保障权实施成本这一重大的理论与实践问题，也希望社会保障制度的设计能够更加注重从成本控制入手加以调整，以切实推进社会保障制度的更深层次改革，进而为社会保障权的真正实现奠定坚实的基础。

本书是在笔者主持完成的教育部人文社会科学研究项目——社会保障权的实施成本及其控制研究（08JA790135）的课题报告基础上修改而成的，合著者潘孝珍是本人指导的博士研究生，是一位优秀的对社会科学研究饱含热情的年轻学子。本书的前期工作中，燕洪国博士也贡献了他的智慧。同时，李波教授、石子印博士、徐志持老师也给予了大力支持，在此，一并表示衷心的感谢！

本书的出版，需要特别感谢教育部高等学校社会科学发展研究中心及国家重点学科——中南财经政法大学财政学科点的资助，以及责任编辑刘伟哲女士付出的辛勤劳动。

由于专业与知识结构等诸多方面的限制，文中疏漏、错误在所难免，敬请批评指正。

庞凤喜

2012 年 10 月于武昌南湖

CONTENTS 目 录

导 论

一、选题背景及意义

社会保障权是现代社会公民的一项基本权利，为公民提供全面的社会保障是现代政府的天然职责，而社会保障制度的运行无疑需要消耗大量稀缺的公共资源。如何有效地使用社会公共资源，从而努力降低或控制社会保障权的实施成本，对于提高社会保障权实施的有效性具有决定性意义。显然，社会保障权实施成本的高低，在很大程度上将决定着社会保障资金的使用效率、资金安全与公共财政压力，并决定着社会保障权利的实现程度。但遗憾的是，在我国全面推进社会保障事业建设的今天，社会各界对社会保障权实施成本这一重大的理论与现实问题仍然缺乏足够的关注，由此也使得我国社会保障权实施成本的控制问题几乎成为理论研究与政府决策的盲点。因此，在我国当前人口老龄化程度不断加剧，社会保障项目覆盖面有待进一步扩大，社会保障待遇有待进一步提升，而社会保障财政资金的投入非常有限的现实条件约束下，如何在实现全面推进社会保障制度建设的同时，进一步有效降低社会保障权的实施成本，提高社会保障公共资源的使用效率，增强社会保障制度运行的可持续性，并确保社会保障权得到有效实施，是当前亟待关注并值得深入研究的一个重大课题。本书的研究背景主要有以下几个方面：

1. 未来存在新的巨额养老保险资金支付需求

养老保险资金支付需求是极为典型的刚性需求，从我国当前和不远的将来来看，新的养老保险资金支付需求无疑是非常巨大的。

（1）养老保险应参保人数多，实参保人数少，体制覆盖面较为狭窄。截止 2010 年底，我国参加全国基本养老保险人数仅 25707. 3 万人，其中：在职职工 19402. 3 万人，离退休人员 6305. 0 万人，而当年度全部就业人员为 76105

万人①，参加基本养老保险的在职职工仅占当年度全部就业人员的25.5%，显然，扩大养老保险的覆盖面是我国今后社会保障工作的重要内容之一。

（2）农村人口的养老保险状况更加严峻。国务院新闻办发布的《中国的社会保障状况和政策》白皮书显示，2003年全国农村养老保险覆盖1870个县、市，参保人数5428万人，仅占农村人口比重的6.03%，养老保险基金总数为259亿元，人均保险仅477元。而到2010年底，虽然全国有27个省、自治区的838个县（市、区、旗）和4个直辖市部分区县开展国家新型农村社会养老保险试点，但是参保人数还是只有10277万人，全年新型农村社会养老保险基金收入仅453亿元，人均保险仅441元，低于2003年的水平②。以上数据表明，我国农村养老保险不仅覆盖面小，而且保障水平过低，加之从区域的角度来看，参加社会养老保险的大多是较发达的农村地区，从人员的角度来看，参加社会养老保险的大多都是农村中较为富裕的人员，因而我国农村养老保险工作面临着不发达的农村地区参保困难，相对贫困的农民无力投保的尴尬局面，而这种"保富不保贫"的不正常现象无疑与社会保险的宗旨背道而驰。

2. 社会保障资金缺口将日益扩大

社会保障资金是社会保障体系建设与运行的基础，但这个基础目前在我国还十分薄弱，其基本表现是，尽管我国当前的养老保险覆盖范围如此之窄，且刚刚步入人口老龄化社会不久，但我国却已经开始出现社会保障资金的亏空，即社会保障各个项目收不抵支，陷入财务危机，而这个情况尤以养老保险项目最为严重。王梦奎2001年主编的《中国社会保障体制改革》指出，我国养老保险项目在1997年有5个地区出现收不抵支，1998年扩大至21个，1999年则达到了25个，并同时指出天津和吉林等四省市已把历年积累吃光，随时可能出现支付危机③。另据统计，从1999年劳动与社会保障部26号文件颁布到2001年，我国的基本养老保险基金收入和支出基本相等，即把个人账户的资金也算在内，基金的收入也仅仅勉强维持基金的支出，甚至1998年还发生入不敷出的情况。2002～2004年，如果把个人账户资金从征缴的养老保险资金总额中扣除，则征缴的养老保险社会统筹资金仍不足以支付当年的养老保险统

① 数据来源：《中国统计年鉴》，中国统计出版社2011年版。

② 数据来源：人力资源和社会保障部公布的《2010年度人力资源和社会保障事业发展统计公报》。

③ 王梦奎主编：《中国社会保障体制改革》，中国发展出版社2001年版，第9页。

筹账户支出。为此，国家财政每年需要对基本养老保险进行大量的补贴，2002~2005 年分别为 620.1 亿元、530 亿元、614 亿元和 545 亿元①。此外，中央财政 2008 年安排 1263 亿元补助资金，用于完善企业职工基本养老保险制度，扩大做实企业职工基本养老保险个人账户试点②，2010 年该项补助资金达到了 1561 亿元③。

同时，我国当前还存在的一个现象是，在已覆盖的各类企业职工中，参保人数的平均增速尚不及离退休职工人数的平均增速。以 1989 年到 2010 年为例，我国基本养老保险缴费职工由 4816.9 万人增加到 19402.3 万人，同期领取养老金的人数则由 893.4 万人增加到 6305.0 万人，其年平均增速分别为 6.86% 和 9.75%④。养老保险资金缺口是我国社会保障体系运行中正在逐渐显现的重大危机，而许多发展中国家的实践也表明，筹资不足的公共养老保险体系影响政府财政稳定，从更广泛的角度来讲是社会经济稳定的潜在威胁，社会保障方面日益增长的财政支出压力必将使政府财政难堪重负。

3. 人口老龄化带来巨大的社会保障支出压力

人口老龄化在一定程度上是人类社会进步的标志，其出现的根本原因在于人口世代更迭的水平慢于人类社会生活水平的提高，从而导致了人口年龄结构中老龄人口比重增加。与世界其他发达国家在完成社会工业化、城市化以后才出现人口老龄化问题不同，我国是在社会经济水平还不发达的条件下出现“未富先老”的现象，这和我国 20 世纪中期的鼓励生育与 20 世纪后期以来的计划生育政策有着直接的关联，人口老龄化社会的提前到来使我国社会保障支出的压力更为突出。

联合国根据各国人口的年龄结构将世界各国分成如下三种类型：65 岁及以上人口占总人口 4% 以下的“青年型”国家、65 岁及以上人口占总人口 4% ~7% 的“成年型”国家、65 岁及以上人口占总人口 7% 以上的“老年型”国家。按此标准，我国从 2001 年开始，65 岁以上人口占全部人口的比重已超过 7%，达到联合国规定的“老年型”国家标准，正式步入人口老龄化社会。

---

① 参见《中央财政下拨企业职工养老保险补助资金 170 亿元》，新华网，2006 年 1 月 21 日。

② 数据来源：《中国劳动统计年鉴》，中国统计出版社 2009 年版。

③ 数据来源：《2010 年中央和地方预算执行与 2011 年预算草案报告》，中央政府门户网，2011 年 3 月 17 日。

④ 数据来源：《中国统计年鉴》，中国统计出版社 2011 年版。

而且我国人口老龄化的态势还刚刚开始，老龄人口占全部总人口的比重尚处于上升状态。例如，从2001年到2010年，仅仅8年时间里我国65岁以上人口的比重从7.1%上升到8.9%，上升了1.4个百分点。此外，老年抚养比①与65岁以上人口的比重呈现正相关关系，也就是随着老龄人口比重的不断增加，单位劳动人口供养的老年人口数也随之增加，劳动人口的供养压力越来越大。

我国日益严重的人口老龄化趋势无疑增加了未来社会保障支出的压力，这必然加重社会保障资金实现保值增值目标的迫切性。全国社会保障基金作为国家应付人口老龄化高峰时期的社会保障支出需求而设立的专项基金，人口老龄化的程度越高，对该基金实现保值增值的要求也就越迫切。而养老保险、医疗保险的个人账户基金在未来的支出水平也都直接受到人口老龄化的影响，即人口老龄化的程度越高，养老保险、医疗保险在未来支出的水平也就越高，对基金实现保值增值的要求也就越迫切。

4. 社会保障资金的征缴比例似无提高的空间

从理论上讲，社会保险项目的筹资应该以“以支定收，收支平衡”为原则。在覆盖率低、核定工资总额较低、基金收益率低、退休年龄低与可比工资替代率高等因素导致社会养老保险基金收不抵支的情况下，要保持养老保险收支的平衡，则势必要提高社会保障费率。而由于社会保障的支出比缴费率更具有刚性，即对社会保险费收入的需求更具有刚性，计费依据小了，要满足同样的社会保险资金需求，达到相同的社会保险费收入，惟一的选择就是提高缴费率。而缴费率的提高又将进一步影响覆盖率、收缴率、核定工资总额，进而再影响基金收入，并出现新一轮费率的提高。

从实践来看，近几年，为了确保社会保障缴款的实际征收水平，我国社会保障费率已从制度初始时的20%上升到1997年的23.57%，而2007年部分地区的费（税）率水平更是高达40%②，明显高于世界绝大多数国家或地区的社会保障缴费水平。过高的社会保障缴费率会有许多负面的影响，它提高了企业的人工成本，降低了企业的实际盈利水平，并导致许多企业以各种方式逃避参保，或少报、瞒报缴费基数。因此，在社会保障资金收支面临巨大压力的同

① 老年抚养比，也称老年人口抚养系数，指老年人口数与劳动年龄人口数之比。

② 参见《张家港市历年城镇职工平均工资及社会保险征缴比例一览表（2007）》，张家港市劳动与社会保障局网站，2007年7月26日。

时，我国企业欠缴、少缴基本养老保险费的问题同样不容忽视。而为了维持收支平衡，政府往往不得不进一步提高缴费率，其效应必然导致更多的企业选择逃避缴费。而高收费与逃避缴费将使社会保险制度的运行陷入恶性循环。显然，对于我国来说，继续走提高社会保障缴费率的道路已无空间。

二、国内外文献述评

就国际社会而言，自 20 世纪 50 年代以来，社会保障事业得到迅猛发展，但由于 20 世纪 70 年代发达国家普遍遭遇了社会保障的财务危机，以及各国社会保障制度建立后因为较高的社会保障税（费）水平而引致的明显的负面效应，如社会保障资金不足→税收补贴增加→社会保障缴款增加→劳动力价格提高→产品竞争力下降→失业压力加大→社会保障成本增加的恶性循环，因此，近年来国外对社会保障制度的研究大都与实施社会保障制度过程中的宏观成本和微观成本相关。

一是从分析社会保障制度实施所产生的负效应角度，反思这种以高税收为后盾并牺牲效率的高福利存在的意义。但研究中也意识到社会保障制度与社会保障税（费）制度的改革将带来政治、经济等各种风险，因而认为福利国家的社会保障制度改革不是一蹴而就的（Milton Fridman，1982；Fabian Society，1983；Maloney，2004；Maloney and Bosch，2006；Maloney、Goni and Bosch，2007 等）。

二是从许多国家建立了不同的社会保障制度，但民众都负担了沉重的与劳动力有关的税（费）角度，探讨社会保障缴款的性质，以便对社会保障的政府责任与财政安排做出全面分析和考察（David Williams，1997；Dilot，1998；Sandler，1993；Wilkinson，1994 等）。

三是从实证分析的角度，对社会保障项目的效率与公平及管理成本进行评估，以便为社会保障政策调整及改革的路径选择提供参考依据。其中，对于社会养老保险制度和商业养老保险制度的比较研究，主要集中于运行效率与管理成本的差异分析，并由此引起了对社会养老保险私营化的讨论，以及对英国和俄罗斯征缴机构改革的关注。（James Mirrlees，1982；Dovid Cuiter，1996；B Douglas Bernheim，1996；Joseph E Stigliz，1996；Frank Fischer，2003；Laurence J. Kotlikoff、BenMarx and Pietro Rizza，2008 等）。

同时，国外研究者普遍认为，近半个世纪以来，社会保障成本不断增加所导致的社会保障缴款和收费的相对快速增长，是社会保险和社会福利制度基本压力的一种反映，而且这种压力还会持续下去。因此，发达国家面对普遍遭遇社会保障财务危机的现实，不仅要高效筹集社会保障资金，而且还应合理、有效地降低社会保障成本，这将是大多数国家亟需解决的越来越重要的问题。

在国内，社会保障问题已经日益成为全社会关注的焦点，成为我国政界、学界共同重视的热门课题，但国内学者的研究主要集中于：社会保障价值基础与必要性、社会保障中政府责任与资金安全性、社会保障筹资方式、社会保障模式选择等几个方面，对于社会保障成本研究的成果则并不多见，涉及面也较窄。如李珍（1997）曾在借鉴智利等国家经验的基础上，提出了我国社会保障制度转型成本的消化方式；崔光营（2000）认为，税务机关征收社会保障资金具有专业性优势，并且不需要另外组建征收队伍，由此可以每年减少数十亿元的社会保障资金筹集成本；任保平（2003）通过国际比较研究发现，选择不同的方式筹集社会保障资金与社会保障资金的运行成本存在很大的相关性；王美燕、吴冬才（2007）从经济学的角度认为，社会保障成本构成要素分为国家、企业和个人的显性成本和隐性成本，并认为应该平衡个人利益与社会利益、个人成本与社会成本之间的冲突，以寻求最有利于实现国家、企业、个人三方的社会保障模式；“部分国有资产划转全国社保基金问题研究课题组”（2007）认为，应该运用部分国有资产解决社会保障制度的转轨成本；李雪筠（2005）认为，我国社会保障制度改革的既有理论和实践都未能突破城市和农村两个独立的圈子，这造成了农村社会保障制度建设严重滞后的状况，建立农村社会保障制度必然要付出巨大的成本，包括推行成本和社会保障费用支出成本；王志峰、黎玉柱、肖军梅（2007）探讨了社会保障人工成本与企业成本竞争力的关系；张映芹（2009）认为，我国社会保障制度转型是由政府命令和法律引入而实现的强制性转型，强调政府对转制成本的责任，并提出了在经济转型时期我国社会保障转制成本的化解途径；朱丽君（2010）则从精算学的角度，测算了我国当前医疗费用高涨导致的社会保障成本。

总体来看，国外已有的研究成果更多地将研究重点放在社会保障权实施成本的宏观层面。近几年英国、俄罗斯等国的社会保障缴款征缴机构改革的实践，虽然已将一部分目光聚焦于微观层面的社会保障权实施成本，但受历史、体制等诸多因素的限制，其近年的研究成果也不多见。国内的研究起步晚，研究者寥寥，且对管理成本这一微观层面的研究明显不足。对正处于全面建设社会保障制度起步阶段的我国来说，社会保障权的实施成本应属于社会保障制度建设的基础问题，因此，迫切需要花大力气进行研究。

三、概念界定及社会保障权实施成本的衡量

（一）社会保障权的概念界定

1. 社会保障权的定义

研究社会保障权，首先要对社会保障权做出明确的定义。国内学者在研究社会保障权时提出了多种不同的定义，它们既有差异也有相似的地方。刘俊霞（2005）认为，社会保障权是指社会成员在满足由具体法律予以明确规定的标准时，从国家和社会获得经济保障和物质帮助，以维持一定生活水平需要的法律权利。唐政秋（2005）在定义中将获得社会保障的具体法定条件予以明确，他认为，社会保障权是法律赋予公民在因年老、疾病、伤残、生育、失业等原因丧失劳动能力或发生暂时困难情况下从国家和社会获得物质帮助，以满足其基本生活需要的权利。杨威（2009）从宪法的高度来定义社会保障权，他认为，社会保障权是指与传统自由权相对应的，依赖国家积极的调控或帮助方可实现的宪法上的基本权利。大部分学者所定义的社会保障权往往限定在保障公民的生存权上，但张光辉（2008）认为，社会保障权主要解决的是公民在生存与发展不能得到保障时，有从国家和社会获得必要帮助的权利，也就是说社会保障权的实现不仅应该保证公民的生存权，还应该保障公民的发展权。本书较认同张光辉（2008）的观点，认为社会保障权指的是现代社会公民在生存和发展不能得到保障的情况下，有权要求国家提供相应的保障，从而实现公民生存与发展的天然权利。其内涵包括以下三个方面：首先，公民的社会保障权不是在任何时候都是可以行使的，它必须在公民的生存和发展不能得到保障的情况下才能行使；其次，向公民提供社会保障服务从而实施社会保障权利的主体是国家，国家有责任向全体公民提供符合公民合理需求的社会保障体系；最后，社会保障权是现代社会公民的天然权利。公民的社会保障权是随着现代社会的发展而出现的，是人类社会工业化、城市化、市场化的产物，尽管在现代社会以前，也存在统治阶层对社会成员的物质生活帮扶，但这种帮扶更多体现的是统治阶层对社会成员的一种恩惠，而非社会成员天然具有的权利。随着人类社会步入工业化时代，传统的生产方式逐渐为大机器生产所取代，以家庭为单位提供生活保障的方式无法适应工业化社会的需要，公民对社会保障权利的需求日益凸显，逐渐成为现代社会公民的天然权利。

2. 社会保障权的范围

不同学者对社会保障权涵盖范围的确定也存在一定的差异。李乐平（2004）认为，从实体方面来讲，社会保障权的内容可以分为社会救助权、社会保险权、社会福利权和其他项目的社会保障权。扬威（2009）认为，社会保障权所涵盖的范围要比前者广，社会保障权具体应包括劳动权、休息权、受教育权、环境权、获得物质帮助权、获得救济权。显然，扬威所认为的社会保障权的范围是对李乐平所提出的社会保障权范围的扩展。然而董克用（2008）认为，社会保障应对的是社会生活中的社会风险、个人风险和自然风险，抵减这些风险的手段是社会保险和社会救助，由此可以看出，他认为公民的社会保障权包括了社会保险权和社会救助权，而社会福利和社会优抚等并不属于社会保障权所应该涵盖的范围。此外，李乐平（2004）还从程序方面对社会保障权涵盖的范围进行了研究，认为社会保障权应该包含社会保障利益请求权、社会保障利益受领权、社会保障利益处分权和社会保障利益救济权。本书认为，从实体内容上看，社会保障权的范围主要包括公民的生存权与发展权两个方面，其中：生存权包括公民的养老权、医疗权、获得物质帮助权等，发展权则包括公民的生育权等。任何公民都享有涉及自身生存和发展的广泛权利，一国政府有义务在社会经济条件许可的范围内，为本国公民提供实现社会保障权所需要的制度体系，全面实现现代社会公民所应该享有的社会保障权利。

（二）社会保障权实施成本的概念界定

1. 权利的实施与成本

公民作为整个社会的组成部分之一，理所当然地享有作为社会公民的全部权利。具体而言，生命权、自由权、财产权、尊严权、获助权、公正权、发展权等是公民作为社会成员所应当享有的基本权利，而所有这些权利的实现都必须依赖于政府的积极作为。没有政府履行相应职责以采取食物供给保障措施、劳动安全保障措施、医疗卫生监管措施等积极行为，公民的生命权就无法得到有效保障；没有政府组织制定各项法律法规体系，并组建相应的立法、司法机关，公民的自由权、财产权、尊严权、公正权等权利就无法得到有效的保障；同时，没有政府部门积极建立完善的救助帮扶体系，公民的获助权就根本无从谈起。正是因为公民权利的实施需要政府的积极作为，也就决定了公民权利的实现是有成本的。因为政府职能的发挥需要财力的支撑，这是政府存在的直接成本；同时，政府的行为会对社会经济运行产生影响，这是政府存在的间接成本。尽管权利实施需要耗费成本的事实无法避免，但如何将权利实施的成本降到最低则是政府应尽的职责。民主政府是作为全体公民代理人的角色出现的，它基于公民的需要而存在，会给公民带来相应的收益，但同时也要求公民支付相应的成本，全体公民需要实现自身利益的最大化，就必然要求作为公民代理人的政府所消耗的社会资源最小化。

2. 社会保障权实施成本的概念

社会保障权的实施需要政府的积极作为，生活在一个政府消极作为而怠于提供一系列社会保障制度体系的国家的公民，其社会保障权是很难获得有效实施的。从经济学的角度来讲，一个国家建立的社会保障体系属于公共产品，它的消费具有非排他性和非竞争性。只要建立了社会保障制度，在法律规定范围内的全部公民都有享受特定社会保障待遇的权利，一个公民享受社会保障体系带来的好处时，无法排除在制度体系内的另外一个公民享受相同的好处；同时，一个公民在法律规定范围内享受一定的社会保障待遇，他也不会因此降低在制度体系内其他公民享受的社会保障待遇水平①。从社会保障制度具有公共产品属性的角度来说，私人机构难以有效率地向全体公民提供完善的社会保障制度，社会保障公共产品的供给主体必须由政府来承担。当一国政府不向公民积极提供社会保障制度的时候，该国公民的社会保障权是无法得到实现的。

同时，一个贫困的政府同样也无法保障公民的社会保障权利，因为社会保障权利的实现需要政府动用大量的社会资源，然而在市场经济条件下，政府无法通过行政指令的方式为社会保障权的实现调动社会资源，政府的财政收入与财政支出行为才是在市场经济条件下为公民提供社会保障体系的杠杆。一般来说，一国政府向本国公民提供社会保障体系的能力与该国政府的财政收入水平成正比，即财政收入水平越高，政府越有能力动用足够的社会经济资源，从而为公民提供数量更多、质量更高的社会保障公共产品。因此，从内涵上讲，社会保障权实施成本是指一国政府为了向本国公民提供社会保障制度以实现社会

① 社会保险项目是社会保障制度的核心内容，社会保险主要依据大数法则，使劳动者面临的各种风险在全部参保者之间进行分散，参保者的规模越大，则越有利于风险的分散，社会保险项目具有非竞争性的特点。因此，社会保障制度在总体上呈现非竞争性的特点。此外，尽管社会保障制度中的社会救济项目可能具有一定的竞争性，因为当政府安排的社会救济资金规模一定时，享受社会救济待遇的公民数量越多，则每个公民所获得的社会救济待遇越低。但在实际操作过程中，由于社会救济满足的是公民最基本的物质生存需求，单个公民对社会救济的规模具有刚性，政府往往是根据需要获得救济的公民数量来确定社会救济资金的总体规模，从这个角度来讲，社会救济项目的竞争性并不明显。

保障权而产生的社会经济资源的消耗；从外延上讲，社会保障权实施成本包括了直接支出成本、内部交易成本和制度显现成本三个部分。

（三）社会保障权实施成本的衡量

我国当前建立各个社会保障项目的资金来源方式存在很大差异，其中：预算内的社会保障资金主要包括卫生经费支出、抚恤和社会福利救济支出、行政事业单位离退休经费支出、社会保障补助支出和社会保险经办机构事业费等，这些支出项目由政府在各级财政预算内进行安排①。但预算内的社会保障资金支出只占全部社会保障资金支出相对较小的比重，各个社会保障项目运行所需的绝大部分资金从收入到支出都未纳入政府的财政预算，如作为我国社会保障体系主体的养老保险、医疗保险、失业保险、工伤保险、生育保险等社会保障项目，它们都是通过征收社会保障费的形式筹集各自项目所需的社会保障资金。从我国当前大部分社会保障资金收入与支出的形式来讲，尽管它们未列入各级政府的财政预算，在政府统计的各项社会经济指标中也未将这部分社会保障资金的收入与支出纳入政府财政的范畴，但是从本质上讲，为了实施社会保障权而筹集的各项社会保障收入都应该属于政府的财政收入，为调动社会保障公共资源所消耗的全部资金都应该属于政府的财政支出。

在社会保障权实施成本的具体衡量上，我们可以从成本类型的角度将其划分为直接支出成本、内部交易成本与制度显现成本，这三者并不是绝对对立的关系，有时候直接支出成本与内部交易成本有非常密切的联系，而制度显现成本实际上又是直接支出成本的特殊表现形式，在分析各项成本时需要根据具体的成本类型进行具体分析，这也是社会保障权实施成本的复杂性所在。社会保障权实施的直接支出成本主要指的是，政府建立的各个社会保障项目为了实现公民的社会保障权，需要向被保障对象按照法律法规既定的标准支付相应的社会保障金，从而消耗相应的社会经济资源，它可以通过各个社会保障项目的支出规模进行衡量，如国家统计部门每年公布的养老保险、医疗保险、工伤保险、失业保险、生育保险、社会救济、社会优抚等各个社会保障项目的支出数额，体现的就是实施社会保障权的直接支出成本。实施社会保障权的内部交易成本主要指的是，为了维持整个社会保障体系的顺利、高效运转，需要建立一整套完善的项目运行机制，从而产生超越直接支出成本的额外的社会经济资源

① 参见林治芬：社会保障资金管理［M］，北京：科学出版社，2007：47。

的消耗。内部交易成本可以通过政府为了社会保障体系的运转而提供人和物的成本进行衡量，如政府为了筹集社会保障资金需要增加税务部门的人员或专门设立负责征收的社会保障经办机构，此外，还需要配备房屋、电脑等办公设施，这些都是政府为了筹集社会保障资金而需要支付的人和物的成本，属于社会保障权的间接成本。实际上，社会保障权的内部交易成本的范围非常广，它可以包括对社会保障资金进行筹集、投资、支付所配备的人和物的成本，对社会保障制度进行立法、宣传、监督以及信息系统建设所需要支付的人和物的成本等。实施社会保障权的制度显现成本指的是，由于具体制度设计的原因才会显现出来的成本，从性质上讲它是一种直接支出成本，但也是一种特殊的直接支出成本。制度显现成本主要是针对养老保险而言，它的筹资模式主要有完全积累制和现收现付制两种，当选择现收现付制筹资模式时，一部分养老保险的直接支出成本可以通过代际转移的方式进行消化，即只要人类社会永续存在，则代际转移的那部分直接支出成本就可以不予考虑，它只是一种名义上的支出，这部分直接支出成本实际上是被具体的制度设计隐藏了。但是，当养老保险的筹资模式由现收现付制向完全积累制转变时，在原先通过代际转移可以消化的直接支出成本就显现化了，于是就出现了转轨成本的问题，这部分成本是由于具体的制度设计因素所显现出来的，因而可以称为制度显现成本。

本书将对实施社会保障权的直接支出成本、内部交易成本与制度显现成本进行全面地分析，尤其以前二者作为本书研究的重点。对于实施社会保障权的直接支出成本，相关数据我们可以在统计部门每年出版的统计年鉴中进行查找，从而对各个社会保障项目的直接支出成本进行准确地衡量与分析。对于社会保障权的制度显现成本，因为它在本质上也属于直接支出成本，因此，我们可以通过现有的相关数据对它进行推测，从而在一定程度上对它进行相对准确地衡量。然而，对于实施社会保障权的内部交易成本，尽管我们能够对其进行分类，并在理论上知道该从哪些方面进行衡量，但由于社会保障制度具体运行过程中数据的不可得性，我们不可能对实施社会保障权的内部交易成本制定完整、准确的衡量指标体系。例如，我们不能通过对所有从事征收社会保障缴款工作的税务人员经费和社会保障工作人员经费的加总得到整个征收社会保障缴款的人员成本，因为这些微观数据的获得不是个人能力所能及的，而且征收社会保障缴款的人员成本仅仅是全部社会保障权实施成本中内部交易成本的一小部分而已。因此，本书运用相关统计数据对实施社会保障权的直接支出成本进行了衡量，运用相关统计数据对实施社会保障权的制度显现成本进行了预测，但对于实施社会保障权的内部交易成本则未能建立一个完整的衡量指标体系，而是通过比较分析法、数值模拟法等相关研究方法对其进行研究。

四、研究框架和主要内容

社会保障权是现代社会全体公民作为社会成员所具有的天然权利，公民的生存和发展无法实现自我保障的时候，有权要求国家提供相应的保障。社会保障权需要政府的积极作为才能得到有效实施，而政府的存在以及政府积极作为这一行为本身都是存在成本的。我国在实施社会保障权的过程中存在着直接支出成本、内部交易成本和制度显现成本，如何有效地降低这三个方面的成本，是我国当前社会保障实践中亟需解决的问题。政府建立完善的社会保障制度，从而向公民提供全面的社会保障公共产品，从效率的角度出发，这要求政府提供的社会保障公共产品在满足公民需求的前提下实现社会经济资源消耗的最小化。由于公共产品的自身特点，它的提供和私人产品的提供存在很大不同，私人产品往往是追求利润最大化，并不追求私人产品生产数量的最大化；公共产品则不同，它的生产数量要求与全体公民的社会总需求相对应，并在此基础上追求生产成本的最小化。因此，政府必须根据全体公民实际需求提供全面的社会保障体系，并在此基础上追求社会保障权实施成本的最小化。

在社会保障项目的实际运行过程中，社会保障权的实施成本受到多方面因素的影响，主要包括宏观经济因素、社会保障对象本身的情况、政府操作因素和制度设计因素等四个方面。因此，要控制社会保障权的实施成本，必须在理论上厘清社会保障权的实施成本及其影响因素之间的关系，并结合我国的现实状况提出有效控制我国社会保障权实施成本的政策措施。

本书的主要内容可以分成如下三个部分：

第一部分是社会保障权实施成本的理论分析，包括本书的第一章到第三章的内容。第一章对实施社会保障权的相关基础理论进行梳理，主要包括公民权利理论、权利成本理论和交易成本理论。公民权利理论是本书立论的基础，论证了社会保障权利作为现代社会公民天然权利的必然性；权利成本理论和交易成本理论则为本书对社会保障权利实施成本的研究奠定了理论基础。第二章从结构上将我国社会保障权实施成本分为直接支出成本、内部交易成本和制度显现成本。其中：直接支出成本包含了养老保险、医疗保险、失业保险、工伤保险和生育保险五个社会保障项目的直接支出成本；内部交易成本则包括实施社会保障权资金方面的交易成本和管理方面的交易成本两部分，前者包括社会保障资金的筹集成本、投资成本和支付成本，它们主要是按照社会保障资金的运转流程进行划分的，后者主要包括社会保障制度的立法成本、宣传成本、监督成本和社会保障系统的建设成本，它们主要是按照社会保障项目的工作内容进行划分的；制度显现成本主要包括社会保障制度转轨中“老人”的养老金成本和“中人”的“空账”成本。第三章是社会保障权实施成本影响因素的理论分析。社会保障权实施成本在社会保障制度的实际运行过程中受到多方面因素的影响，主要可以分为影响社会保障权实施成本的宏观经济因素、社会保障对象本身的情况、政府操作因素和制度设计因素。社会保障项目需要在一定的宏观经济环境中运行，因此，特定的宏观经济环境对实施社会保障权的成本有着直接的影响，主要包括经济发展水平、财政负担能力、公民意识等三个方面。社会保障项目的建立主要是为了向全体公民提供相应的社会保障公共服务，因此，社会保障对象自身的情况必然影响社会保障权实施的成本，主要包括社会保障对象的收入水平、收入结构和年龄结构三个方面。政府是社会保障项目的提供主体，因此，政府对社会保障项目的具体操作方式也会影响社会保障权实施的成本，主要包括社会保障资金的筹集机构、投资机构、支付方式，社会保障法规的立法层次，社会保障信息系统建设方式等五个操作因素的影响。最后，社会保障项目的建立需要一套完善的制度设计，如何设计社会保障制度必然也会影响社会保障权的实施成本，主要包括社会保障资金的筹集模式、投资途径、支付条件以及社会保障制度的统一程度与规范程度等四个方面的因素影响。

第二部分是对我国社会保障权实施成本的实证分析，主要包括本书的第四章到第七章。第四章主要对我国养老保险、医疗保险、失业保险、工伤保险和生育保险的直接支出成本进行实证分析，从对经验数据的研究中说明我国实施社会保障权直接支出成本的规模及支出结构等问题。第五章对实施社会保障权资金方面的交易成本进行实证分析，主要包括筹集模式、筹集机构与筹集成本，投资机构、投资途径与投资成本，支付条件、支付机构与支付成本等六个方面。第六章是对实施我国社会保障权管理方面的交易成本进行实证分析，主要包括社会保障法规的立法层次与立法成本、社会保障监督体制与监督成本、社会保障信息系统的建设方式与建设成本等三个方面。第七章是实施社会保障权制度显现成本的实证分析，对我国养老保险转轨成本的规模以及导致的财政负担水平进行了测算，并在此基础上分析了我国养老保险转轨成本的主要影响因素。

第三部分对控制我国社会保障权实施成本提出了具体的政策建议与配套措施，主要包括本书的第八章和第九章。该部分结合前面对我国社会保障权实施成本与影响因素的实证分析，提出应该从五个方面入手来控制我国的社会保障权实施成本，主要包括：第一，完善社会保障资金的筹集机制；第二，完善社会保障资金的投资机制；第三，完善社会保障资金的支付机制；第四，创建有效的社会保障监督机制；第五，选择恰当的社会保障立法层次与信息系统建设方式。此外，我国还需从如下方面采取配套措施来控制社会保障权实施成本，主要包括：深化分配制度改革，实现经济包容性增长；加强社会主义法治建设；重视公民社会保障需求管理等措施。

五、本书可能的创新与不足

当前，学术界对社会保障权实施成本的研究着眼较少，甚至可以说社会保障权实施成本的概念都尚未进入学者们的研究视野，而学术界对这一问题的忽视无疑也是我国当前社会保障权实施成本居高不下的重要原因。本书可能的创新在于，正式提出了社会保障权实施成本的概念，并从成本结构的角度将社会保障权的实施成本分为直接支出成本、内部交易成本和制度显现成本，这是社会保障权实施成本分析的基础。此外，由于影响社会保障权实施成本的因素非常多，本书从宏观经济因素、社会保障对象本身的情况、政府操作因素和制度设计因素四个方面对其进行分类，并给出了影响因素与具体成本之间的关系图，该图是社会保障权实施成本分析的基础框架。此外，本书对社会保障权实施成本进行了实证分析，从而一定程度上论证了我国当前实施社会保障权的成本到底是多少，成本结构是怎么样的，可以从哪些方面入手降低社会保障权的实施成本等重要理论与现实问题。本书通过对社会保障权实施成本的开创性研究，希望能够引起学术界对社会保障权实施成本这一重大课题的关注，同时希望能抛砖引玉，促使学术界能产生更多的关于社会保障权实施成本的研究成果。

本书可能的不足之处在于，尽管本书对社会保障权的直接支出成本、制度显现成本都进行了量化分析，同时也运用多种实证分析工具对实施社会保障权的内部交易成本进行了实证分析，但由于社会保障权实施成本的复杂性，以及数据来源的局限性，因而对社会保障权内部交易成本的量化分析还有待进一步拓展。

第一章

社会保障权实施成本的相关基础理论

现代社会公民为什么会具有社会保障权？社会保障权的实施为什么需要付出成本？为什么会产生这些成本？本章将对相关基础理论进行梳理，进而给出理论上的答案，主要包括：一是公民权利理论，它回答了公民为什么会具有社会保障权的问题；二是权利成本理论，它回答了为什么实施社会保障权需要支付成本的问题；三是交易成本理论，它回答了社会保障权的实施成本是如何产生的问题。

第一节　公民权利理论

公民权利理论是指关于由公民所拥有的，由政府所保障的合法权利的相关理论。本节对公民权利理论的发展脉络、主要内容及其在社会保障权实施成本研究中的基础理论意义进行论述。

一、公民权利理论的发展脉络

（一）西方近代公民权利理论

公民权利与国家权力是一对既相区别又紧密联系的概念，西方近代的公民权利理论是在公民权利与国家权力相互关系的讨论中得到发展的。Locke（洛克）认为，国家有限的权力来源于公民为了安全而转让的公民自身所拥有的权利，因此，国家的职能仅限于为公民的社会生活提供安全保障，公民基本的生命、自由和财产权利不受国家权力的侵犯。Montesquieu（孟德斯鸠）从“人性本恶”的前提出发提出了国家立法权、行政权与司法权三权分立，进而保护公民权利不受国家权力侵犯的理论。Rousseau（卢梭）提出了社会契约论的观点，认为国家权力来源于公民的社会契约。Locke、Montesquieu 和 Rousseau 等人的共同特点是，都坚持古典自由主义的基本原则，认为国家应该保护公民个人的自由权利，奉行不干预的政策，严格限制国家公权力的界限与范围。Mill（密尔）则不同，他在坚持上述观点的同时，根据功利主义原则，主张国家应该采取适当的干预措施增加公民的社会福利，提供适度的生活保障。

（二）西方现代公民权利理论

近代西方强调不受干预的公民权利理论与资本主义早期自由放任的经济特征密切联系，但随着资本主义垄断经济的发展，经济危机频繁爆发，从而使西方现代公民权利理论表现出一些新特征。

Berlin（伯林）在《两种自由概念》一文中将自由划分为积极自由和消极自由，其中积极自由是“去做……”的自由，它强调人的主动性和积极性，消极自由是“免于……”的自由，它强调人免于受外界的强制和干扰。在Berlin看来，国家权力不能对公民个人的发展做出强制性的安排，但要求社会为公民个人的发展提供潜在的机会，从而由国家权力来配合公民权利的实现。Rawls（罗尔斯）则强调个人权利至上，在《正义论》中认为，大多数人不能为了享受更大的利益而迫使少数人做出牺牲，即个人利益是至高无上的，即使是以社会整体的名义也不能侵害个人权利。Nozic（诺齐克）从个人出发，把公民权利看成是一种对个人行为或政府行为的有效的道德约束，公民的个人权利确定了公民相互之间的行为界限，而所有公民的个人权利则限定了国家行为的界限。

总体上而言，西方近现代公民权利是以自由主义为特征，强调公民权利的至上性与国家权力的派生性，同时也承认国家权力在促进公民权利的实现上可以发挥不可替代的作用。

二、公民权利理论的主要内容

（一）公民权利的内涵与外延

公民权利是社会成员个体自主和自由在法律上的反映，是由社会认可的赋予公民可以做或可以不做的自由，它包括法律权利、政治权利、社会权利和参与权利。公民权利具有如下三个特点：一是权利的主体性。作为社会主体的公民，正是因为享有相应的权利而称其为公民。二是权利的社会性。公民的权利不是公民任意主张的，而是由社会所认可，并被写进宪法和法律法规，由国家权力作为公民权利实施的后盾。三是权利的形式性。公民具有宪法和法律法规限定范围内的做与不做的权利，但这并不能保证公民个体实际有能力做。

在具体内容上，公民权利主要有如下几个方面：一是生命权和人生自由。

生命权是人最首要的权利，包括人身健康权和人身安全权，因为一切权利的基础在于人的肉体的存在，健康的身体、安全的生存环境是公民实施其他各项权利的前提。人身自由则为公民实施各项权利提供了保障，包括迁徙自由、出入境自由、住宅不受侵犯、通信自由、言论自由等。二是平等权。平等权指的是法律面前人人平等，反对特权和歧视。实际上，平等权包含了现实生活中方方面面的内容，如男女平等、民族平等、城乡平等、经济平等等公民的基本权利。三是劳动权。劳动既是公民的权利也是公民的义务，从权利的角度来讲，劳动权指的是有劳动能力的公民获得劳动机会和适当劳动条件的权利。实际上，劳动是公民维持其自身生存的必然途径，劳动权为公民实施其他权利提供物质基础。四是财产权。财产权是劳动权的延伸，指的是公民的个人财产不受其他社会成员与国家权力侵害的权利。公民从事生产劳动所积累形成的物质与精神财富即为公民个人所拥有的财产，公民财产权只有得到有效的实施，公民个体生命的延续以及生活质量的提高才能得到物质上的保证。五是政治权和自由。政治权和自由指的是公民有权从事政治活动，并有政治上表达个人意愿的自由，具体包括选举权与被选举权、参政权、知情权、监督权、表达自由、结社和罢工自由等。六是社会保障权。社会保障权指的是公民在生存和发展受到威胁的情况下，有权要求国家提供相应的保障，从而实现公民生存与发展的天然权利。

（二）公民权利演进的路径

从人类历史的发展阶段来看，公民权利的获得是一个循序渐进的演进过程，一般而言，主要有自上而下的国家进路和自下而上的社会进路这两种主要路径。国家进路是指国家运用自身所占有的强大的社会资源来不断满足公民对权利发展的需求，主要包括立法保护、司法保护和行政保护等方面。国家进路在促进公民的权利演进上存在一定的缺陷，例如，由于信息不对称造成国家对公民权利需求信号的错误识别，以及掌握巨大资源的国家基于利益集团的自利性而成为压制公民权利的潜在威胁。社会进路是指社会公民运用社会自身的力量，在国家的强制性权力之外自发的生产出权利，它是一种自下而上的权利演进方式，但缺陷在于这种路径没有国家所拥有的强大资源和形式上的“合法性”，此外，由于社会进路缺乏相应的社会资源相配合，其功能的发挥往往具有零散性、随机性。一般而言，公民权利的演进需要这两种路径相互配合，但前提是这两种路径具有有效的信息沟通渠道。基于此，也有学者提出了公民权利演进的第三条路径：通过对社会中个案的具体分析，使之成为沟通国家进路和社会进路的良好渠道（朱彩霞，2010），这对推进我国公民权利的演进提供了很好的思路。

三、公民权利理论在社会保障权实施成本研究中的意义

公民权利理论在社会保障权实施成本研究中的基础理论意义在于，它是关于公民权利来源、内涵、外延、演进的一系列理论，它从理论上回答了公民为什么会具有社会保障权的问题。而公民具有社会保障权是本书立论的基础，只有在理论上说明公民具有社会保障权，在实践上才能要求国家实施公民的社会保障权，进而才会产生社会保障权实施成本的问题。

一般认为，公民的权利是与生俱来的，是其为人所必然具备的，即“天赋人权”，但是，在实践中，公民权利的获得却是历史性的，它是在工业文明兴起以后才逐渐得到社会承认，进而随着现代社会的发展成为人类社会的共识。因此，从社会保障权来源的角度来说，它是公民与生俱来的，但从社会保障权实施的角度来说，它是随着工业社会的发展才逐渐被认可，进而得到实施的。在现代社会，社会保障权已经成为公民所拥有的无可争辩的权利，并被许多国家写入了宪法，如钟会兵（2005）经过统计发现，世界上有韩国、泰国、伊朗、冰岛、俄罗斯、法国、荷兰、乌克兰、意大利、巴拿马、巴西、秘鲁、古巴、智利等53个国家在宪法中明确规定公民拥有社会保障权。此外，还有巴基斯坦、科威特、叙利亚、印度、约旦、罗马尼亚、西班牙、希腊、阿根廷、巴拉圭、哥伦比亚等50个国家在宪法中以“国家保证”、“国家有义务”、“国家应”等词语明确规定国家对公民的社会保障义务。我国宪法中也有与社会保障权相关的条款，如在《中华人民共和国宪法》中，第14条第四款规定：“国家建立健全同经济发展水平相适应的社会保障制度”，第45条规定：“中华人民共和国公民在年老、疾病或者丧失劳动能力的情况下，有从国家和社会获得物质帮助的权利”。可见，在现代社会，基于公民权利理论，社会保障权已经成为被全世界所普遍认可的公民天然权利，因此，国家有责任为社会保障权的实施提供一系列的制度措施。

第二节　权利成本理论

权利成本理论，是指论述公民权利的实施需要支付成本的相关理论，本节

在介绍权利成本理论主要内容并对其进行简要评价的基础上，论述了权利成本理论在社会保障权实施成本研究中的基础理论意义。

一、权利成本理论的主要内容

权利成本的概念对于学术界来说一直都处于研究的盲区，直到 Holmes（霍尔姆斯）和 Sunstein（桑斯坦）这两位当代著名的政治学与宪法学学者于2000年出版专著《The Cost of Rights: Why Liberty Depends on Taxes》①，才使权利的成本这一概念在学术界得到重视。因此，作为本书基础理论之一的权利成本理论也主要来自这两位学者的专著。

柏林对自由的两分法在学术界产生了深远的影响，他将自由划分为消极自由与积极自由，与此相对应，学术界对于权利也有消极权利和积极权利的区分。但 Holmes 和 Sunstein 在他们的专著中对柏林的观点提出了有力的质疑，他们认为，无论是消极自由还是积极自由，它们实际上都是积极自由，或者说，所有权利都是积极权利。Holmes 和 Sunstein 提出这种观点的理由在于，公民所有权利的实现都需要政府的积极作为，即使是原先被认为是消极权利从而拒绝政府作为的公民权利，它们在实质上也是需要政府积极作为的。例如，公民言论自由的权利被普遍认为是一种消极自由，它拒绝政府的干预，即国家权力不能干涉公民个人的言论自由，但实际上，如果没有政府的积极作为，公民个人的言论自由也将是难以实现的。假设甲所要发表的言论可能危害到实力比他更强大的乙的利益，于是乙就会运用自身的实力优势侵害甲的言论自由权利，这时候如果没有国家的积极作为，那甲言论自由的权利也就难以实现，从这个角度来讲，拒绝政府干预的言论自由权利也是一种积极权利。此外，与消极权利相对应的积极权利，在权利的实现上更是需要政府的积极作为。

从 Holmes 和 Sunstein 对所有权利都是积极权利的论证中我们可以发现，将权利划分为积极权利和消极权利实际上是没有意义的，公民任何权利的实现都是需要政府积极作为的。但是，Holmes 和 Sunstein 进一步指出，权利的实施是需要支付成本的，因为政府的存在依赖于税收，政府的积极作为必然对应于政府的财政支出。例如，政府为了保证公民的言论自由权，必须给立法机关安排财政预算以支持立法机关从事保证公民言论自由的立法工作，必须给司法机

① 该书的中文版为史蒂芬·霍尔姆斯、凯斯·R. 桑斯坦，《权利的成本——为什么自由依赖于税》，毕竟悦译，北京大学出版社2004年12月版。

关安排财政预算以支持司法机关对侵害公民言论自由的行为做出审判，必须给警察部门安排财政预算以支持警察部门对影响公民言论自由的行为进行打击，总之，政府的一切积极作为都伴随着政府的财政支出。但是，必须指出的是，尽管政府的行为消耗着社会物质财富，但政府本身是不生产社会物质财富的，政府存在以及其行为依赖的财政资金来源于税收，换言之，就是政府的存在依赖于税收。而税收本身就是国家为了向社会提供公共产品和公共服务，凭借政治权力，根据法律规定进行的强制征收，是社会成员为获得公共需要满足而支付的价格或费用①。税收是国家取得财政收入的主要形式，此外，还有收费、罚没、公债、货币发行等其他财政收入取得方式。Holmes 和 Sunstein 在论述权利的实现依赖于税收时，他们所说的税收实际上包括其他所有项目在内的政府获得财政收入的方式。

尽管所有的权利都是积极权利，但 Holmes 和 Sunstein 也同时指出，权利不是绝对的，其原因在于一个国家所能获得的财政收入是有限的，在政府所能获得的社会物质财富有限的情况下，政府为了保障公民的权利得到实施所能采取的积极行为也是有限的。因此，政府采取行动实施公民的权利也就意味着分配有限的财政收入资源，这样就面临着一个如何分配资源的问题。例如，公民的言论自由权利要求政府将财政资金投入到立法、司法、警察等部门，公民的受教育权利要求政府将财政资金投入到小学、初中、高中直至大学的各级教育机构，公民的社会保障权利要求政府将财政资金投入到养老、医疗、失业、工伤、生育等各个社会保障项目中去。所有公民权利的实施都需要政府财政资金的投入，它们之间具有竞争性，当实施某一项公民权利所获得的财政资金投入增加时，其他种类的公民权利的实施力度就会受到影响。

二、权利成本理论的简要评价

权利成本理论的提出为我们如何看待权利提供了一个全新的视角，它从经济的角度为我们揭示了权利运行的本质。在 Holmes 和 Sunstein 对权利成本理论的论述中，实际上隐含着一个假设前提与结论。

权利成本理论隐含的一个假设前提是政府的有效性，即政府存在的目标是为了最大限度地实现公民的权利，政府不会将自己掌握的规模庞大的社会经济

① 庞凤喜主编：《税收原理与中国税制》（第三版），中国财政经济出版社 2010 年版第 10 页。

资源运用到侵害公民权利的行为中去。然而在现实生活中，不受民意约束的政府也是普遍存在的事实，政府行为的目标除了实现社会公民的权利以外，有时候更多的是为了实现政府部门自身的利益，即发生国家权力侵害公民权利的情况。如果政府不是有效的，那么，需要政府积极作为的公民权利也就难以彻底地实施，因此，公民权利理论成立的一个隐含假设是政府的有效性。

权利成本理论隐含的一个结论是公民权利只能在适度的范围内得到实施。一方面，在一定的社会历史条件下政府一年所能获得的财政资金收入是有限的，即政府的税收规模必须与经济发展水平相适应。例如，发达国家的经济发展水平高，社会所能承受的税收负担水平也相对较高，而发展中国家由于经济发展水平的限制，社会所能承受的税收负担水平也是有限的。公民权利的实施需要政府的积极作为，而政府积极作为所需的政府财力的有限性必将影响着公民权利实施的程度。另一方面，尽管政府每年所能获得的财政资金是一定的，但需要政府积极作为才能实现的公民权利却是多方面的，政府必须在社会经济资源的分配上做出恰当选择，从而就某一项公民权利来说只能在适度的范围内进行实施。

三、权利成本理论在社会保障权实施成本研究中的意义

权利成本理论在社会保障权实施成本研究中的意义在于，它回答了为什么社会保障权的实施需要支付成本的问题，从而为本书对社会保障权实施成本的深入研究奠定了理论基础。

根据 Holmes 和 Sunstein 提出的权利成本理论，社会保障权是公民的一种积极权利，需要政府的积极作为才能获得实施。首先，社会保障权的实施需要完善的法律制度予以保障，这要求国家立法机关积极从事于社会保障法律法规体系的建设，只有将公民所能享有的社会保障权利全部纳入到法律法规体系中，社会保障权的实施才会有法律上的依据。其次，社会保障权的实施需要健全的执行机构予以保障，这就要求政府设立专门的社会保障管理与执行部门来制定和实施社会保障政策，从而确保国家构建的社会保障法律法规得到落实。最后，在现实生活中即使国家建立了完善的社会保障体系，但在具体的操作过程中也会有部分人员因为各种原因而使社会保障权利受到侵害，这就要求国家提供相应的社会保障救济体系，从而使公民的社会保障权利在受到侵害时获得国家的支持，使公民的社会保障权利得到救济。

由于社会保障权需要政府的积极作为，而这也就意味着社会保障权的实施

必然是存在成本的。具体而言，政府需要为立法机关、行政机关、司法机关等从事实施社会保障权的相关部门提供人员经费和办公经费上的支持，否则这些部门将无法运行，无论缺少了哪一个环节，公民的社会保障权利都是难以有效实施的。此外，社会保障权获得实施的表现形式在于，符合条件的公民领到社会保障体系提供的与公民自身条件相适宜的社会保障金，而公民社会保障金的获得也就意味着政府财政资金的支出。尽管在我国的社会保障实践中，将各个社会保险项目的保险资金通过费的形式进行征收，且并未将这部分资金纳入到财政预算体系，使得这部分资金从形式上讲不是真正的财政资金，但理论分析和世界各国的社会保障实践经验都能证明，这部分资金应该是政府财政资金的一部分，社会保障费从本质上讲是一种社会保障税，因此，各个社会保障项目的支出也是社会保障权实施成本的重要组成部分，而我国将社会保障资金纳入到政府财政预算的工作也正处于紧锣密鼓地进行中。

根据 Holmes 和 Sunstein 提出的权利成本理论，政府的财政收入是有限的，相应地，权利不是绝对的，公民的社会保障权只能在一定的程度上获得实施。因此，一个国家社会保障制度的建立必须与其社会经济发展水平相适应，如果盲目地提高公民的社会保障待遇，虽然可以更充分地实施公民的社会保障权利，但是它必将给社会经济体系带来沉重的负担，这样的社会保障制度缺乏可持续运行的动力。同时，公民不同权利的实施意味着社会经济资源的分配，实施社会保障权所能获得的社会经济资源是有限的，因此，只有控制社会保障权的实施成本，才能实现公民社会保障利益的最大化。

第三节　交易成本理论

交易成本理论，指的是运用“交易成本”这一核心概念来分析各种社会经济问题而形成的所有理论。由于“交易成本”这一概念本身具有高度的抽象性，不同学者对交易成本的理解有着极大的差异，从这个角度来说交易成本理论还有待进一步发展。但是，也正是由于“交易成本”概念的高度抽象性，使其在理论研究中的应用变得非常广泛，它在新制度经济学分析中占据主体地位。本节对交易成本理论的发展脉络、主要内容及其在社会保障权实施成本研究中的基础理论意义进行论述。

一、交易成本理论的发展脉络

学术界普遍赞同的一个观点是，交易成本概念起源于 Coase（科斯）在 1937 年发表的《企业的性质》一文，在该文中 Coase 对为什么会存在企业产生了疑问，市场机制是人们获取自身所需资源的主要方式，人们通过由市场机制形成的价格体系进行交易从而获得自身所需要的资源，但 Coase 也同时观察到企业的普遍存在，一些交易往往不通过价格体系而是通过企业组织内部获得。企业为什么会存在？企业存在的边界在哪里？Coase 给出的答案是使用市场价格机制也是存在成本的，它包括发现商品相对价格的成本，为了达成交易所产生谈判和签约的成本，以及经济生活的不确定性导致的风险成本等。而使用市场价格机制的成本实际上就是一种交易成本，当这种交易成本超过了企业内部的管理协调成本时，企业便产生了，企业的作用就在于降低市场交易成本。Coase 在 20 世纪 30 年代提出的交易成本的概念，并没有立刻引起学术界的关注，用交易成本的概念研究社会经济现象的思路在 20 世纪 60 年代以后才逐渐得到进一步发展。

20 世纪 60 年代是交易成本理论发展的关键时期，Coase 于 1960 年发表的《社会成本问题》，以及 1966 年 Stigler（斯蒂格勒）“科斯定理”的提出，使交易成本理论引起了学术界的广泛关注，也使得交易成本的概念在经济理论分析中得到了广泛应用。如 Coase 以对养牛者走失的牛损害附近农夫土地上的庄稼作为案例，论证了在交易成本为零的条件下，只要产权是明晰的，那么，无论初始产权如何配置，市场均衡的结果都将是有效率的，都能实现资源的帕累托最优。但是，现实生活中交易费用是不为零的，不同的权利界定和分配会带来资源配置效率的差异，因此，有效的产权制度是实现社会资源有效配置的前提，进而从交易成本的角度论证了产权的重要性。在这个时期，Alchain（阿尔钦）、张五常等人也从各自的视角对交易成本理论进行了拓展，如 Alchain 对产权理论进行了进一步深入的研究，张五常则运用交易成本理论分析了农业生产中存在的合约行为。

20 世纪 70 ~ 80 年代是交易成本理论发展的黄金时期，Williamson（威廉姆森）对“交易成本”的内涵进行了深入研究，在 1975 年的文献中，他将交易成本简单地分成了搜寻成本、信息成本、议价成本、决策成本以及监督成本。在 1985 年的文献中，Williamson 则进一步将交易成本细化为事前交易成本与事后交易成本。事前交易成本包括了起草、谈判以及维护一项协议的成本，搜集成本、信息成本、议价成本、决策成本等都属于事前成本；事后交易成本包括了偏离主题所要求的准则引起的不适应成本，实现交易顺利进行的监督成本等。此外，Williamson 还对交易成本存在的原因，交易成本的特征等进行了深入探讨。Williamson 的研究主要集中于交易成本概念本身，而 North（诺斯）的研究则是交易成本概念具体应用的完美案例，他将交易成本引入到经济史的分析中，通过交易成本来考察经济组织与社会经济制度的变迁，开启了经济史研究的全新视角。

20 世纪 90 年代以后至今则是交易成本理论全面发展、遍地开花的时期。从 1991 年 Coase 获得诺贝尔经济学奖开始，交易成本理论开始受到学术界的全面关注，进而 1993 年 North 获得诺贝尔经济学奖，2009 年 Williamson 获得诺贝尔经济学奖，交易成本研究范式已经对经济学研究产生了深远的影响，不同领域的学者相继将交易成本的概念引入到各自的领域。

二、交易成本理论的主要内容

交易成本理论的内容非常广泛，它作为一个分析工具在企业、市场、政治、历史演进等方面都有应用，在较短的篇幅内很难对它一一做出全面的介绍。由于本书主要分析的是社会保障权的实施成本问题，而社会保障权的实施需要政府的积极作为，这里结合本书的主题介绍交易成本理论在政治学上的应用。

交易成本理论在政治学上的应用被称为“交易成本政治学（Transaction Cost Politics）”，它的基本研究范式就是将交易成本的概念引入到政治学的研究中，North 于 1990 年发表的《政治交易成本理论》被公认为是交易成本政治学的开山之作。

交易成本政治学的核心概念是“政治交易成本”，它的定义也主要是借鉴了经济学中“交易成本”的定义，即政治交易成本是指通过集体行动来供给公共物品所产生的各种资源的耗费。同样，借鉴 Williamson 对交易成本内容的概括，政治交易成本也可以分为如下几个方面：一是搜寻成本。政治交易需要搜寻交易对象，例如，选民与政治家达成选民提供税收，政府提供社会保障制度的政治合同，而为了让政治家和选民都获得社会保障制度是可供交易对象的信息，必须付出相应的成本。二是讨价还价与决策成本。在政治交易中，讨价还价和决策是两个紧密联系的政治行为，例如，当选民和政治家都搜寻到社会保障制度可以作为交易对象的时候，他们就必须对选民提供多少税收，政府提供多少社会保障公共产品进行讨价还价并作出相应的决策，在这个过程中，国家必须建立专门的立法机关、行政机关从事相应的活动，进而产生讨价还价与决策成本。三是执行与监督成本。为了保证政治家与选民订立的政治合同被有效地执行，需要建立相应的执行机构与监督机构，例如，为了保障政治家与选民订立的社会保障公共产品的政治合同被有效实施，就需要建立社会保障管理机构与经办机构，以及相应的监督机构，从而产生相应的政治交易成本。四是政治制度运行成本。政治制度的运行必然存在摩擦，例如，提供社会保障公共产品这一政治合同的执行需要多个政府部门的配合，各部门之间的不协调将会产生政治制度运行上的成本。

交易成本政治学还对政治交易成本产生的原因进行了解答，结合 Williamson 提出的交易成本来源理论，政治交易成本产生的原因大体上有：一是有限理性。是指政治交易的参与人由于身心、智力、情绪等因素，在追求效益最大化时产生的限制约束。二是机会主义。即政治交易双方为了寻求自我利益而采取欺诈的方法，增加彼此的不信任感，导致交易过程监督成本的增加。一般而言，政治交易中采取机会主义行为的往往都是政治家，而选民在政治交易中往往处于不利地位。三是资产专用性。即政治交易在执行过程中产生的各种资产具有专用性，例如，社会保障法律的制定只能保障公民的社会保障权利，而无法保障公民其他方面的权利。四是不确定性与复杂性。即现实的社会经济环境总是处于不确定性中，为了应付复杂的经济系统需要产生相应的交易成本。此外，少数交易、信息不对称、气氛等因素也导致了政治交易成本的产生。

三、交易成本理论在社会保障权实施成本研究中的意义

交易成本理论在社会保障权实施成本研究中的意义在于，我们可以将政府积极作为进而实施公民的社会保障权看成是一个政治交易的过程，即公民向政府提供税收，政府向公民提供社会保障公共产品这样一个交易过程，在此基础上，可以通过交易成本政治学的相关理论，对社会保障权的实施存在哪些交易成本，为什么会存在这些成本进行分析。

具体到社会保障权的实施成本来说，本书将我国社会保障权的实施成本分成了直接支出成本、内部交易成本和制度显现成本，其中：内部交易成本实际上就是政治交易成本分析框架里的各项交易成本。例如，社会保障制度的宣传成本是政治交易成本中的搜寻成本；社会保障制度的立法成本是政治交易成本中的讨价还价与决策成本；社会保障资金的筹集、投资、支付成本，社会保障

信息系统的建设成本，社会保障制度的监督成本等是政治交易成本中的执行与监督成本。交易成本理论为社会保障权实施成本中内部交易成本的分析奠定了理论基础。

此外，借鉴交易成本理论中对产生交易成本原因的理论分析，可以在一定程度上探知我国社会保障权实施过程中产生内部交易成本的原因，但其中的原因很大程度上只能是理论角度的探讨，尚难以从实证的角度进行全面分析。总之，交易成本理论回答了实施社会保障权的内部交易成本有哪些，这些成本如何产生的问题，而这些问题的解决有利于降低社会保障权的实施成本。

第二章

社会保障权实施成本的结构

从外延上讲，社会保障制度在运行过程中产生的成本，或者说社会保障权的实施成本主要包括如下三个部分：直接支出成本、内部交易成本和制度显现成本。其中：实施社会保障权的直接支出成本指的是，国家建立包括养老保险、医疗保险、失业保险、生育保险和工伤保险等社会保障项目，为了维护公民的社会保障权利，根据法律法规既定的标准，向符合支付条件的社会保障项目参保人支付社会保障金的成本。实际上，也就是实施各个社会保障项目而直接产生的社会经济资源的消耗。由于这部分资金是由各个社会保障项目直接支付给社会保障参保人员的，因此，虽然这部分资金对各个社会保障项目而言是一种成本，但对社会保障参保人员来说则是一种社会保障利益。也因为如此，社会保障权实施成本中的直接支出成本与公民的社会保障权实施的实现程度成正比。一般而言，根据社会保障项目的种类不同，可以将直接支出成本分为养老保险直接支出成本、医疗保险直接支出成本、失业保险直接支出成本、生育保险直接支出成本和工伤保险直接支出成本。

实施社会保障权的内部交易成本指的是，社会保障制度在运行过程中，由于社会保障体系本身以及内部存在的各种摩擦因素而导致的社会经济资源的消耗。就像现实生活中各种摩擦力是永恒存在的一样，在经济社会中各种制度摩擦因素也是永恒存在的。实际上，只要社会保障制度能够顺利运转，则公民的社会保障权就能得到一定程度地有效实施，但各种摩擦因素的存在，只会降低社会保障制度的运行效率，进而影响社会保障权的实施，因此，社会保障权实施成本中的内部交易成本与社会保障权实施的实现程度成反比。内部交易成本可以分为资金方面的交易成本和管理方面的交易成本。资金方面的交易成本指的是，社会保障制度的运行需要资金来支撑，社会保障资金从筹集到支付的整个运行过程由于各种摩擦因素的存在而产生的经济资源消耗，主要包括社会保障资金的筹集成本、投资成本和支付成本。管理方面的交易成本指的是，社会保障制度的运行需要社会保障部门的运营管理行为作为支撑，而各种运营管理行为由于摩擦因素的存在也会产生一系列经济资源的消耗，主要包括立法成本、宣传成本、监督成本和信息系统建设成本等。

实施社会保障权的制度显现成本指的是养老保险的转轨成本。这里首先需要指出的是，其他社会保障项目并不存在转轨的问题，也就不存在转轨成本。而所谓制度显现成本是指，由于具体制度设计的原因才会显现出来的成本，从性质上讲它也是一种直接支出成本，但同时又是一种特殊的直接支出成本。就养老保险而言，它的基本筹资模式主要有完全积累制和现收现付制两种，当选择现收现付制筹资模式时，一部分养老保险的直接支出成本可以通过代际之间的转移进行消化，即只要人类社会永续存在，则代际转移的那部分直接支出成本就可以不予考虑，它只是一种名义上的支出。但是，当养老保险的筹资模式由现收现付制向完全积累制转变时，在原先通过代际转移可以消化的直接支出成本就显现化了，于是就出现了转轨成本的问题。养老保险的转轨成本主要有两个部分，一是改革前已退休职工的养老金来源问题；二是改革前参加工作的在职职工“个人账户”中积欠的“空账”如何补齐的问题。

本书对实施社会保障权的直接支出成本和内部交易成本进行重点研究。社会保障制度从“财”和“物”的角度来讲，可以分成两条主线，一条是围绕“财”形成的社会保障资金的整个运行体系，并由此带来实施社会保障权的直接支出成本，以及内部交易成本中的资金方面的交易成本。另一条是围绕“物”形成的社会保障机构的运行体系，并由此带来实施社会保障权的内部交易成本中的管理方面的交易成本。因此，本书围绕“财”和“物”这两个角度，把实施社会保障权的直接支出成本和内部交易成本作为研究的重点。此外，实施社会保障权的制度显现成本，即养老保险的转轨成本尽管受到了学术界较多的关注，但本书的研究成果揭示，养老保险的转轨成本并不会给养老保险功能的发挥带来影响。换言之，养老保险功能的发挥并不受资金筹集模式的影响，而且从成本最小化的角度来讲，我们认为，我国应该选择现收现付制作为养老保险的筹资模式，如果重新进行这样的选择，则并不存在转轨成本的问题。因此，实施社会保障权的制度显现成本将成为本书研究的一部分，但并不是研究的重点。

第一节 实施社会保障权的直接支出成本

一个具体社会保障项目的出台，往往先是全体社会成员对某一特定社会保障项目产生一定的需求，再通过部分公民将这种需求表达出来，进而使该社会保障需求在国家决策层面上得以显现，最后由国家立法机关或行政机关通过立法设立特定的社会保障项目来满足公民相应的公共需求，进而建立起某一特定的社会保障项目制度。社会保障项目建立的直接目标是向符合法律法规条件的社会公民支付社会保障金，从而满足公民的社会保障需求，实现公民的社会保障权利。社会保障项目向参保人员支付的社会保障金从参保者角度来说，是一种社会保障利益，是自身社会保障权利得以实施的实现形式，而对于社会保障项目来说，则是一种成本负担，由于这部分成本是直接支付给社会保障项目参保者的，因此，该项成本支出可以命名为实施社会保障权的“直接支出成本”。由此可以看出，社会保障权的直接支出成本与公民的社会保障利益实际上是同一个事物的两个不同侧面，直接支出成本越高，也就意味着社会保障参保人员获得的社会保障利益越大。

但是，我们也必须看到，直接支出成本的支出是以社会保障费的收取作为前提的，没有社会保障费收入的社会保障项目实际上只是一座空中楼阁。而社会保障费的负担主体则是符合特定法律法规条件的社会公民。由于缴纳社会保障费的主体与获得社会保障利益的主体在时间或者空间上并不对等，因此，社会保障项目运行的根本机理在于收入的再分配。在这里，我们假设社会保障费缴纳的规模确定，则在实现社会保障项目可持续运行的前提下，直接支出成本规模越大，社会保障权利实施的程度越高。因此，一个社会保障项目的出台，既要考虑社会保障费缴纳主体的承担能力与社会保障项目的可持续运行这两项约束条件，又必须最大化公民的社会保障权利。

一般而言，公民的社会保障需求往往体现在养老保障需求、医疗卫生保障需求、失业保障需求、生育保障需求和工伤保障需求等五个方面，因此，世界各国设立的社会保障项目大多以满足这些需求为目标，但不同国家的现实经济条件、社会保障制度发展历史、传统文化特征等存在很大差异，因而在具体的社会保障项目上也就存在较大的差别。从总体上讲，实施社会保障权的直接支出成本主要包括养老保险直接支出成本、医疗保险直接支出成本、失业保险直接支出成本、生育保险直接支出成本和工伤保险直接支出成本。

一、养老保险直接支出成本

公民对社会养老保障的需求是随着工业化的进程而出现的。在农业社会里，人们通过自给自足的生产方式满足自身的物质生活需求，家庭养老模式是保障社会成员老年生活的唯一途径。随着人类工业化进程的加速，农民开始向市民转变，人们不可能再通过简单的农业生产劳动就获得日常物质生活的必需品，而家庭养老模式也无法适应这种社会化的生产方式，人们开始越来越多地面临养老的风险，进而产生了对社会养老保障的需求。养老风险的存在不利于社会的稳定与社会生产力水平的提高，而由公民通过劳动阶段储蓄资金用于自身退休阶段的养老开支的自我保障模式，在货币经济条件下也缺乏可行性①，因此，由国家提供养老保险来满足公民对养老保障的需求成了必然的选择，许多工业化国家相应地建立了养老保险制度。

养老保险制度建立的目标在于满足公民对养老保障的需求，养老金的支出则是这一目标的实现形式，于是，养老保险直接支出成本也就随着养老保险制度的建立而产生。一般而言，养老保险直接支出成本在外延上根据不同国家所建立的养老保险模式的差异而有所不同。养老保险在具体的实践中会根据保障目标、激励机制等情况的不同而存在不同的形式，而最主要的就是社会统筹项目和个人积累项目这两种基本的养老保险类型。养老保险中社会统筹项目的设立，主要是为了实现社会公平的目标，因为个人生产要素禀赋差异与竞争机制的存在必然导致劳动者收入差距水平的扩大，为了实现社会公平的目标，养老保险制度中需要设立社会统筹项目，在本国范围内采用相同的支付标准，养老保险体系通过社会统筹账户向参保者支付的养老金，即为社会统筹项目的直接支出成本。养老保险中的个人积累项目的设立，主要是为了实现社会效率的目标，无论什么时候，“一刀切”的做法带来的必然是经济效率水平的下降，差异化的存在可以使激励机制更为有效，养老保险制度通过个人账户向参保者支付的养老金即为个人积累项目的直接支出成本。因此，如果一个国家实行的是统筹账户与个人账户相结合的养老保险模式，则养老保险直接支出成本包括社会统筹项目的支出成本和个人积累项目的支出成本两部分。

---

① 公民养老的自我保障模式在货币经济条件下，必须考虑通货膨胀因素引起的资金实际购买力降低问题。

二、医疗保险直接支出成本

公民对医疗卫生保障的需求，是伴随着工业化的进程与现代人类社会文明的发展而产生的。在人类社会工业化以前，专业化的大医院并不常见，更多的是由分散的私人诊所或江湖游医来满足绝大部分公民的医疗卫生需求，人们就医的方式往往都是分散型的，缺乏由国家提供医疗卫生保障的现实条件，也就难以形成有效的医疗卫生保障需求。况且在工业化社会以前，人与人之间的关系并不平等，绝大多数处于社会底层的社会成员对于自身身体健康权利的意识并未觉醒，也进一步抑制了医疗卫生保障需求作为一个社会整体需求产生的可能性。然而，随着人类社会逐渐进入工业化时代，分散的、单一的生产方式逐渐由专业化、规模化的生产方式所取代，大型的综合性医院相继出现，公民的就医方式由分散型向集中型转变，这就使得国家提供医疗卫生保障具有了可能性，并逐渐形成了有效的医疗卫生保障需求。此外，现代人类社会文明的发展，越来越多的人逐渐意识到维护自身身体健康权利的重要性，公民意识的提高对于社会医疗卫生保障需求的产生也发挥了非常积极的作用。

医疗保险金的支出，则是医疗保险制度满足公民的医疗卫生保障需求这一目标的实现形式，医疗保险直接支出成本也随着医疗保险制度的建立而产生。一般而言，医疗保险直接支出成本也可以分为社会统筹项目的直接支出成本和个人积累项目的直接支出成本两部分，但是，医疗保险直接支出成本的这一分类方式就其目标来说，存在很大的差异。社会统筹项目的支出成本主要是为了应对公民的住院、手术等各种大病风险，因为就单个个人而言，罹患重大疾病的概率是比较低的，但是就人类社会的总体而言，各种重大疾病的产生总是有一个特定的概率，而且这一概率随着人类生存环境的恶化而有不断提高的趋势，在这样的情况下，有必要通过社会统筹的方式，将重大疾病风险所造成的医疗负担在全体公民之间进行分散，这也是建立医疗保险社会统筹项目的目的，并由此产生了统筹项目的直接支出成本。个人积累项目的直接支出成本主要是为了应对公民日常门诊就医的需要，因为日常门诊的医疗支出比较低，而且需求价格弹性比较大，通过由医疗保险个人积累项目进行支付即可以化解相应的风险，并且有利于控制医疗成本，提高医疗资源的利用效率。

三、失业保险直接支出成本

失业问题是伴随着工业社会的形成而逐渐显现的。在农业社会时期，人们的生产劳动主要依赖于土地，就业是通过劳动力与土地的结合实现的，此时，弱肉强食的丛林法则在人类社会中普遍应用，即使是劳动力失去了赖以生产的土地，也往往把责任归因于劳动者的自身能力，失业问题在不影响社会稳定的前提下并未进入统治阶层的视线。进入工业社会初期后，失业所导致的各种社会问题逐渐显现，而工业化的大生产方式进一步放大了失业的社会影响，一方面工业化带来的副产品——经济危机使大规模的失业周期性地出现，另一方面失业使劳动者丧失劳动收入，进而失去社会产品的购买能力，工业产品也就没有了市场，社会经济的发展也将陷入停顿。此外，失业还会给劳动者的心理带来创伤，自尊心受到伤害，从而导致一系列的从个人到社会的负面问题。因此，随着工业社会的形成，公民所面临的失业问题逐渐显现，并逐渐成为对社会稳定与经济发展有着重大影响的因素之一，公民对失业保障的需求也越来越强烈。

失业保险制度建立的目标在于满足公民对失业保障的需求，失业保险金的支出则是这一目标的实现形式，于是，失业保险直接支出成本也就随着失业保险制度的建立而产生。一般而言，失业保险直接支出成本是以社会统筹项目的支出表现的，在激烈的社会竞争中每个人都面临着一定的失业风险，同时对普通人来说，最低的物质生活要求都是比较相接近的，有必要通过建立失业保险制度向失业者提供一个再就业的缓冲空间，这个缓冲空间可以使失业者在特定的时间期限内不用因为失业而影响到最低的物质生活水准。失业保险直接支出成本对于应对公民的失业风险，从而在社会稳定与经济发展中发挥着非常重要的作用。

四、工伤保险直接支出成本

与失业保险相比，工伤保险实际上是一种“就业保险”，在劳动生产过程中，劳动者面临人身受到伤害的风险，不同行业的从业者受到人身伤害风险的概率、种类等都是不同的，工伤保险为劳动者在劳动过程中可能遇到的各种人身伤害提供物质上保障，通过工伤保险金的支付来调动相应的社会经济资源，以应对人身伤害对劳动者正常生活造成的影响。尽管在农业生产中也可能发生劳动伤害，但工业化的大生产方式使这种劳动过程中可能发生的人身伤害社会化，即在工业生产中劳动伤害发生的情况越来越普遍，而发生劳动伤害的概率也越来越稳定，从而产生了对工伤保障的需求。

劳动者对工伤保障的需求促使政府出台相关工伤保险制度，通过工伤保险金的支出调动一系列社会经济资源来保证劳动者的社会保障权利，进而产生了相应的工伤保险直接支出成本。工伤保险一般以弥补劳动伤害对劳动者正常生活产生的影响为目标，就社会整体而言，每年发生的各种工伤事故的数量都是相对稳定的，因此，工伤保险项目每年的工伤保险直接支出成本也都是相对稳定的。由于劳动过程中可能发生的人身伤害具有社会化的特点，因此，工伤保险直接支出成本也是以社会统筹项目的支出表现的，工伤保险项目对某一劳动者所支付的直接支出成本只与劳动者受到的劳动伤害程度相关，而与劳动者缴纳的工伤保险费用的多少无关，从而使工伤风险在所有劳动者间得到分散。

五、生育保险直接支出成本

生育风险是人类与生俱来的风险，每一个育龄妇女都会面临生育的风险，尽管人类社会很早以来就产生了对生育保障的需求，但它一直都未能成为一种有效的社会需求。最主要原因在于工业化生产以前，妇女主要承担家庭劳务活动，而妇女的生育行为也被视为家庭内部事务，尽管在客观上有必要通过生育保险的方式来分散妇女生育所面临的各种风险，但就人类社会的主观角度来说，并不承认该由社会来承担家庭内部的责任。而随着工业社会的到来，一方面由社会提供生育保险从而分散妇女面临的生育风险的物质条件更为厚实，另一方面人们的公民意识逐渐增强，越来越意识到社会有责任提供这样一种生育保障，从而使公民的生育保障需求逐渐成为一种有效的社会需求。

生育保险项目的建立满足了公民的生育保障需求，同时也产生了生育保险直接支出成本，即生育保险项目需要向所有满足条件的妇女支付相应的生育保险金，从而调动一系列社会经济资源以实现妇女的生育保障利益。生育保险直接支出成本主要是以社会统筹支出的方式表现，在具体支出项目上包括生育津贴、生育医疗费用、计划生育手术医疗费用，以及其他与生育有关的费用，其中：生育津贴与生育者缴纳的生育保险费相挂钩外，其他项目都与实际发生的费用相挂钩。生育保险直接支出成本在维护劳动妇女的权益上发挥了非常重要的作用，生育保险也是现代社会文明进步的标志。

第二节　实施社会保障权资金方面的交易成本

实施社会保障权资金方面的交易成本，是指社会保障资金从筹集到支付的整个运行过程所产生的社会经济资源的消耗。一个国家为了实施公民的社会保障权而建立相应的社会保障项目，这些项目的运转在“财”上就表现为社会保障资金的运行。世界各国的社会保障制度存在很大差异，资金来源途径也呈现多样化的特点，这就造成了不同国家的学术界及政府官方对社会保障资金的理解也不尽相同。因此，为了分析实施社会保障权资金方面的交易成本，有必要先对社会保障资金的概念进行准确地界定。

国际社会保障联盟下属的社会保障资金投资研究小组（2004）认为，社会保障资金指的是由社会保障计划掌控的资金，这些资金主要用来维持社会保障计划支付利益和提供服务的能力，以及产生投资收益来增加社会保障计划的利益和服务。John Woodall（2002）认为，社会保障资金应该是国内金融市场最大的投资者，Andrew B. Abel（2001）则认为，社会保障资金指的是在金融市场投资信托资金。其共同点是，他们都强调社会保障资金的投资属性。可以看出，国外学者对社会保障资金与社会保障基金并未做明显的区分，从而在一定程度上存在混用的现象。

国内学者对社会保障资金和社会保障基金的混用现象也非常普遍，如郑功成（2000）在其著作中交叉使用“社会保障资金”和“社会保障基金”两个词，而没有对它们的含义做明确的区分。陈东红、王敏（1996）认为，社会保障基金是根据有关法律法规为实施社会保障制度而筹集起来的、法定的、收支平衡的、专款专用的经费，也在一定程度上将社会保障基金等同于社会保障资金。但国内也有学者明确提出社会保障资金和社会保障基金的区别，如郑秉文（2007）认为，社会保障资金有广义和狭义的区别，广义的社会保障资金指全部用于社会保障支出的资金，而狭义的社会保障资金则仅指包括养老、医疗、失业、工伤和生育保险在内社会保障资金，即广义的社会保障资金包含社会保障基金，狭义的社会保障资金不同于社会保障基金。林治芬（2007）则更明确地提出，只有当社会保险缴费收入大于待遇支出，资金沉淀下来需要进行投资运作时才成其为基金，社会保障资金在空间和时间范围上都要比社会保障基金广。

由于社会保障资金在内涵上涵盖了社会保障基金，因此，本书在论述时为了上下文的连贯，有时会使用“社会保障资金”来代替“社会保障基金”，但不会使用“社会保障基金”来表述“社会保障资金”。因为社会保障资金的运行是整个社会保障制度的主线之一，它的运行成本是实施社会保障权全部成本的重要组成部分，从资金运行成本的角度来降低社会保障制度的运行成本，对于保障公民的社会保障权来说意义重大。实施社会保障权资金方面的交易成本，从社会保障资金的运行过程上看，可以分为如下三个部分：

一、社会保障资金的筹集成本

社会保障项目的运行需要资金来支撑，因此，资金的筹集是社会保障资金运行的起点。我们可以把社会保障资金的筹集成本定义为，政府相关职能部门为了筹集社会保障项目所需资金而产生的社会经济资源的消耗。

完善的社会保障体系应该包含多种不同的社会保障项目，如世界各国社会保障制度中常见的养老保险、医疗保险、失业保险、工伤保险等，而不同社会保障项目的资金筹集方式存在较大的差异，由此也造成了不同社会保障项目在资金筹集成本上的差异。如社会救济、抚恤等社会保障项目的资金直接来源于各级政府的财政预算，这些项目的资金主要通过税收的方式进行筹集；而养老保险、医疗保险等社会保障项目，在资金的运行上采取专款专用的方式向参加各个社会保障项目的公民筹集社会保障资金，并在此基础上由政府财政补贴各社会保障项目收支的赤字，因此，这些项目的资金主要是通过社会保险费的形式进行筹集，不足部分由政府通过一般税收收入进行筹集。

社会保障资金的筹集成本可以分解为，筹集机构不同导致的资金筹集成本和筹集模式差异导致的资金筹集成本。对于前者而言，来源于政府一般税收收入的社会保障项目资金主要由各级税务部门进行筹集，来源于社会保险费收入的社会保障项目资金主要由各级税务部门或社会保障经办部门进行筹集，由于各级税务部门和社会保障经办部门在组织机构、运行方式、人员安排、工作模式等方面存在差异，从而导致了在社会保障资金筹集成本上的差异。对于后者而言，筹集模式差异带来的资金筹集成本主要是针对养老保险而言的，在世界各国的社会保障实践中，对养老保险采取现收现付制还是完全积累制的筹资模式存在较大的争议，各国的养老保险筹资模式选择也未见统一，因此，养老保险资金的筹集模式不同导致了社会保障资金筹集成本上的差异。此外，除养老保险以外的其他社会保障项目，由于项目本身的特点，筹资模式选择的争议较小。

国内学者比较关注社会保障资金的筹集成本，如崔光营（2000）认为，税务机关征收社会保障资金具有专业优势，并且不需要另外组建征收队伍，由此可以每年减少数十亿元的资金筹集成本。任保平（2003）通过世界范围内的比较研究指出，一般来说，以缴费方式筹集社会保障资金的国家，社会保障项目比较复杂，每一项目都有相对独立的缴费办法；而以税收方式筹集社会保障资金的国家，社会保障项目比较简单，缴费和支付都有统一的制度安排。由此可以看出，选择不同的方式筹集社会保障资金对资金的运行成本存在很大的影响。社会保障资金的筹集是整个社会保障资金运行过程的起点，研究社会保障资金的筹集成本，进而采取措施降低筹集成本，对实施社会保障权有十分重要的意义。社会保障资金筹集成本的降低，意味着资金筹集效率的提高，从而可以为各个社会保障项目提供更多的资金。

二、社会保障资金的投资成本

由于筹资方式的差异，不同社会保障项目的资金产生结余的情况也存在很大不同，如社会救济、社会优抚等社会保障项目的资金来源于各级政府财政，养老保险、医疗保险中的统筹账户，以及工伤保险、生育保险、失业保险等社会保障项目实行现收现付的资金筹集模式，资金的运行遵循收支平衡、略有结余的原则，因此，这些社会保障项目资金的运行往往只有筹集与支付两个环节，缺少投资环节。而养老保险的个人账户，医疗保险的个人账户等社会保障项目，由于实行的是积累制，从资金的筹集到支付存在一定时长的存续期，因此，为了实现这些社会保障项目资金的保值增值，对这些项目进行投资就成了实现社会保障制度可持续发展的必要条件。此外，为了弥补未来人口老龄化高峰时社会保障项目的潜在支出，国家设立了由“全国社会保障基金理事会”负责管理运营的“全国社会保障基金”，这笔庞大的资产也是亟需进行投资的社会保障资金。

由于部分社会保障项目的资金需要进行投资，从而寻求资金的保值增值，在资金的投资过程中必然会产生一系列的社会经济资源的消耗，由此带来资金的投资成本。因此，社会保障资金的投资成本可以定义为，政府对各社会保障项目结余和积累的社会保障资金进行投资以促进资金的保值增值而产生的社会经济资源的消耗。社会保障资金的投资成本又可以进一步分解为，投资机构差异带来的投资成本和投资途径差异带来的投资成本。

一般来说，政府是社会保障资金保值增值的责任主体，一旦筹集、积累的社会保障资金无法满足支出的需要，为了维护社会的稳定与公民的合法权益，政府就有责任以自身的一般财政支出为社会保障资金的赤字兜底。需要明确的是，尽管政府对社会保障资金的保值增值负有责任，但这并不意味着政府就必然是社会保障资金投资的主体，在世界各国的社会保障实践中存在着两种社会保障资金投资机构的选择模式，并由此导致不同的资金投资成本。一种是由政府设立专门的社会保障资金投资机构直接对资金进行投资；另一种是由政府设立社会保障资金管理机构，并将资金委托给私人部门进行投资，而资金的管理机构主要对私人部门的投资行为起监督作用。此外，资本市场的繁荣是市场经济的重要特征之一，社会保障资金在投资时有许多途径可供选择，而投资途径的差异也会导致投资成本的差异。例如，将社会保障资金投资于国债和股票的成本是完全不同的。在资本市场的实际运行过程中，可选择的资金投资途径非常多，不同投资途径所隐含的资金投资风险也存在着很大差异，在考虑资金投资收益、投资成本的同时，还必须重视资金的投资风险，一定程度上讲，资金的投资风险也可以看成是投资成本的重要组成部分。

国外学者比较关注社会保障资金的投资成本，如 Henry T K Mok（2000）提出，根据社会保障资金规模的不同，社会保障资金私人运营的管理费用一般是资金总额的 2 ~ 3% 的水平。但是，如果社会保障资金账户是可以转移的，那么，参保者账户的转移成本将非常高昂。此外，国外学者非常关注社会保障资金的私营机构投资与公营机构投资所导致的资金投资成本差别，如 Olivia S. Mitchell、Stephen P. Zeldes（1996）指出，社会保障资金的私营机构投资会提高资金的管理成本，但同时也能够提供比公营机构投资更多的服务。他们还指出，即使社会保障资金实现了私营机构投资，但仍由税务部门征收社会保障资金从成本上来说始终是更有效率的。Reid Gary、Mitchell Olivia（1995）则报告称，在美国的社会保障实践中，私营机构对社会保障资金进行投资的成本是公营机构的四倍。World Bank（1994）指出，智利社会保障资金从 1981 年到 1994 年的平均管理成本约为每年社会保障缴款收入的 15%，甚至在 1989 年达到了 25% 的水平。Wyatt（1995）指出，从 1988 年到 1994 年的 7 年时间里，香港社会保障资金的投资收益率低于 2%，如果考虑到社会保障资金的管理成本，那么，这七年的社会保障资金投资没有获得实质性的收益。

社会保障资金是社会保障制度存在和运行的根本，要实现社会保障制度的可持续发展必然要求充足的资金作为支撑，因而社会保障资金的保值增值对于社会保障制度的可持续发展具有决定性意义。社会保障资金经过一定时间投资运营得到的最终成果，体现的是社会保障制度将来的支付能力，也就是社会保障制度可持续发展所要求的满足后代人社会保障需要的能力。因此，要实现社会保障制度的可持续发展，必须充分重视对社会保障资金的投资，并且在资金的投资运营过程中降低相应的投资成本，以获得更多的社会保障投资收益。

三、社会保障资金的支付成本

社会保障体系建立的目的是为了实现公民的社会保障权，而社会保障权实现的形式往往就是，公民在法律、法规限定的时间内获得与自身条件相符合的一定标准的社会保障金，因此，社会保障资金运行的最后环节就是资金的支付。社会保障资金的支付成本是指，社会保障经办部门为了将社会保障金准确、及时地交到符合条件的公民手中，以及建立的社会保障制度支付条件差异导致的社会经济资源的消耗。社会保障项目保障的是公民最基本的生活需求，如养老保险、医疗保险、失业保险、工伤保险等社会保障项目，无不与公民的基本生活需求息息相关。因此，社会保障资金的准确、及时发放对公民来说极为重要，任何拖欠公民社会保障资金行为的发生，都会严重干扰普通公民，特别是依赖社会保障金而生存的公民的正常生活，从而降低政府的信誉，严重者还会引发一系列社会危机。社会保障资金的准确、及时发放是对社会保障工作的最基本要求，但对于社会保障经办部门而言，则必然会产生相应的成本。

社会保障资金的支付成本可以分解为由支付条件差异带来的支付成本，以及因支付机构差异带来的支付成本。支付条件属于社会保障体系的内在制度设计因素，通过对各个社会保障项目支付条件的改变，可以相应地增加或者减少社会保障资金的支出，而社会保障资金支出的改变体现的就是社会保障支付成本的变化。支付机构的选择则属于社会保障制度的实际操作因素，社会保障资金可以通过许多不同的支付机构到达符合条件的公民手中，选择由银行、邮政储蓄机构间接发放或社会保障经办机构直接发放等不同的方式，支付成本是有很大差异的。

社会保障资金的支付是资金运行的最后环节，在资金的筹集、投资环节的成本都得到有效控制的条件下，社会保障资金支付成本的大小也就成了影响社会保障权实施的重要因素。只有加强对资金运行全过程的成本控制，才能最终降低社会保障资金的运行成本，从而充分实施公民的社会保障权，切实保障公民的社会保障利益。

第三节　实施社会保障权管理方面的交易成本

社会保障制度的主线除了表现为“财”的社会保障资金的运行以外，还包括围绕“物”形成的社会保障机构的运行体系，并由此带来实施社会保障权管理方面的交易成本。因此，社会保障权管理方面的交易成本可以定义为，为了实现社会保障制度的顺利运转，而对各项社会保障事务进行管理所产生的社会经济资源的消耗。它主要包括如下四个方面：

一、社会保障制度的立法成本

社会保障制度的立法成本，是指国家为了实施公民的社会保障权而建立相应的社会保障法律体系所需要消耗的一系列社会经济资源。根据成本来源的不同，社会保障立法成本可以分为内部成本和外部成本，其中：内部成本是指社会保障立法工作本身所具有的成本，而外部成本是指社会保障立法工作给外部社会经济环境带来的负面影响，负面影响越大，则外部成本越大。

社会保障立法的内部成本主要包括两个方面，首先是为了实现社会保障相关法律、法规的顺利制定而必须支付的谈判成本，即为了使某一社会保障规范性文件顺利通过，主张制定该规范性文件的相关人员需要对部分持否定态度的人员进行说服，或者进一步讨价还价，从而产生相应的谈判成本。当参与决策的人数越多，或者该项规范性文件获得通过所要求的赞成票比例越高，则各利益主体之间的利益争夺也就越激烈，社会保障立法需要支付的谈判成本也就越高。此外，社会保障立法的内部成本还包括对社会保障规范性文件进行修改而展开实地调研、学术研讨等活动产生的社会经济资源消耗。如果一个国家正处于经济转型阶段，社会经济条件的变化比较快，依据社会保障规范性文件建立的社会保障制度，无法在已经改变的社会经济条件中有效运转，就必须对社会保障规范性文件进行相应的修改，以促进社会保障制度的顺利运行，充分保障公民的社会保障权利。无疑，社会保障规范性文件需要修改的次数越频繁，需要经历修改程序的次数也就越多，因此，也就需要支付更多的修改成本。

社会保障立法的外部成本主要包括三个方面。首先是遵从成本，立法机关出台一部新的社会保障规范性文件以后，政府机关与社会公民都需要一定的时间加以适应，并在这个磨合过程中消耗大量的物力成本与人力成本，因此，不同层次社会保障立法的稳定性差异，将会导致政府机关与社会公民对社会保障制度遵从成本上的差异。一般来说，较低层次的社会保障立法，由于程序简单，随意性大，立法的稳定性也就越差，相应的遵从成本也就越高；而较高层次的社会保障立法，由于立法过程遵循严格的程序，一般而言立法具有较高的稳定性，相应的遵从成本比较低。其次是不同层次的社会保障立法被执行的程度差异所导致的执行成本。社会保障权实现的程度主要由社会保障立法建立的相关规范性文件被执行的力度决定，越高层次的社会保障立法所具有的约束力越强，在社会保障体系的运转中被认真执行的可能性也就越大。此外，由于社会保障立法被执行的程度不同，则该社会保障规范性文件保障社会保障权益所发挥的作用也就存在差异，即较低的执行程度导致社会保障权益的下降，从另一个角度来说也是一种隐性的执行成本。最后是不同地区社会保障规范性文件差异带来的制度衔接和协调成本。较高层次的社会保障规范性文件通常是由较高等级的权力机关制定，因而其适用范围也就比较广，以较高层次的社会保障规范性文件为主的立法体系在全国范围内适用的统一性也就越强，各部门对社会保障立法的争议也就越小。应该说，全国范围内建立统一的社会保障制度有利于各地区间社会保障项目在制度上的衔接，从而降低社会保障制度的衔接和协调成本。

二、社会保障制度的宣传成本

社会保障权的实施需要政府的积极作为，而公民作为社会保障体系的被保障对象，也必须积极参与到社会保障各项目的日常运转中去。对于社会救济、社会福利、社会优抚等社会保障项目，资金主要来源于各级政府财政，公民作为此类社会保障项目的参与者，更多地体现为单方面享受社会保障利益，没有缴纳相应费用的义务。因此，为了确保公民在此类社会保障项目上的权利得到充分实施，政府有责任加强相关社会保障法律、法规的宣传，使公民充分了解并熟悉此类社会保障项目的资格条件、申请程序、待遇水平等相关信息。而对于养老保险、失业保险、医疗保险、工伤保险等社会保障项目，其资金来源除了各级政府财政补贴外，更多的是来自企业和个人缴纳的社会保障缴款。由于这些社会保障项目的效益具有长期性，公民在短期内不容易看到社会保障制度给自身带来的好处，更多的是看到为了参加社会保障项目而支付的各种社会保障缴款，这造成了一部分公民对参加社会保障项目的排斥心理。因此，社会保障部门必须花费一定的宣传成本向全体公民宣传社会保障知识，使公民充分了解实施社会保障项目带来的长期利益。只有让全体公民对政府建立的社会保障体系有充分的了解，使公民看到社会保障项目的实施对实现公民自身社会保障权的重要意义，我国社会保障体系才能实现政府机关和社会公民之间的良性互动，才能实现社会保障体系的可持续发展。

政府为了使公民了解相关社会保障政策必须采取一系列措施，为此，可以把社会保障制度的宣传成本定义为，政府为了使全体公民理解、熟悉社会保障项目的相关政策而采取一系列宣传措施所导致的社会经济资源的消耗，它包括人员成本和物质成本两部分。一方面，政府必须安排一定的人员从事社会保障政策的宣传工作，除了需要设置少数专门负责社会保障政策宣传的岗位外，大部分社会保障活动都是由政府社会保障部门抽调各职能科室的相关人员临时从事宣传活动，而这些都是政府为了社会保障宣传工作而支付的人员成本。另一方面，社会保障政策的宣传需要一定的物质载体，物质载体分布的广泛性和可获得性决定了公民了解社会保障政策的容易程度，因此，政府在社会保障宣传过程中还必须投入大量的物质成本，如较常见的墙体广告、宣传手册、服务下乡等。

鉴于社会保障宣传工作的重要性，政府必须予以充分重视，但同时又必须控制社会保障宣传成本的增长，以最小的宣传成本完成既定的社会保障宣传目标，则是政府社会保障宣传工作最理想的选择。

三、社会保障制度的监督成本

社会保障项目的实施具有强制性，这对保障公民的基本生活水平提供了强有力的法律约束，但同时也正是由于它的强制性，导致了社会保障项目在提供主体上的垄断性和法律规定范围内的公民参加社会保障制度的不可选择性。社会保障的提供主体必须为政府部门，它对社会保障项目的资金在收不抵支的情况下承担“兜底”的责任，但政府机关在运行上却又存在效率较低、机构臃肿等政府失灵问题。此外，公民参加社会保障的不可选择性，又很大程度上限制了公民“用脚投票”这种监督机制功能的发挥。而这些问题的存在必然要求建立完善的社会保障监督体系，对政府提供社会保障的各种活动予以监督，从而最大限度地保证公民依法享受社会保障利益，维护公民的社会保障权。可以说，社会保障监督体系的建立，是确保公民充分享受社会保障权益的基本前提。

因此，所谓社会保障体系的监督成本，是指政府为了保证公民的社会保障权得到依法实施，从而对社会保障各职能部门以及社会保障体系运转的整个过程进行监督所产生的社会经济资源的消耗。首先，社会保障监督工作的实施需要安排大量的工作人员，包括专职与兼职人员，如社会保障部门专司监督工作的人员，财政部门、审计部门等相关政府部门负有社会保障监督责任的工作人员等，而这对社会保障制度本身来说就是负担了一种人员成本。其次，由于从事社会保障监督工作主体的多样性，在各部门开展工作时必然产生一定的协调成本和重复监督成本。各监督职能部门必须在各自的职责范围内对社会保障项目的实施进行有效监督，而社会保障监督工作主体的多样性往往易导致具体工作中各部门职责分工不清，监督工作重复，以及监督工作不到位等问题。

就目的而言，社会保障监督工作主要是为了降低社会保障工作中违法、违规事件的发生，从而维护社会保障资金的安全，实现社会保障项目的顺利运转，充分保障公民的社会保障权。过高的社会保障监督成本必然影响社会保障权的实现，在建立社会保障制度的同时，任何国家都必须结合本国国情，探索出一套低成本但行之有效的社会保障监督模式。

四、社会保障信息系统的建设成本

计算机信息技术的运用促进了社会生产力水平的提高，在世界各国的社会保障实践中，积极运用计算机技术，构建完善的社会保障信息系统，对于社会保障管理工作效率的提高极为重要。通过信息系统的自动化处理，可以极大地减少在各项工作中的社会经济资源的浪费。以实施社会保障权资金方面的交易成本为例，通过计算机信息技术在资金的筹集、投资、支付过程中的全面运用，可以对社会保障资金的运行全过程进行有效的监控，从而降低社会保障资金的筹集、投资、支付成本，提高政府对社会保障资金进行筹集、投资、支付等相关工作的效率。

政府在运用计算机信息技术构建社会保障信息系统时，必然也需要投入相应的社会经济资源，因此，信息系统建设成本可以定义为，政府基于社会保障工作的需要，建立社会保障管理信息系统所导致的一系列社会经济资源的消耗。社会保障信息系统建设成本中最主要的部分是信息系统的创建成本。因为信息系统从无到有的创建过程需要耗费巨大的人力、物力成本，而这些成本都是由社会保障制度本身或政府财政进行承担。特别是当一个国家的社会保障制度处于严重分割，不同省、市即使是在相同社会保障项目的具体执行办法上也有着巨大差异，则该国在构建社会保障信息系统以满足各地区不同的实践需要时，信息系统的建设往往各自为政，有的是一个省创建一个系统，更有甚者是一个市创建一个系统，因而需要消耗极大的人力、物力成本。此外，社会保障信息系统创建以后，还需要为系统的维护持续投入大量的成本，因为构建一个完善并且实用的信息系统不可能一蹴而就，特别是在一国社会经济正处于转型时期的时候，由于现实社会经济条件变化比较频繁，社会保障政策也随之发生相应的改变，服务于社会保障实务工作的信息系统在后期的维护上也就需要投入大量的成本。最后，社会保障信息系统还需要配备高素质的系统使用人员，并对这些人员展开一系列的培训，这也相应产生了社会保障制度的人员成本。

在社会保障实践中，计算机信息技术的运用极为必要，但必须注意社会保障信息系统在运用过程中的成本控制。使用信息系统的目的是为了降低社会保障制度的成本，如果信息系统的建设、维护、使用不当而产生巨额社会经济资源的浪费，由此导致成本的增加反而达到甚至超过信息系统运用带来的收益，则社会保障信息系统的建设是得不偿失的，政府部门花费巨大人力、物力进行社会保障信息系统建设的努力也就毫无意义。

第四节　实施社会保障权的制度显现成本

制度显现成本指的是由于社会保障项目的具体制度设计原因才显现出来的社会经济资源的消耗，从性质上讲它也是一种直接支出成本，但同时又是一种特殊的直接支出成本。一般来说，实施社会保障权的制度显现成本主要是针对养老保险的转轨成本而言的，其他社会保障项目由于在资金筹集上大多采用现收现付制，并且对于资金的筹集模式基本不存在争议，不会带来社会保障项目的转轨问题，也就不存在制度显现成本的问题。

因此，本书讨论的实施社会保障权的转轨成本实际上指的就是，在养老保险的资金筹集模式由现收现付制向部分积累制转变过程中，转轨前已经退休或已经参加养老保险的参保者个人账户的资金空缺问题。在实行现收现付的统筹账户和完全积累的个人账户相结合的部分积累制养老保险筹资模式下，养老保险参保者的个人账户资金主要由参保者每年缴纳的缴费工资一定比例的养老保险金进行积累。根据参保者参加养老保险项目时间的不同，可以把养老保险的转轨成本分解为“老人”的养老金成本和“中人”的“空账”成本。

一、养老保险转轨中“老人”的养老金成本

养老保险转轨中“老人”的养老金成本指的是，在实行养老保险转轨前已经退休的养老保险参保者个人账户资金的空缺问题。在养老保险转轨前已经退休的参保者在养老保险转轨以后按照新的制度领取养老保险金，其中：个人账户养老金来源于个人账户，但这部分退休者在工作时，由于当时实行的是现收现付制养老保险筹资模式，按照当时的养老保险制度并未积累个人账户资

金，因此，这部分参保者每年领取的个人账户养老金可以看成是养老保险制度转轨的成本。尽管“老人”并没有积累相应的个人账户资金，但在这部分劳动者参加工作的时候，由于特殊的历史条件，当时实行的是低工资高福利①的劳动制度，将本来属于劳动者的工资作为政府投资形成了巨额的国有资产积累，因而“老人”可视为实际上在工作时期已经缴纳了个人账户资金，而这部分资金由政府投资形成了国有资产，因此，养老保险转轨中“老人”的养老金成本问题，实际上就是政府对这部分劳动者曾经缴纳并已经融入国有资产的历史债务的返还问题。

二、养老保险转轨中“中人”的“空账”成本

养老保险转轨中“中人”的“空账”成本指的是，在养老保险转轨前已经参加工作的养老保险参保者个人账户资金的空缺问题。在养老保险转轨前，已经参加工作的参保者并没有积累相应的个人账户资金，而转轨后的养老保险制度一般规定，参保者在养老保险转轨前的连续工作年限尽管没有缴纳个人账户资金，但在实际计算个人账户资金时仍然视同缴费，于是这部分参保者在退休以后用于计算养老金待遇的个人账户，由于实际积累的资金总额与用于计算个人账户养老金的名义积累资金存在一个差额，这部分差额就是由于养老保险转轨形成的“中人”的“空账”成本。显然，养老保险转轨中“中人”的“空账”成本与“老人”的养老金成本属于相同的性质，只是由于“空账”的时间不同而在表现形式上存在差异。

无论是养老保险转轨中“老人”的养老金成本，还是“中人”的“空账”成本，它们都伴随着养老保险筹资模式转轨过程而出现，并且在积累制模式下不可能通过制度的微调而消失，它们属于由于制度设计因素导致的制度显现成本。但是需要说明的是，本书随后的研究将表明，养老保险的转轨成本并不会给养老保险功能的发挥带来太大影响。

① 以中国为例，所谓的高福利也只是相对于当时的农民阶层来说的，实际上当时所谓的高福利仅仅只能维持工人的基本生存条件而已，绝大部分社会剩余产品由国家进行再投资，并形成了目前规模庞大，在许多经济领域获取高额垄断利润的国有资产。

第三章

社会保障权实施成本的影响因素

社会保障体系本身是一个非常复杂的系统，社会保障权的各项实施成本受到多方面因素影响，并且各种影响因素与实施成本之间并不存在一一对应的关系，而是某一因素会影响多项社会保障权的实施成本，某一社会保障权的实施成本也受到多项因素的影响。本章在第一节以图表的形式厘清各影响因素与实施成本之间的关系，第二节到第五节则在此基础上按照实施成本的类型对它们进行理论上的阐述。

第一节　社会保障权实施成本的影响因素总论

社会保障权实施成本的影响因素指的是，能够对实施社会保障权所消耗的社会经济资源规模大小产生影响的各种现实因素。实际上，由于社会保障体系的内容十分庞大，社会保障权的实施成本受到多方面因素的影响，主要包括宏观经济因素、社会保障对象本身的情况、政府操作因素、制度设计因素等四个方面。就实施社会保障权的直接支出成本而言，主要是受到宏观经济因素、社会保障对象本身的情况和制度设计因素等三个方面的影响；就实施社会保障权的内部交易成本而言，则主要受到社会保障对象本身的情况、政府操作因素和制度设计因素等三个方面的影响；就制度显现成本而言，主要受到社会保障对象本身的情况和制度设计因素等两个方面的影响。

一、直接支出成本的影响因素

实施社会保障权的直接支出成本包括了养老保险直接支出成本、医疗保险直接支出成本、失业保险直接支出成本、工伤保险直接支出成本和生育保险直接支出成本，它们与其影响因素之间的对应关系，可以由图 3 – 1 表示：

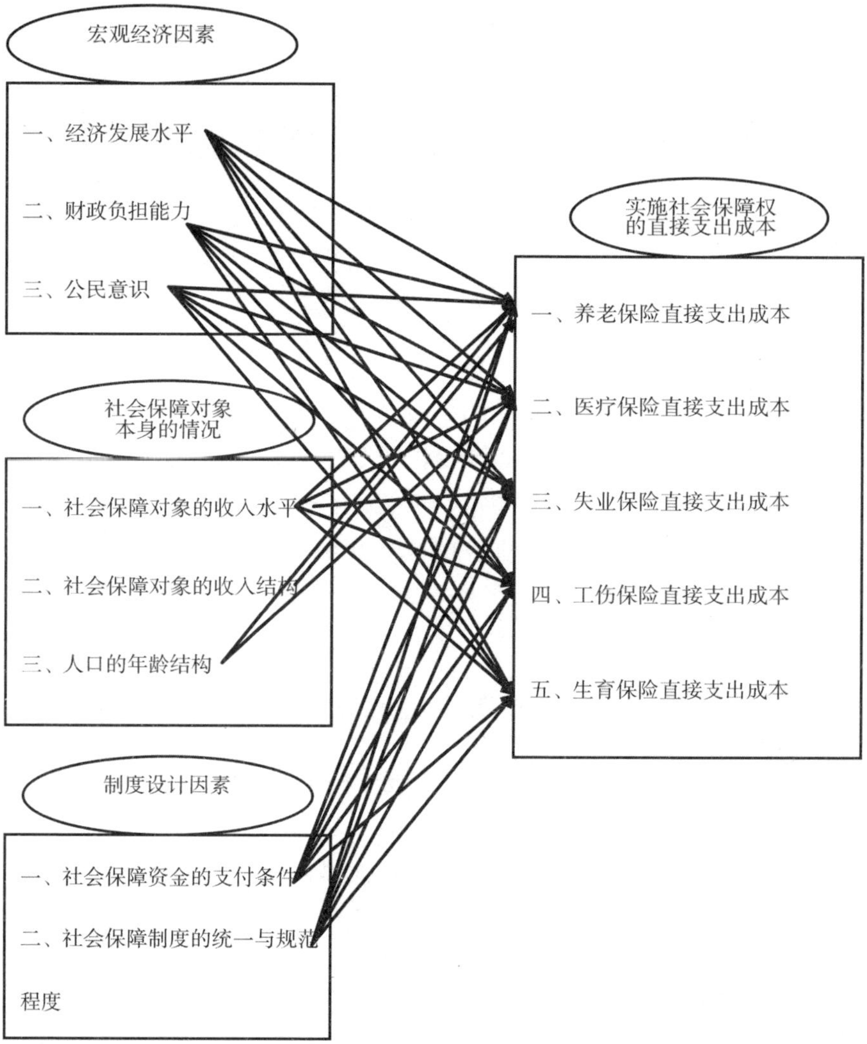

图 3－1　实施社会保障权的直接支出成本与影响因素对应图

从图 3－1 中可以看到，影响因素与直接支出成本之间的对应关系非常复杂，如宏观经济因素中的经济发展水平、财政负担能力、公民意识，社会保障对象本身情况中的社会保障对象的收入水平，制度设计因素中的社会保障资金支付条件等因素对所有的直接支出成本都存在影响；而社会保障对象本身情况中的社会保障对象年龄结构只对养老保险直接支出成本和医疗保险直接支出成本产生影响。但是，我们还必须看到，不同因素对某一特定成本的影响能力存在着较大的差异，如社会保障资金的支付条件这一因素对各项直接支出成本有着最为重要的影响。因为各个社会保障项目向参保者支付的社会保障金是由各个项目的具体支付条件决定的，如果提高某一社会保障项目的支付条件，则该项目需要向参保者支付的社会保障金随之减少，即直接支出成本随之下降。相比较而言，其他因素的影响能力则相对要弱一些。

二、内部交易成本的影响因素

实施社会保障权的内部交易成本可以分为资金方面的交易成本和管理方面的交易成本两部分，各项实施成本及其影响因素间的对应关系，可以由图 3－2 表示：

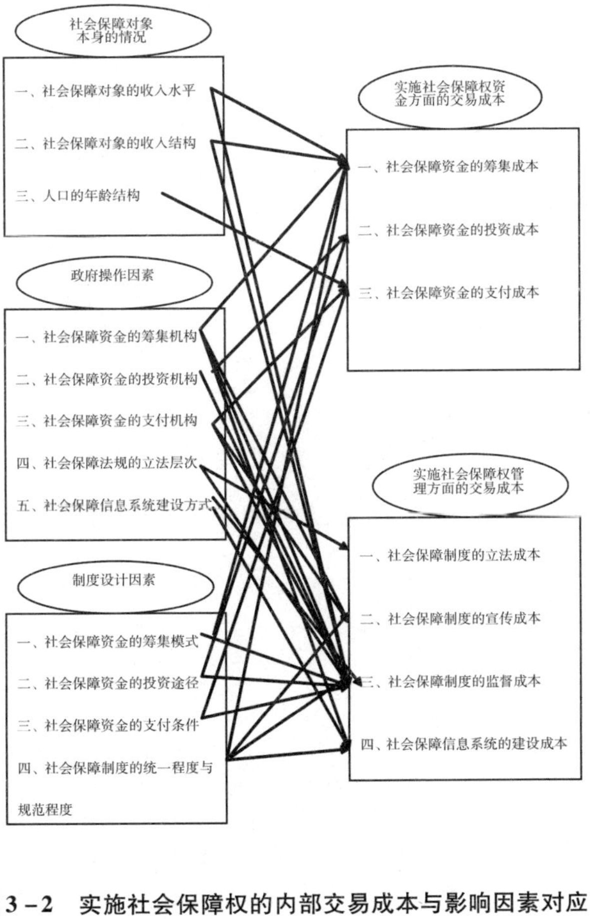

图 3－2　实施社会保障权的内部交易成本与影响因素对应图

从图 3－2 中可以看到，实施社会保障权的内部交易成本与影响因素之间关系同样极为复杂，在具体研究它们的关系时不可能对所有的关系都进行详细地论述，因为有些影响因素对某一项成本来说是重要的，而且它们之间相互关系的机理非常具有研究意义，例如，社会保障资金的筹集模式对筹集成本的影响，社会保障资金的支付条件对支付成本的影响等。而另一些影响因素对某一项成本来说是次要的，而且它们之间相互关系的机理比较简单，例如，社会保障信息系统的建设方式对监督成本的影响，社会保障制度的统一性与规范性对宣传成本的影响等。因此，为了问题研究的完整性可以对它们进行必要的论述，但基于这些因素对社会保障权实施成本的影响能力较弱，本书未将它们作为研究的重点。

三、制度显现成本的影响因素

实施社会保障权的制度显现成本与它的影响因素间的对应关系，可以由图 3－3 表示：

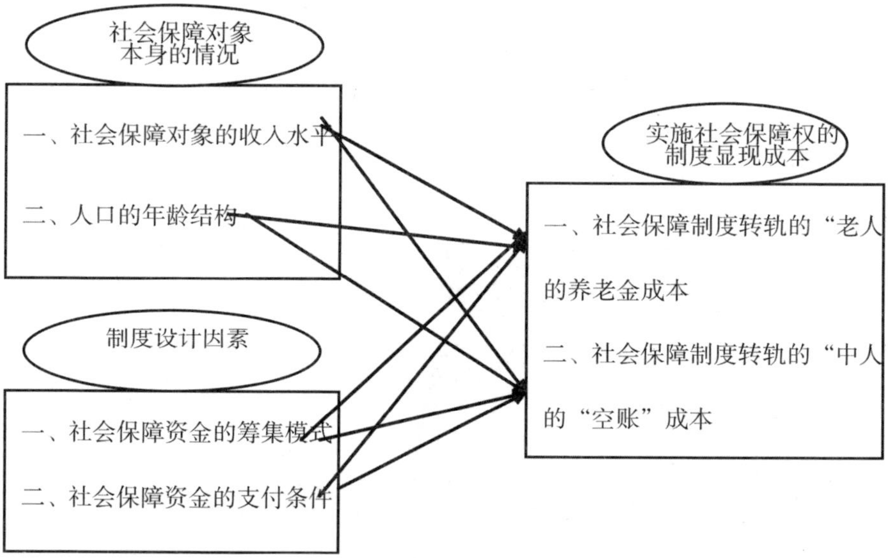

图 3－3　实施社会保障权的制度显现成本与影响因素对应图

从图 3－3 可以看到，实施社会保障权的制度显现成本，即养老保险的转轨成本，主要受到社会保障对象本身的情况和制度设计因素这两个方面影响。

这些因素中，社会保障资金的筹集模式对制度显现成本的影响极为重要，当养老保险采取现收现付制筹集模式的时候，实际上就不存在养老保险的转轨成本问题，即该项成本由制度所消化而未能显现出来。当转轨成本由于养老保险采取完全积累制或部分积累制而显现出来时，社会保障对象的收入水平、人口年龄结构、社会保障资金的支付条件等因素都会对其产生重要影响。

综上所述，正由于一个因素同时影响多个社会保障权实施成本，但在影响的力度和主次上却又存在较大的差异，为了对社会保障权实施成本的研究更具实际意义，本书拟对某一项成本而言最主要的影响因素进行重点研究，并试图清晰准确地描述它们之间的对应关系，还原它们的影响机理。本书中对各个影响因素的论述也有主次之分，在尽量全面地分析各个影响因素对社会保障成本影响的基础上，将重点研究对社会保障实施成本的高低起到重大影响的因素。例如，对社会保障资金的筹集成本而言，本书重点研究“政府操作因素”中的“社会保障资金的筹集机构”和“制度设计因素”中的“社会保障资金的筹集模式”这两个因素，而其他次要的影响因素如“社会保障对象本身的情况因素”中的“社会保障对象的收入水平”等则只是简单涉及。对社会保障资金的筹集机构、筹集模式、支付条件、立法层次等进行重点论述，而对社会保障权实施成本的影响相对较小或在理论上争议较少的因素则只做一般性的论述。通过重点研究对某一项成本而言最为重要的影响因素，可以更容易地抓住社会保障权实施成本的关键问题所在，因此，也就更有利于社会保障成本问题的解决。

第二节　宏观经济因素

每个国家都有其独特的宏观经济环境，社会保障体系的运行总是处于特定的宏观经济环境中，因此，宏观经济因素对实施社会保障权的成本必然存在非常重要的影响。具体而言，影响社会保障权实施成本的宏观经济因素主要包括经济发展水平、财政负担能力和公民意识等三个方面。

一、经济发展水平

一个国家的社会保障体系主要以养老保险、医疗保险、失业保险、工伤保险、生育保险等社会保险项目作为主体，并以社会救济、社会福利等项目作为补充。通过这些项目向符合条件的社会公民支付社会保障金，从而提供相应的养老保障、医疗卫生保障、失业保障、工伤保障和生育保障，进而使公民的社会保障权利得到实施。但是，一般而言，一个国家建立的社会保障体系总是要与本国的经济发展水平相适应，任何超越现实经济发展水平的社会保障制度都是无法可持续运行的，而低于经济发展水平的社会保障制度也难以发挥保障社会保障权利的作用。

一个国家的经济发展水平可以用国内生产总值来衡量，它表示的是该国在一年时间内生产的所有最终产品和服务的市场价格，体现了该国社会保障体系所能动员的社会资源的总量。此外，由于社会保障待遇水平主要是针对公民个体而言，有必要考虑人口因素对社会保障直接支出成本的影响，因此，用人均国内生产总值来衡量一个国家的经济发展水平或许更为合适。

总体而言，一个国家的经济发展水平越高，则该国所建立的社会保障制度的待遇水平也应该越高，从而实施社会保障权的直接支出成本也相应越高，因为社会保障权的直接支出成本与公民的社会保障权的实施程度成正比，在此条件下，公民的社会保障权利也就得到更好地实施。

二、财政负担能力

一个国家建立的社会保障体系总是受到本国政府财政负担能力的约束，社会保障项目的资金主要来源于参保者缴纳的社会保障费和政府财政给予的财政补贴，而政府所能提供的财政补贴力度是由其财政负担能力决定的。在政府的财政收支压力比较宽松的情况下，政府有能力为社会保障体系提供更多的财力支持，从而有利于提高社会保障项目的待遇水平，进而增加实施社会保障权的直接支出成本；而当政府的财政压力吃紧时，政府难以为社会保障体系提供足够的财力支持，从而影响了社会保障项目的待遇水平，也将降低实施社会保障权的直接支出成本。

政府的财政负担能力可以用中央政府的人均财政收入、地方政府的人均财政收入等宏观指标衡量。中央政府可以通过转移支付调节地区间的社会保障待遇水平，而地方政府是社会保障体系的具体运作者，其财政负担能力的差异对实施社会保障权的直接支出成本有着不同的影响。中央政府财政负担能力水平的提高，有利于实现地区间社会保障权直接支出成本的均等化，而地方政府财政负担能力水平的提高有利于增加本辖区内的社会保障权直接支出成本，从而提高本辖区内的社会保障权利的实施程度。

三、公民意识

公民意识指的是公民个人对自身在国家中地位的自我认识，集中表现为公民对个人应当享有权利和承担义务的认识。公民意识的提高与现代民主社会的发展有着密不可分的联系。在现代民主社会建立以前，公民个人往往只是被迫地履行自身承担义务的责任，而对于自己应当享受的权利却毫无知觉。随着现代民主社会的建立，公民对自身个人权利的意识逐渐觉醒，开始强调公民个人履行权利与承担义务上的对等关系，公民意识逐渐增强。

公民意识对于实施社会保障权的直接支出成本有非常重要的影响，较弱的公民意识有利于国家行政机构在社会舆论上更多地强调公民的义务而忽略公民个人应该享受的权利，此时，即使社会公民承担了较高的税收负担水平，但所能获得的社会保障待遇水平却有可能非常有限，相应地，此时实施社会保障权的直接支出成本较低，但内部交易成本则有可能非常高昂。随着公民意识的提高，公民逐渐认识到维护自身权利的重要性，从而通过各种途径表达要求获得自身权利与义务的对等关系的呼声，从而迫使国家立法机关、行政机关在保障公民的权利上作出更多的努力。在现代民主社会，社会保障权作为公民的一项基本权利，随着公民意识的提高，人们已越来越认识到建立完善的社会保障制度对于维护自身权利的重要性，从而要求国家行政机构安排更多的有利于自身权利实现的财政支出，社会保障项目的支出就是其中一项非常重要的内容。

第三节　社会保障对象本身的情况

社会保障对象本身的情况是影响社会保障权实施成本的重要因素，该因素具体包括社会保障对象的收入水平、收入结构和人口年龄结构三个方面对社会保障权实施成本的影响。

一、社会保障对象的收入水平

为了实现公民的社会保障权，政府应向全体公民提供完善的社会保障体系，而大部分社会保障项目需要公民按照规定支付一定数额的社会保障费才能取得享受相应社会保障利益的资格，如养老保险、医疗保险、工伤保险等项目。但是，某些特定项目本身以及参与对象在经济条件上的特殊性，公民往往只需符合一定的政策条件而无需支付社会保障费就可以获得享受相应保障权利的资格，如社会救济、抚恤等项目。由于养老保险、医疗保险、工伤保险等作为社会保障制度的主体项目都需要公民支付相应的社会保障缴款，并且公民需要支付的社会保障缴款数额与其收入水平有直接的联系，因此，公民的收入水平直接影响着社会保障项目所能筹集到的资金规模，进而影响社会保障权的实施成本。

在世界各国的社会保障实践中，社会保障缴款无论是采取社会保障费还是社会保障税的形式，一般都是以劳动者的工资薪金收入作为费（税）基的，这对社会保障缴款的征缴部门提出了较高的征管要求。因为以工薪收入作为费（税）基的社会保障资金征收方式，要求征缴部门能充分掌握参保者的收入水平信息，而当一国的社会保障征缴部门的征缴能力较低的时候，很难对参保者的收入水平有一个全面的了解。因此，在征缴能力较低的情况下，社会保障缴款的征收就如同个人所得税的征收一样，相比其他间接税的征收来说成本更高。在这样的条件下，社会保障对象的收入水平对社会保障资金的筹集成本将产生显著的影响，单个社会保障项目参保者的收入水平越高，则社会保障部门征收单位社会保障缴款所需要花费的征缴成本也就越低。因为社会保障缴款的征收需要消耗较高的成本，而参保者收入水平的提高，可以有效地分摊单位社会保障缴款的征收成本，从而可以显著降低社会保障资金的筹集成本。

社会保障对象的收入水平对社会保障制度的监督成本也有着较大的影响。因为社会保险的缴费（税）除了参保者个人以外还包括参保者所在单位，参保者的收入水平越高，则个人和企业双方缴纳的社会保险费（税）的规模也就越大，因此，社会保障对象的收入水平分别从两个方向影响了社会保障制度的监督成本。一方面，社会保障对象的收入水平越高，相关职能部门对参保者个人和企业的监督成本也随之增加，因为个人和企业需要缴纳的社会保障缴款的数额越高，则相应越有动力逃避费（税）的缴纳，社会保障征缴机关需要投入更多的精力从事监督工作，社会保障监督成本与社会保障缴款总额呈正比例关系；另一方面，社会保障监督工作具有规模效应，随着社会保障对象收入水平的提高，社会保障监督工作的边际成本相应降低，从而摊薄了社会保障监督的单位成本。社会保障对象收入水平对社会保障制度总体上的监督成本由上述两方面成本的加总决定，但一般而言，随着社会保障对象收入水平的提高，社会保障制度的监督成本在总体上是下降的。

此外，社会保障对象的收入水平将显著影响社会保障制度的转轨成本。因为无论是“老人”的养老金成本还是“中人”的“空账”成本，都是以劳动者工作时的收入水平作为计算基础的，劳动者参加工作时的收入水平越高，计算出来的社会保障制度转轨成本也就相应越高。同时，由于影响当前社会保障制度转轨成本的是劳动者在过去的收入水平，在社会保障实践中，无法通过对劳动者收入水平过去值的调节来改变当前的“老人”的养老金成本和“中人”的“空账”成本，但当期社会保障对象的收入水平的提高，则更有利于社会保障制度转轨成本的顺利消化。

二、社会保障对象的收入结构

收入分配差距问题是一个世界性的难题，特别是对于一个正处于经济转型时期的发展中国家来说，由于各项社会制度不完善，整个国家的收入分配体系处于不断磨合的时期，居民收入分配差距随着经济的发展呈现进一步扩大的趋势，于是社会保障对象的收入结构呈现两极化趋势。一方面，低收入阶层的人口规模在增长，而教育市场化，医疗市场化，房地产价格飙涨等现实经济问题将会导致居民的家庭支出负担越来越沉重；另一方面，高收入阶层拥有的财富数量在急剧地增长，奢侈品消费需求非常旺盛。在一个经济转型国家，面对越来越趋于畸形的居民收入分布状态，社会保障对象的收入结构对社会保障权的实施成本有着重要的影响。

社会保障对象的收入结构影响着社会保障资金的筹集成本。除了少数国家以外，世界上大部分国家都实行市场经济体制，由于不同生产要素在社会财富的生产中都发挥了重要的作用，掌握多种生产要素的公民收入逐渐呈现多样化的趋势，除了工薪收入以外，许多公民往往还会获得大量的利息收入、股息收入、房地产买卖收入，以及游离于制度之外的灰色、黑色收入等。对于高收入阶层而言，由于其收入更多的表现为经营性收入与财产性收入，而工薪收入占总收入的比重却相对有限。社会保障缴款征缴的费（税）基一般而言，都是以公民的工资薪金收入为主，社会保障资金的单位筹集成本与公民工薪收入占全部收入的比重有关，且由于资金筹集工作规模效应的存在，社会保障资金的单位筹集成本随着社会保障对象收入结构中工薪收入的上升而降低。

社会保障对象的收入结构同时也影响着社会保障监督的成本，参保者收入结构单一，社会保障监督部门只需对单一来源的收入进行监督，从而在监督工作上产生规模效应，有利于社会保障监督成本的降低。而当参保对象的收入结构复杂，或从多种渠道获得工薪收入时，由于经济人“利己”本性的驱动，人们更倾向于隐瞒自己的真实收入水平，社会保障部门对投保对象的监督难度也随之上升，不利于社会保障资金足额征缴。

三、人口的年龄结构

人口年龄结构是指，一个地区在某一时点，社会总人口按照年龄阶段进行划分所体现的不同年龄段人口的数量比例关系。一般而言，可以将社会总人口按照年龄阶段划分为儿童、青壮年和老年人三个阶段，而这三个年龄段的人口在是否参与工作上存在显著的差异。青壮年是劳动力的主要来源，青壮年人口占总人口的比重，体现了一个社会物质财富的生产能力，而物质财富的生产是整个社会保障体系得以建立和维持的基础。老年人口不参与社会物质财富的生产，而且是许多社会保障项目的主要保障对象，老年人口占总人口的比重，往往从侧面体现了一个社会对社会保障公共产品需求规模的大小。当一个国家的人口越来越趋向于老龄化时，社会保障体系赖以生存的物质财富基础就越来越薄弱，而对社会保障公共产品的需求规模却越来越庞大，在这样的情况下，更加突显了人口年龄结构对社会保障权实施成本的重要影响。

人口的年龄结构对社会保障资金的直接支出成本也有重要的影响，社会保障制度建立的根本目标就是为了保障公民的生存权和发展权。一般而言，在世界各国的社会保障体系中，占支配地位的社会保障项目是养老保险和医疗保险，这两个项目筹集、投资与支付的过程中所运行的社会保障资金占社会保障体系全部资金的比重非常高。在养老保险项目中，筹集的养老保险资金主要支付给符合条件的退休人员，如果一个社会的老年人口抚养比①越高，则需要支付的养老保险金的数额也就越大，相应的该社会保障项目的直接支出成本也就越高。在医疗保险项目中，筹集的医疗保险资金主要支付给符合条件的参保者，包括在职的劳动人员和已经退休的老年人口，但是由于老年人口与在职人员相比更容易生病，对医疗服务的数量与质量要求也更高，医疗保险项目需要向老年人口支付比非老年人口更多的医疗保险金。因此，随着一个社会中的老年人口比重的上升，医疗保险项目的直接支出成本也会相应上升。通过对养老保险和医疗保险的考察可以看到，人口的年龄结构对其影响非常大，因此，人

① 《中国统计年鉴（2009）》对“老年人口抚养比”的解释为：某一社会中老年人口数与劳动年龄人口数之比。通常用百分比表示。用以表明每100名劳动年龄人口要负担多少名老年人。老年人口抚养比是从经济角度反映人口老化社会后果的指标之一。也称老年人口抚养系数。

口的年龄结构对社会保障资金的直接支出成本有重大的影响。

人口的年龄结构还对实施社会保障权的制度显现成本，即转轨成本中“老人”的养老金成本和“中人”的“空账”成本有较大的影响。人口的年龄结构始终处于动态变化的过程中，一个时期的人口年龄结构除了受当期的死亡率和出生率影响外，更主要的是由上一期的人口年龄结构决定的①，当期实施社会保障权的转轨成本主要由当期人口年龄结构中“老人”的人口比重和“中人”的人口比重决定，在养老保险转轨前，退休人口和已经参加工作的人口占总人口的比重越高，则养老保险转轨后，属于“老人”和“中人”的人口比重也就越高，此时，实施社会保障权的转轨成本也就相应越高。

第四节　政府操作因素

政府是构建一国社会保障体系的主要政策制定者和执行者，社会保障权的实施需要政府的积极作为，因此，政府如何对社会保障制度进行操作，这将从多方面影响我国社会保障权的实施成本。总体上讲，政府操作因素主要涉及五个方面，包括社会保障资金的筹资机构、社会保障资金的投资机构、社会保障资金的支付机构、社会保障法规的立法方式和社会保障信息系统建设方式等方面，政府在这些方面的具体操作方式影响着社会保障权的实施成本。

一、社会保障资金的筹集机构

社会保障资金的筹集机构，是指政府该选择哪个机构来征收社会保障缴款的问题，因为在现实生活中，税务部门或社会保障经办部门都可以从事社会保障缴款的征收工作，而学术界对社会保障缴款征收机构的选择存在较大的争议。社会保障缴款在不同的国家根据具体情况由不同的机构征收，实践中社会保障缴款征收机构的混乱带来了理论上的争议，不同的学者基于不同的立场，对社会保障缴款征收机构的选择有着不同的看法。

大部分学者认为社会保障缴款应该由税务部门征收，庞凤喜（2007、2008、2011）认为，社会保障缴款无论称为“费”或是“税”，其本质都是税收，认为由税务部门征收社会保障缴款是一种理性的选择。陈琍（2008）认

① 这里忽略人口跨国迁移的影响，因为人口的跨国迁移由于数量少，对人口年龄结构的影响非常小。

为，社会保障部门征收社会保障缴款的效率较低，而地方税务局全面负责征收社保资金工作成效显著，并指出当前正是全面推进由税务部门统一征收社保资金的最好时机。此外，张宇、雷玉华（2002），张勇（2004），靳东升（2007），袁艳红（2008）等学者也有相类似的观点。

但也有学者持相反的观点，如郑功成（2000、2001）认为，中国当前所遇到的社会保险费征缴困难的情况并非是由于征费方式造成的，而是客观的经济环境、立法与执法力度以及历史欠账未能有效化解等因素造成，他认为，社会保险费改税应该缓行或者不行，维持由社会保障经办机构征收社会保障费的现状。王泽英（2002）认为，将社会保障基金纳入财政预算必须具备一系列的前提条件，在个人账户的记录和管理由社会保障经办机构负责的情况下，实行税收筹资方式会增加个人账户的记录和管理难度，主张由社会保障经办机构负责征收社会保障缴款较为合适。

实际上，社会保障缴款征收机构的选择不仅仅是一个理论问题，更是一个实践问题，因为具体的社会保障资金筹集机构的选择，会影响到社会保障权实施的成本。社会保障缴款既可以由税务部门征收，也可以由社会保险经办部门征收，因此，在具体的社会保障实践中就会产生如下多种社会保险费征缴体制：税务部门全责征收、社会保障经办机构全责征收、税务部门非全责征收、社保部门与税务部门分别征收。当一个国家选择后三种社会保障缴款征缴体制时，无疑都会产生各种负面问题，从而需要付出高昂的征缴成本：一是毫无必要地导致了征收管理机构的重叠，由此增加不必要的支出。如在社会保障经办机构全责征收的征缴体制下，需要从社保机构中抽调出相当数额的社保人员专职从事社保费的征缴工作，财政不仅要对其社保经办机构投入正常的办公经费，还要在购置办公楼、信息化建设和超收奖励方面安排专项经费，因而征收成本通常较高。二是因为多头管理，导致信息传输成本与部门协调成本极为高昂。如在税务部门非全责征收的征缴体制下，由税务部门征收社会保险费，却不具有社保缴费登记、缴费申报、制定征收计划、核定缴费基数、实施处罚等相关管理权限，税务部门只能根据社保经办机构提供的应征数据组织征收；而社保经办机构一般通过参保单位上门申报或按历史资料查验核定缴费基数，不掌握企业实际经营状况变化和存续情况变更，缴费基数不实问题普遍存在，致使整个社会保障资金征缴成本高昂。此外，由于一些地方各项社会保险的登记远没有统一，且多头征管，其具体征管办法、征管流程也不统一，从而一方面给经办机构和缴费人增加了很多不必要的工作量，另一方面也造成登记信息不一致的现象大量出现，在部门信息共享水平低，信息传递机制不畅通的情况下，严重影响了信息的采集与费源的监控，进而引发管理上的诸多矛盾，并带来相应高昂的管理与协调成本。显然，这类模式暴露出了自身难以克服的体制性问题，既增加了工作协调程序和数据传输等环节，容易导致实际工作中掣肘和扯皮，又极大地增加了管理成本，并严重影响工作效率。

此外，就社会保障监督成本来说，当社会保障资金在不同地区分别由社会保障经办机构或者税务机构进行征缴时，由于税务部门在对企业和个人征缴税款的同时进行社会保障费（税）的征缴，对企业和个人的收入信息有着较为全面的把握，可以有效减少社会保障监督的成本。相反，由于社会保障部门对企业和个人信息的了解非常有限，需要耗费大量成本进行企业和个人信息的收集，社会保障监督成本必然随之上升。

二、社会保障资金的投资机构

一般而言，需要投资运营的社会保障资金主要有全国社会保障基金和养老保险、医疗保险中的个人账户资金，前者目的在于弥补将来人口老龄化而导致的养老金支出缺口，后者的功能则是基于个人账户资金从收入到支出需要一定的存续期，两者都需要进行投资运营以获得社会保障资金的保值增值，否则，通货膨胀风险的长期存在必然威胁社会保障体系的稳定。在社会保障资金的投资过程中，资金投资机构的选择极为重要，它对社会保障资金的投资成本和社会保障制度的监督成本都存在一定的影响。

许多学者对社会保障资金投资机构选择问题进行了一系列的研究，如郭殿生（2003）提出，根据社会保障资金投资机构的不同，社会保障资金的运营模式可以分为政府集中型、分散型、适度集中型三种，并认为应根据不同类型社会保障资金的性质选择恰当的运营模式。徐滇庆（1999）则指出，社会保障资金投资机构的所有制属性不同对社会保障资金的投资收益率会有很大的影响。如1980~1990年，美国民营养老保险基金的实际收益率为8%，同期公营养老保险基金的实际收益率只有4.8%，而其他发展中国家如肯尼亚、委内瑞拉、赞比亚、土耳其等采取公营养老保险资金投资机构的国家更是分别产生了-3.8%、-15.3%、-23.4%、-23.6%的亏损率。Laurence J. Kotlikoff（1996）运用Auerbach - Kotlikoff动态生命周期模型检验了社会保障资金私有化投资对效率的影响，其研究结果证明，社会保障资金的私有化投资可以产生长期性的投资收益增长和居民生活水平的提高。对于我国社会保障资金投资机构的选择，庞凤喜、洪源（2006）认为，应该组建社会保障基金监管委员会，由其挑选合适的投资机构并签订合约，实现社会保障资金中个人账户资金的市场化投资。此外，Sebastian Edwards、Alejandra Cox Edwards（2002）以智利的社会保障私有化为例，强调社会保障资金的私有化投资对非正式部门的整体工资提高了将近2%的水平。王海勇、金菁（2007）强调社会保障资金的投资机构、监督机构分立，对社会保障资金进行有效监督的重要性。

根据投资运营主体所有制的不同，社会保障资金的投资机构可分为公营投资机构与私营投资机构两种，两者在社会保障资金的投资成本上存在较大的差异。就公营投资机构而言，它主要由政府直接设立一个行政部门或投资设立一个国有投资机构进行投资，公营投资机构的投资收益率由国家财政予以保证，在公营投资机构投资失败的情况下，政府财政对社会保障资金的投资亏损有义不容辞的兜底责任。就私营投资机构而言，它主要由民间资本投资设立，经过政府的严格审核，给予发放运营社会保障资金的资格。在扣除私营投资机构的运营成本以后所留存的全部利润构成社会保障资金的投资收益，并且在投资失败的情况下，只要不危害社会的稳定，政府对社会保障资金的投资亏损一般不承担兜底责任。通过上面的比较可以看出，选择公营机构作为社会保障资金的投资机构时，其公有性质将有可能导致的资金投资运营策略的僵化，再加上由于政府对社会保障资金投资的兜底责任，使得资金投资的收益与责任并不对称，进一步弱化了投资机构成本控制的动机，从而无形中增加了投资成本。在选择私营机构作为社会保障资金投资机构的条件下，由于私营机构在市场竞争中寻求生存的本能，私营机构有较强的成本控制动机，但同时也正是由于市场竞争的激烈，在政府选择由多家私营机构共同运营社会保障资金时，各家私营机构为了争夺客户而会展开强大的营销攻势，因此，在选择私营机构作为社会保障资金的运营机构时，花费的营销成本也往往比较高。同时，由于选择私营机构或公营机构作为社会保障资金的运营机构所花费的投资成本在结构上存在差异，很难在理论上对两者总体的投资成本进行有效比较，而必须结合各国社会经济现实条件进行分析，如该国的市场经济发达程度、政府官僚主义作风严重程度、社会保障资金规模等多方面因素进行综合判断。

此外，公营投资机构和私营投资机构所获得的投资收益率是存在一定差异的。一般而言，公营投资机构的投资组合趋向于保守型，承担较低的投资风险也获得相对较低的收益率。而私营投资机构的投资组合往往趋向于进取型，可以获得较高的投资收益率，但必须承担较高的风险。例如，从1980年到1990年，私营养老保险基金的实际收益率在美国为8%，英国为8.8%，荷兰为6.7%；而同期公营养老保险基金的实际收益率美国为4.8%，马来西亚为4.6%，新加坡和印度为3%，总体而言，私营投资机构的投资收益一般要高于公营机构。

社会保障资金投资机构的选择同时也影响社会保障监督成本，在社会保障资金由公营机构进行投资运营的条件下，政府本身就是社会保障资金运营的主体或者是社会保障资金运营主体的出资者，从这个角度来讲，政府可以花费更低的成本实现对社会保障资金投资运营的监督。但是，从另一个角度来讲，尽管政府是社会保障监督的主体，但实际从事社会保障监督工作的却是各职能部门的工作人员，作为政府机构成员的个人与政府机构本身的行为目标可能并不一致，这就导致了如何监督监督者的问题，而监督者的不受监督将会加剧社会保障监督成本的上升。在选择私营机构进行社会保障资金投资运营时，社会保障的监督主体与资金投资的运营主体相分离，一般而言需要花费更多的成本实现对社会保障资金投资的监督。此外，如何监督监督者的问题还是始终存在的。相对于选择公营机构进行投资而言，选择私营机构进行投资所需要支付的成本可能会更高一些，但具体情况还需要结合具体的社会经济条件而定。

三、社会保障资金的支付方式

社会保障资金的支付方式，是指符合条件的公民通过何种方式获得由社会保障项目支付的社会保障金，其核心内容是社会保障资金支付机构的选择问题。社会保障权的实施主要体现在符合条件的公民依法在限定的时间内获得社会保障资金，而社会保障资金支付作为资金运行的最后环节，资金支付机构的选择直接决定了社会保障权得到实施的程度。陈向京（2008）指出，社会保障资金在支出上存在一定的随意性，资金被挪用的现象很普遍，严重威胁到了社会保障资金的安全，而这和社会保障资金支付机构的选择有很大的关系。邓大松、吴汉华等（2005）指出，基本养老保险在支出过程中，统筹账户向个人账户透支的现象非常普遍，个人账户实际上仅仅是一个名义账户，他们强调社会保障资金的支出实现分账管理的重要性。此外，庞凤喜、洪源（2006）认为，社会保障资金的支付办法不统一且支付标准过高也是一个比较严重的问题，主要原因是由于我国社会保障资金在许多地区由各单位自行发放，支付的标准也由各地区各部门自行决定。

在世界各国的社会保障实践中，社会保障支付机构往往包括进行直接支付的社会保障经办机构和进行委托支付的银行等金融机构，而这两者在支付成本上有较大的差异。如选择社会保障经办机构作为资金的支付机构，由于社会保障经办机构本身就是各项社会保障工作的直接经办者，直接发放社会保障资金可以相应减少委托成本，但由于社会保障经办机构的数量少，往往一个基层行政区域只有一家社会保障经办机构，因而相应增加了公民领取社会保障金的时间、人力和交通成本。选择银行等金融机构作为社会保障资金的支付机构则不同，由于银行等金融机构是接受社会保障经办部门的委托发放社会保障金，所以，社会保障部门必须按照发放金额的一定比例向银行支付一定数量的手续费，从而增加了资金的委托成本。但是，由于银行等金融机构的网点分布极为广泛，尤其是邮政储蓄银行、农村合作银行等性质的金融机构，即使是较为偏僻的农村地区也有广泛分布，因此，选择银行等金融机构作为社会保障资金的支付机构可以有效地降低公民领取社会保障金的成本，公民可以花更少的时间、人力和交通成本领到属于自己的社会保障金。在社会保障制度建立以及随后发展的相当一段时期内，由于金融机构发展的不完善，世界各国往往都是选择以社会保障经办机构直接发放作为资金的支付方式，但是，随着近现代银行业的兴起和银行网点的广泛分布，从社会保障体系本身和公民花费的整体成本来综合考虑，选择银行等金融机构作为社会保障资金的发放机构，相比由社会保障经办部门直接发放来说成本更低。

社会保障资金的支付方式同时影响了实施社会保障权的管理成本中的监督成本。无论是选择社会保障经办机构直接支付，还是委托银行等金融机构间接支付，都必须加强对社会保障资金的监督，保证资金及时准确地发放到每一个符合条件的公民手中。选择银行作为社会保障资金支付机构时，由于银行有着较为严格的监管制度，所以，社会保障体系本身不需要为银行的监管支付较高的成本，只需加强公民自身条件的审核，将社会保障资金的发放金额、时间等相关信息准确地传输给银行系统即可。选择社会保障经办机构进行直接支付则不同，一般而言，政府部门在货币现金支出上的便利性与工作人员发生腐败的可能性成正比，由社会保障经办机构直接支付社会保障金，则在支付过程中发生腐败的可能性相对较高，为了切实保障公民的社会保障权利，往往需要花费更高的监督成本。

四、社会保障法规的立法层次

建立社会保障制度需要完善的法律体系作为支撑，世界各国在建立社会保障制度的同时都非常重视配套法律体系的建设，而社会保障立法层次的选择是建立社会保障法律体系时必须面对的一个问题。社会保障立法层次指的是社会保障规范性文件发挥维护社会保障权利的效力层次，它由制定社会保障规范性文件主体的法律地位决定。如全国人民代表大会及其常务委员会作为最高权力机关，其制定的规范性文件称为法律，具有最高效力；而国务院制定的规范性文件称为行政法规，国务院各部委制定的规范性文件称为行政规章，它们的效力随着立法主体地位的下降而降低。此外，我国还存在大量由地方权力机关制定的地方性法规，以及地方行政部门制定的地方规章。由于国家制定的不同层次的规范性文件效力不同，同时在立法成本上存在较大差异，鉴于社会保障立法工作对保障社会保障权利的重要性，一个国家必须结合本国国情选择恰当的立法层次。

根据成本来源的不同，社会保障立法成本分为内部成本和外部成本，其中，内部成本是指各级权力机关和政府部门进行社会保障立法工作时，该项立法工作本身所产生的社会经济资源的消耗，如谈判成本、修改成本等；而外部成本则是指由于社会保障立法而给外部环境带来的负面影响所导致的社会经济资源的消耗，如遵从成本、执行成本、制度衔接和协调成本等。社会保障立法层次与社会保障的立法成本有很大的联系。具体来说，当制订较低层次的社会保障立法时，参与制定社会保障法规的人员数量相对较少，制订者之间达成一致意见所花费的谈判成本也相应较低。此外，较少的制订人员也意味着以后对该项法规进行修订时需要花费的人力、物力成本也更低。因此，一般而言，立法层次的降低同时导致了作为社会保障立法内部成本的谈判成本和修改成本的降低，即社会保障立法的内部成本相应下降。

但是，随着社会保障立法层次的降低，社会保障立法的外部成本将会上升，因为立法层次的降低同时导致了社会保障立法外部成本所包含的遵从成本、执行成本、制度衔接和协调成本的上升。较低层次的社会保障立法更不稳定，公民需要花费更多的人力、物力成本来适应相关法规的改变；较低层次的社会保障立法也不利于法规的执行。同时，不同地区各自立法、各自为政的做法，也不利于社会保障制度的衔接，随着人员区域间流动的加强，不同地区社会保障项目之间的协调将会产生大量的成本。因此，出于控制社会保障权实施成本，进而实现社会保障权的目标，如何选择社会保障立法的层次问题，实际上也就成了如何在内部成本和外部成本之间做出取舍的问题。图 3－4 给出了一般条件下社会保障立法层次与社会保障立法内部成本和外部成本之间的关系。

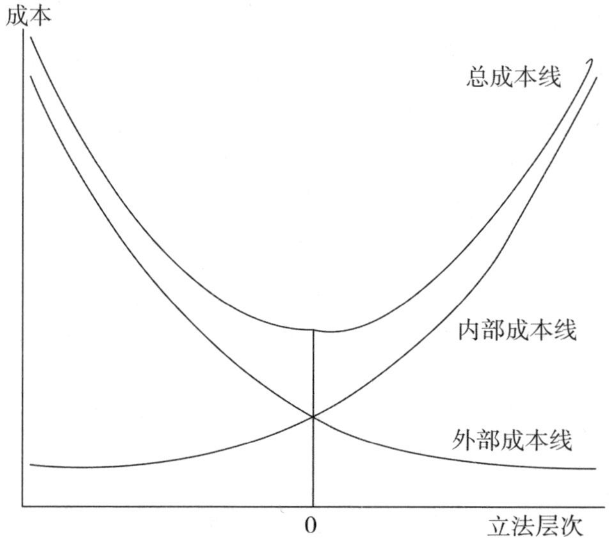

图 3－4　一般条件下社会保障立法层次与成本关系图

可以将不同立法层次对应不同的立法成本连成内部成本线和外部成本线，将两条成本线相加即可以得到一条表示不同立法层次所对应的总成本线，图 3－4 显示了一般条件下社会保障立法层次与成本之间的关系。所谓一般条件指的是，未结合具体社会经济条件的理想状态，在该条件下我们假设内部成本和外部成本呈镜像关系，而总成本线的最低点出现在可选择的立法层次的中档，即图中的 O 点。从图中可以看到，外部成本随着社会保障立法层次的提高而降低，内部成本随着社会保障立法层次的提高而增加，而总成本则呈现 U 型的变化趋势。因此，基于成本最小化的要求，我们可以选择总成本最小的点所对应的社会保障立法层次作为最恰当的立法层次选择。

然而，在现实条件下，由于不同国家的社会经济条件有着很大差异，对应的成本曲线图的形状也就存在很大差异。例如，在某些国家，由于国民经济发展水平较高，政府运转较为灵活，立法机关工作效率比较高，则随着立法层次的提高，立法的内部成本的上升并不如一般条件下所表现的那么剧烈，于是总成本曲线的最低点就会出现在立法层次中档的右侧，即图 3－4 中 O 点的右侧。因此，在用总成本线图寻找最恰当的社会保障立法层次时，还必须充分结合具体现实情况，而且现实条件总是会与理想状态有所偏差，最佳的社会保障立法层次选择往往位于图中 O 点的左侧或右侧。

五、社会保障信息系统的建设方式

社会保障制度体系的运行离不开社会保障信息系统的配合，功能强大的社会保障信息系统对于实现社会保障制度的顺利运行有着极为重要的作用，在计算机信息技术越来越发达的今天，已经有越来越多的信息系统进入到社会保障项目的实际运行中，并成为社会保障体系不可或缺的一部分。加强社会保障信息系统建设，也就成了提高社会保障工作效率，促进社会保障权利实现的重要途径。社会保障信息系统的建设方式指的是社会保障部门采取哪种方式建立信息系统，是通过委托科研单位或企业建立还是自行建立，是全国统一建立还是由各地区分别建立等，而社会保障信息系统建设方式的选择直接影响了社会保障权的实施成本。

通过委托科研院校或企业的方式建设社会保障信息系统，可以有效地利用社会优势资源，并通过政府招标等方式降低社会保障信息系统的建设成本。因为科研院校或企业往往拥有较高素质的信息技术人才，通过将信息系统委托给科研院校或企业的建设方式，可以实现以较低的成本获得较高质量的社会保障信息系统。但不容忽视的一个问题是，采取委托科研院校的方式，往往是由科研院校针对社会保障部门由零开始，直接建立一个完善的社会保障信息系统，使系统具有较强的针对性，但全国较高水平的科研院校往往集中在几个中心大城市。采用企业招标的方式则不同，往往是企业预先已建立一套信息系统，再针对招标单位进行具体调试，在信息系统的设计上往往没有针对性，从而导致科研院校或企业与委托单位的信息沟通不畅，增加了社会保障部门与作为信息系统开发部门的科研院校或企业之间的沟通成本，另一方面也会增加社会保障信息系统的后期维护成本。而且科研院校或企业的信息系统建设人员并不直接参与社会保障工作的日常运行，由其创建的计算机信息系统与社会保障日常工作相脱离的现象也更容易发生。

如果由社会保障部门自行建设信息系统，首先需要招聘一定数量的高级信息技术人才，这无疑增加了信息系统建设的人力成本。但是，由于信息系统的建设者本身就属于社会保障部门内部人员，他们对各项社会保障项目的办理流程有着较为清晰的了解，建立的社会保障信息系统也就更加符合实际需要，并可以有效降低信息系统开发的沟通成本和后期维护成本。

显然，由全国统一建立社会保障信息系统的方式可以极大地降低信息系统的建设成本，因为它只需在全国范围内花费一个社会保障信息系统的建设成本、后期维护成本，就可以使全国所有社会保障部门使用信息系统，社会保障信息系统使用的边际成本几乎为零。相反，由各地区分别建立社会保障信息系统则会产生重复建设的问题，从而浪费许多原本不必要消耗的社会经济资源，如果一个省甚至一个市根据各自的社会保障项目规定，单独建立各自的社会保障信息系统，则无论是采取委托科研院校或企业，还是自行组织人员的建设方式，都将是一笔巨大的成本开支。但是，由全国统一建立社会保障信息系统的方式必须具备一个前提条件，即社会保障制度在全国范围内必须统一，有统一的社会保障支付标准、统一的社会保障支付程序等，否则，由全国统一建立的信息系统在各地区实际应用时，就会出现“水土不服”的情况，反而会给社会保障实际工作带来许多不必要的麻烦。

社会保障信息系统的建设方式同时也影响社会保障监督成本，完善的社会保障信息系统有利于监督工作的开展，并降低相关监督信息的获取成本。通过社会保障部门自行建设社会保障信息系统，由于系统建设人员主要来自社会保障部门本身，可以更多的考虑社会保障监督工作对信息系统建设的需要，在系统中嵌入更多具有监督功能的模块，可以降低社会保障监督成本。此外，由全国统一建立社会保障信息系统，也可以集中财力在这一系统内嵌入更多的功能模块，增加社会保障信息系统的应用范围，从而降低社会保障监督成本。相反，如果由各地区单独建立社会保障信息系统，由于地方财力与预算的限制，往往会更多考虑社会保障项目日常收支等主要功能，而忽略在信息系统监督功能上的建设。

第五节　制度设计因素

实施社会保障权需要建立一套完善的社会保障制度，而社会保障制度如何设计对于社会保障权实施成本有着很重要的影响。通过合理设计社会保障相关制度可以使各社会保障项目的运转更加顺畅，从而有效地降低社会保障权的实施成本，而不合理制度设计因素的存在必将导致社会保障权实施成本的高企，从而不利于社会保障权的实施。具体来说，社会保障资金的筹集模式、投资途径、支付条件和社会保障制度的统一性与规范性等制度设计因素都将影响社会保障权的实施成本。

一、社会保障资金的筹集模式

资金筹集模式差异带来的筹集成本主要是针对养老保险而言的。作为社会保障体系中最为重要的项目，养老保险对保障公民退休后的生活，维持社会经济的正常运转有着不可或缺的作用。在制度上保证全体公民无论贫富都老有所养，从社会角度来讲可以体现人类的团结互助；从经济角度来讲，可以有效促进社会消费需求的增长，从而带动经济发展，实现人类社会进步。

世界各国普遍实行养老保险制度，并根据各自不同的社会经济条件形成了不尽相同的养老保险形态。养老保险从筹资模式的角度来说，可以分为现收现付制（pay as you go system）和完全积累制（fully funded system）两种基本模式，并由这两种基本模式相结合形成部分积累制（partially funded system）的第三种模式。现收现付制和完全积累制作为两种基本的筹资模式，在资金的运行方式上有着完全不同的特点。

现收现付制是指，养老保险项目当期所征缴的养老保险缴费（税）收入直接用于当期的养老金支出，它追求资金的短期平衡，只要求当前所征缴的养老保险缴费（税）收入等于或略大于当前的养老金支出即可，并不进行资金的积累，这实际上是一种隔代赡养的养老保险模式。完全积累制指的是当代人在工作时根据未来退休后养老的需要提取养老保险资金进行积累，以积累的资金总额作为劳动者退休后领取的养老金来源，这实际上是一种自我赡养的养老保险模式。部分积累制则是指，当期筹集的养老保险资金在满足当期养老保险支出需求的同时，提取适当比例的资金进行积累，通过对这笔资金进行投资运营，以补充将来的养老金支出。这三种养老保险筹资模式的特点各异，而鉴于养老保险在整个社会保障体系中的重要地位，选择最恰当的养老保险筹资模式对养老保险功能的发挥有着极为重要的意义。

（一）现收现付制与完全积累制筹资模式在养老功能上的等效性

在市场经济中，经济系统内的货币数量与商品数量存在正向对比关系，一定数量的货币对应一定数量的商品，当经济体中商品的数量增加而货币数量保持不变的时候，货币数量代表这个经济体对商品的需求，商品数量代表经济体对商品的供给，由于商品供给增加而需求不变，此时商品的供给大于需求，引起货币升值，即单位货币的购买力上升。此时，社会总产品根据货币数量在不同经济主体间的分布而按比例分配，可以得出的结论是，各经济主体分配到的商品数量只与经济主体持有的货币占经济体系中全部货币总量的比重有关，而与所拥有的货币所表现的名义币值无关。

建立养老保险制度，最主要的目的是为了保证退休人员的正常生活水平，用经济学的语言来说，就是要满足退休人员在退休阶段为了实现有尊严的老年生活而产生的对社会总产品的需求，并且这种需求是一种刚性需求。由于退休人员在退休时期需要的商品包括如食物一类的有形商品和服务一类的无形商品，在养老保险制度的筹资模式上无论实行的是现收现付制还是完全积累制，都需要从当代人劳动所生产的社会总产品中获得，而无法通过退休人员在工作期间生产的社会总产品进行储藏获得。因此，基于退休人员当期对社会总产品需求的刚性，以及社会总产品在实物形态上的不可储藏性，可以得出的结论是，一个社会在一定时期全部退休人员所需要的商品占全部社会总产品的比重只与退休人员占总人口的比重和退休人员的平均消费需求有关，而与退休人员是否积累了养老保险资金无关。

因此，一个经济体的养老保险制度无论实行的是现收现付制还是完全积累制筹资模式，只要通过当期政府收取养老保险缴费（税）或通货膨胀税来改变各经济主体持有的货币占经济体中全部货币总量的比重，就可以实现当期社会总产品在在职人员和退休人员之间的有效分配，两者在养老保险功能的发挥上是等效的。虽然现收现付制在不同积累率条件下筹集的养老保险资金总额存在很大的差异，但通过当期的养老保险费（税）或通货膨胀税的形式，可以实现在职人员与退休人员所占有资金总量的双向互动，实现当期社会总产品在退休人员与在职人员间的有效分配，无论实行现收现付制还是完全积累制筹资模式，养老保险制度的养老功能都是等效的。

（二）现收现付制与完全积累制筹资模式在储蓄率上的差异

现收现付制养老保险筹资模式条件下，采取以支定收的原则，政府根据当期养老保险资金支出的需求确定当期的缴费（税）率，追求资金的短期平衡，因此，每年养老保险资金的结余较少，甚至没有结余。在这样的条件下，养老保险资金不可能形成一笔数量可观的国民储蓄资金，它对储蓄率几乎不存在影响。完全积累制养老保险筹资模式则正好相反，政府采取在职人员自我积累的原则，根据预测当期在职人员在未来退休期所需要的养老保险支出来确定当期的缴费（税）率，筹集的养老保险资金不用于当期养老保险支出，而是进行资金的运营积累，用于满足资金缴付者在退休阶段的养老金支出需求，追求资金的长期平衡。在这样的条件下，每年都会积累一笔数量可观的养老保险资金，并且随着人口结构中在职人员占总人口比重的增加而增加。每年积累的养老保险资金形成了国民储蓄，从而极大地提高了储蓄率。

由于现收现付制与完全积累制筹资模式在养老功能上具有等效性，则资金筹集成本和储蓄率成为一国选择养老保险筹资模式所需考虑的重要因素。特别地，当一国的储蓄率比较高，已远远高出社会经济发展所需要的储蓄率水平时，资金的筹集成本就成了选择资金筹集模式的唯一决定性因素。

二、社会保障资金的投资途径

社会保障是社会安定的重要保证①，而社会保障制度的可持续发展是建立完善的社会保障制度的必要前提，它指的是在经济和社会的承受范围内，对现有社会保障资源的开发和利用既要保证当代人合理的社会保障需要，也不危及后代人满足其社会保障需要的能力。社会保障资金是社会保障制度存在和运行的根本，要实现社会保障制度的可持续发展必然要求充足的社会保障资金作为支撑。可以根据社会保障资金是否进入运营阶段，将其分为社会保障基金和非社会保障基金，其中：社会保障基金对于社会保障制度的可持续发展具有决定性意义，因为社会保障基金经过一定时间运营得到的最终成果，体现的是社会保障制度将来的支付能力，也就是社会保障制度可持续发展所要求的满足后代人社会保障需求的能力。因此，要实现社会保障制度的可持续发展，必须充分重视对社会保障基金的投资运营。

社会保障资金的投资途径指的是社会保障资金通过投资哪些项目实现资金的保值增值。一个国家社会保障资金投资途径的选择决定了该国社会保障资金的投资收益状况，而收益往往与风险成正比，越高的投资预期收益率也就意味着越高的投资风险，因此，各国在进行社会保障资金投资时更关注于如何最大限度地回避风险并获得最高收益。邓大松（2005）指出，世界各国社会保障资金的投资途径主要有如下三种：储蓄存款、对外贷款或进行不动产投资、有价证券投资，它们的风险与收益情况有很大的差异。任保平（2003）、梅阳

① 参见胡锦涛《在中国共产党第十七次全国代表大会上的报告》。

(2004)、陈向京（2008）等同时指出，社会保障资金投资时不应该仅仅选择银行存款或国债一类的低风险低收益的投资途径，而应该根据实际情况制定有效的投资策略，实行多元化投资。张问国（2005）认为，将社会保障资金投资于银行存款、国债和债券等低风险途径，虽然体现了安全至上的基本投资理念，但并不能实现资金的保值增值。此外，社会保障资金投资途径的选择对居民的消费行为也存在影响，如 Andrew B. Abel（2001）证明，由于股票投资的固定性成本，高收入居民比低收入居民将资金投资于股市的可能性更高，但通过社会保障体系筹集社会保障资金参与股票市场投资，在公平分配投资收益的情况下，能够促进低收入居民的消费。

社会经济的发展带来了资本市场的繁荣，社会保障资金可供选择的投资渠道也越来越多，除了银行存款、国债、基金、股票、期权等金融投资品种外，还包括公路等公共基础设施建设投资等。在社会保障资金只选择银行存款或国债作为投资途径时，由于资金的投资操作简单，投资品种组合选择的技术含量较低，因此，对与此相配套的从事社会保障投资人员的专业素质要求比较低，对投资人员数量的需求也比较少，从而总体上说，社会保障资金的投资成本比较低。此外，由于社会保障资金的投资途径单一，投资风险小，为了保证社会保障资金的安全，社会保障体系需要支付的社会保障监督成本也相应较低。在社会保障资金选择基金、股票、期权等金融投资工具作为投资途径时，由于这些金融产品的选择对投资者的专业要求比较高，投资组合的选择需要较高的专业知识和经验积累，相应地，社会保障资金的投资成本比较高。

此外，不同投资途径的投资风险也存在较大差异。通常，投资收益率高的投资品种承担的风险也往往更高，为了保证社会保障资金的安全，需要支付更高的社会保障监督成本。而在选择投资公路、铁路等基础设施建设时，由于这些项目的投资回收期限很长，与养老保险个人账户、医疗保险个人账户资金的运营期较长相适应，因而也是社会保障资金比较恰当的投资途径之一。但是，在选择基础设施投资项目时，需要对不同项目的盈利能力、现金流状况等特征进行识别，而这要求投资人员具有较高的财务管理素质与战略投资眼光。况且，项目投资的长期性也要求在项目运行过程中花费较高的监督成本。

三、社会保障资金的支付条件

社会保障项目的种类很多，资金的支付条件涉及到了所有社会保障项目的具体规定，而每一项规定都可能对社会保障权的实施成本产生重大影响。如医疗保险中具体到某一病种的报销比例、医疗机构的选择标准、门诊及住院等就医方式的报销比例等各方面因素，都直接影响了医疗保险的直接支出成本。每一个社会保障项目的支付条件对实施成本的影响都可能是一个很大的课题，因此，很难对所有项目支付条件的影响做出全面分析。养老保险是社会保障体系中最重要的项目之一，为了保持研究框架的完整性，本书重点分析养老保险的具体支付条件对养老保险个人账户支付成本的影响。

所谓养老保险个人账户的支付成本，是指为了保障公民的社会保障权利而需要由养老保险个人账户额外支付的超过个人账户养老金收入的成本，它可以分成两部分：一是由于养老保险内在制度设计导致的支付成本，如法定退休年龄、计发月数等因素的选择导致需要支付的个人账户养老金增加，体现的是一种内在于养老保险制度的个人账户支付成本；二是由于养老保险实际操作因素导致的个人账户支付成本，如支付机构的选择导致的养老保险支付过程中的交易成本，体现的是外在于养老保险制度的个人账户支付成本。这里重点讨论第一部分养老保险个人账户支付成本，即由于养老保险内在制度设计因素导致的个人账户支付成本，为了论述的方便，本书将其简称为“个人账户支付成本”，并由此引申出“个人账户边际支付成本”的概念。

汪泽英、曾湘泉（2004）从参保者的角度出发，把参保者参加养老保险获得的养老金收入减去养老保险金支出，表述为参保者参加养老保险获得的一种“收益激励”。事实上，从政府的角度出发，可以把政府的养老金支付超出个人缴纳养老保险金的数额看成是政府激励劳动者参加养老保险、延迟退休年龄等所花费的成本。在养老保险的实践中，一国往往通过修改支付条件而增加参保者未来养老金的承诺，以激励劳动者参加养老保险或延迟退休年龄。增加未来养老金的支出，从养老保险参保者的角度来说，是参加养老保险获得的一种“收益激励”，但从政府的角度来说，则是为了达到一定的政策目标而需要付出的成本。因此，个人账户支付成本在具体数量上可以由如下公式计算：

个人账户支付成本 = 个人账户养老金支出 - 个人账户养老保险金收入

个人账户养老金需要支付的数额是根据个人账户累积总额除以计发月数得到的，因此，计发月数对养老保险个人账户支付成本的影响是非常容易判断的，即随着养老保险计发月数的降低，每月支付的个人账户养老金增加，养老保险个人账户支付成本也就随之增加。然而，退休年龄、退休余命的影响又会如何呢？退休年龄对养老保险个人账户支付成本的影响，国内学者比较一致的观点是，随着法定退休年龄的提高，养老保险个人账户支付成本将随之降低，如边恕（2003）、林宝（2003）、汪泽英、曾湘泉（2004）、饶茜等（2005）、钟仁耀、徐铁城（2006）、邓大松、李琳（2009）等都持类似观点。基本的理由是，提高法定退休年龄可以延长养老保险的缴费时间和缩短养老金的领取时间，从而从两个方面都降低了养老保险个人账户支付成本。但也有学者持相反的观点，如 Gustman and Steinmeier（1991）认为，提高退休年龄只会在短期内减少养老金支付，从长期角度来看反而会增加养老金支付。张勇（2007）则认为，必须考虑延迟退休对养老保险待遇的影响，提高法定退休年龄会提高劳动者退休后每年领取的养老金数额，从而提高支付成本。退休余命对养老保险个人账户支付成本的影响，学术界一般认为，随着人口预期寿命的增长，劳动者退休余命也相应地增长，而劳动者领取养老金的年限越长，则养老保险个人账户支付成本越高。

本书将在第五章第五节“我国社会保障资金的支付条件与支付成本”中，构建一个养老保险个人账户支付成本的理论模型，以模型为基础测算退休年龄、退休余命对养老保险个人账户支付成本的影响，并提出有利于降低养老保险个人账户支付成本，从而促进养老保险可持续运行的政策建议。

四、社会保障制度的统一程度与规范程度

社会保障制度的统一程度指的是，社会保障制度在全国各地区间保持统一的程度，既包括城乡之间社会保障制度统一的程度，也包括东、中、西部之间社会保障制度统一的程度。而社会保障制度的规范程度指的是，社会保障制度各项安排符合法律法规的规范性要求的程度。社会保障制度的统一程度与规范程度对社会保障权实施成本也有较为重要的影响。

首先，社会保障制度的统一程度与规范程度影响社会保障资金的筹集成本。社会保障资金的筹集需要恰当的资金征缴机构，当前世界各国在社会保障实践中一般选择税务部门或社会保障经办部门从事社会保障资金的征缴。一般而言，在全国范围内选择统一的社会保障资金征缴机构可以降低资金的筹集成本，因为统一的征缴机构可以实现相关资源的共享，促进征缴经验的积累与交流。在全国不同地区选择不同的社会保障资金征缴机构的条件下，由于不同征缴机构之间存在制度上的差异，很难做到资金征缴时一些必要资源的共享，彼此积累的宝贵经验也很难实现交流，造成社会保障资金的筹集成本相应上升。

其次，社会保障制度的统一程度与规范程度影响社会保障制度的宣传成

本。全国统一的社会保障制度在政策宣传上可以节省大量的成本，政府宣传工作的实施一般都具有一定的规模效应。在各省乃至各市的社会保障政策都存在很大差异的情况下，要使公民充分了解与自身利益相关的社会保障政策的成本必然相对较高。此外，规范的社会保障制度有利于政策宣传，从而降低宣传成本。

再次，社会保障制度的统一程度与规范程度影响社会保障制度的监督成本。全国统一的社会保障制度有利于社会保障监督经验的积累，同时也有利于许多先进经验的推广。如果两个省份在相同社会保障项目的具体政策上存在很大的差异，则在一个省份积累的先进经验就很难在另一个省份推广，不利于社会保障监督成本的降低。同时，全国统一并且运行顺畅的社会保障监督体系有利于降低监督成本；反之，社会保障监督体系的运行问题本身就是一个巨大的成本来源因素。

最后，社会保障制度的统一程度与规范程度影响社会保障信息系统的建设成本。全国统一的社会保障制度可以直接由国家人力资源和劳动保障部主持建设信息系统，并将该系统向全国各地区推广，从而避免由各地区分别建设信息系统，以降低社会保障信息系统的建设成本。况且，规范的社会保障制度与不规范的社会保障制度相比更具有稳定性，这也更有利于降低社会保障信息系统的后期维护成本。

第四章

实证分析之一：我国实施社会保障权的直接支出成本

前已述及，根据 Holmes 和 Sunstein 对权利成本理论的论述，社会保障权的实施需要国家的积极作为，它直接表现为政府向符合法律法规条件的社会公民支付社会保障金，从而满足公民的社会保障需求。政府向符合条件的公民支付社会保障金从公民的角度来讲是一种收益，尽管就社会保障金的来源上说，它来自于政府向公民征收的社会保障费以及其他形式的政府财政收入项目，但对国家本身来说社会保障金的支付是一种负担，也就是实施社会保障权的直接支出成本，而社会保障费以及其他政府财政收入项目则只是政府化解社会保障权直接支付成本的一种方式。

第一节　我国养老保险直接支出成本的实证分析

养老保险是五大社会保险项目中最为重要的险种之一，它主要保障的是公民在达到退休年龄或因年老丧失劳动能力退出工作岗位后的基本物质生活，它的重要性在于公民退休后平均长达二三十年的晚年生活中，他们无法通过从事社会劳动而获得基本物质生活所需的生活资料，而人类进入工业化社会以后，传统的家庭养老模式又难以适应社会经济条件的变化，因此，必须通过国家建立养老保险制度来满足公民老年生活所需的基本物质条件。本节在对我国实施养老保险项目的制度变迁做简要回顾的基础上，分别从时间维度和地区维度对我国养老保险直接支出成本进行实证分析。

一、我国实施养老保险项目的历史回顾

由于城乡分割的社会经济条件约束，我国在城镇和农村实施的是两套完全不同的养老保险制度体系。其中：城镇养老保险体系包含了基本养老保险、企业补充养老保险、个人储蓄性养老保险三个层次，但就我国养老保险实施的现

实情况而言，后两个层次的城镇养老保险体系在我国实施的范围非常窄，当前对保障我国城镇居民老年生活最为重要的养老保险项目是基本养老保险。

（一）我国基本养老保险制度变迁

我国的养老保险制度开始于1951年颁布实施的《中华人民共和国劳动保险条例》，该条例规定企业按照职工工资总额的3%缴纳劳动保险基金，职工个人不需要缴纳劳动保险费用，筹集的资金主要用于支付职工的各项劳动保险待遇。依照条例规定，男性职工年满60岁，且工作满25年，女性职工年满50岁，且工作满20年可领取养老金，养老金的替代率为本人工资的50%～70%，这实际上是一种社会统筹的现收现付制养老保险制度。1953年国家对该条例进行修订，养老金的替代率进一步提高到本人工资的60%～80%。

在1966～1976年“文化大革命”时期，各级工会组织被撤销，社会保险金的征收、管理、支付工作陷入停滞。财政部随后于1969年颁布了《关于国营企业财务工作中几项制度的改革意见（草案）》，规定企业一律停止提取劳动保险金，退休职工的养老金等在企业的营业外支出中列支，也就是说原先社会统筹的养老保险制度退变成了企业统筹，这对企业的正常生产运营活动造成了沉重的负担，企业办社会的问题更加突出。

“文化大革命”结束以后，我国养老保险各项工作开始逐渐恢复，相继从1991年颁布了《国务院关于企业职工养老保险制度改革的决定》，明确养老保险费实行国家、企业和个人三方负担；1995年颁布《国务院关于深化企业职工养老保险制度改革的通知》，明确提出我国实行社会统筹与个人账户相结合的养老保险模式；而1997年颁布的《国务院关于建立统一的企业职工基本养老保险制度的决定》则进一步将“统账结合”的养老保险模式在全国范围内推广。至此，我国城镇基本养老保险制度的整体框架基本建立。

2010年10月28日十一届全国人大常委会第十七次会议审议通过了《中华人民共和国社会保险法》，在法律层面上确立了我国当前实施“统账结合”的养老保险模式。

（二）我国农村社会养老保险制度变迁

与城镇相比，我国农村建立养老保险制度的时间要晚得多，主要原因在于农民可以依靠土地维持最基本的生活，而严格的户籍制度又限制了农村人口的转移，在建国初期“以农业补贴工业”的大政策背景下，国家未能投入财政资金建立农村养老保险制度。直到1986年，民政部才正式提出建立农村社会养老保险的问题，并在贫困地区、经济发展中等地区和富裕地区分别实施三种不同保障水平的基层社会养老保险制度。经过几年的试点工作，民政部于1992年公布了《县级农村社会养老保险基本方案（试行）》，并逐渐在全国范围内推广建立农村社会养老保险制度。但该方案存在的一个问题是，农村社会养老保险的保障水平低，无法实现保障老年人基本生活的政策目标，农民参保的积极性低，整个农村养老保险制度建设陷入停滞的境地。

鉴于我国农村养老保险工作的名存实亡，2009年我国颁布了《国务院关于开展新型农村社会养老保险试点的指导意见》，以“保基本、广覆盖、有弹性、可持续”的基本原则，探索建立新的农村社会养老保险制度。我国新型农村社会养老保险的基本目标是2009年试点覆盖面为全国10%的县（市、区、旗），并逐年扩大试点范围，在2020年之前基本实现对农村适龄居民的全覆盖。总体来说，我国农村社会养老保险还处于刚刚起步的阶段。

二、我国历年养老保险直接支出成本分析

（一）历年全国城镇企业职工基本养老保险参保人数分析①

养老保障制度的目标在于向符合条件的退休人员支付养老金，因此，参保退休人员的数量影响着养老保险直接支出成本，表4-1显示的是1989~2010年我国城镇企业职工基本养老保险的参保人数。

表4-1　1989~2010年全国城镇企业职工基本养老保险参保人数②

年份	在职职工人数（万人）	离退休职工人数（万人）	离退休职工人数的比重（%）	在职职工人数增长率（%）	离退休职工人数增长率（%）
1989	4816.90	893.40	18.55	NA	NA
1990	5200.70	965.30	18.56	7.97	8.05
1991	5653.70	1086.58	19.22	8.71	12.56

① 我国当前养老保险的主体是城镇企业职工基本养老保险，因为要大量地用到“城镇企业职工基本养老保险”一词，为了使行文更简洁，本节以“基本养老保险”作为“城镇企业职工基本养老保险”的简称。

② 数据来源：截至本书完稿，2011年《中国劳动统计年鉴》尚未出版，所以本章2010年度以前的数据来自于相应年度的《中国劳动统计年鉴》，2010年度的数据来自于2011年《中国统计年鉴》，“NA”表示该数据缺失。

续表

年份	在职职工人数（万人）	离退休职工人数（万人）	离退休职工人数的比重（%）	在职职工人数增长率（%）	离退休职工人数增长率（%）
1992	7774.70	1681.50	21.63	37.52	54.75
1993	8008.20	1839.40	22.97	3.00	9.39
1994	8494.14	2079.40	24.48	6.07	13.05
1995	8737.79	2241.20	25.65	2.87	7.78
1996	8758.40	2358.30	26.93	0.24	5.22
1997	8670.90	2533.00	29.21	-1.00	7.41
1998	8475.80	2727.30	32.18	-2.25	7.67
1999	9501.80	2983.60	31.40	12.11	9.40
2000	10447.50	3169.90	30.34	9.95	6.24
2001	10801.89	3380.64	31.30	3.39	6.65
2002	11128.80	3607.80	32.42	3.03	6.72
2003	11646.50	3860.20	33.14	4.65	7.00
2004	12250.30	4102.60	33.49	5.18	6.28
2005	13120.40	4367.50	33.29	7.10	6.46
2006	14130.90	4635.40	32.80	7.70	6.13
2007	15183.20	4953.70	32.63	7.45	6.87
2008	16587.50	5303.60	31.97	9.25	7.06
2009	17743.03	5806.86	32.73	6.97	9.49
2010	19402.30	6305.00	32.50	9.35	8.58

从表4-1中可以看到，我国参加城镇企业职工基本养老保险的在职职工人数从1989年的4816.90万人增加到了2010年的19402.30万人，年均增长率为6.86%；而我国的离退休职工人数从1989年的893.40万人增加到了2010年的6305.00万人，年均增长率为9.75%。我国参加城镇企业职工基本养老保险的参保者中，离退休职工人数的增长率要远高于在职职工人数的增长率，这导致的一个必然结果就是：对我国养老保险资金支出的潜在需求增加。我国离退休职工占全部养老保险参保者的比重从1989年的18.55%逐年增加

到 1997 年的 29.21%，此后一直保持在 30% 以上的水平，也就是说，我国在 1989 年的时候是 4 个在职人员供养 1 个退休人员，而到 2010 年的时候则是 2 个在职人员供养 1 个退休人员。这也进一步说明了我国人口结构的改变对养老保险直接支出成本的增长带来的压力在不断增加。

（二）历年全国城镇企业职工基本养老保险基金收支情况分析①

养老保险直接支出成本实际上就是养老保险项目每年向参保者支付的养老保险资金规模，表 4－2 显示的是从 1989～2010 年我国城镇企业职工基本养老保险基金收支的情况。

表 4－2　1989～2010 年全国城镇企业职工基本养老保险基金收支情况

年份	基本养老保险基金收入（亿元）	基本养老保险基金支出（亿元）	基本养老保险基金支出占收入的比重（%）	基本养老保险基金收入增长率（%）	基本养老保险基金支出增长率（%）
1989	146.75	118.83	80.98	NA	NA
1990	178.82	149.34	83.51	21.85	25.67
1991	215.71	173.07	80.23	20.63	15.89
1992	365.77	321.91	88.01	69.57	86.00
1993	503.54	470.63	93.46	37.67	46.20
1994	707.42	661.09	93.45	40.49	40.47
1995	950.05	847.61	89.22	34.30	28.21
1996	1171.76	1031.87	88.06	23.34	21.74
1997	1337.91	1251.33	93.53	14.18	21.27
1998	1458.97	1511.63	103.61	9.05	20.80
1999	1965.12	1924.85	97.95	34.69	27.34

① 根据本书导论部分对社会保障资金和社会保障基金的概念界定，本章所提到的养老保险基金、医疗保险基金、失业保险基金、工伤保险基金和生育保险基金等都应为养老保险资金、医疗保险资金、失业保险资金、工伤保险资金和生育保险资金。但是，作为本章数据来源的《中国劳动统计年鉴》、《中国统计年鉴》等都称之以"基金"，所以本章论述中沿用"基金"的名称，但严格来说应该是"资金"，特此说明。

续表

年份	基本养老保险基金收入（亿元）	基本养老保险基金支出（亿元）	基本养老保险基金支出占收入的比重（%）	基本养老保险基金收入增长率（%）	基本养老保险基金支出增长率（%）
2000	2278.47	2115.48	92.85	15.95	9.90
2001	2488.96	2321.26	93.26	9.24	9.73
2002	3171.46	2842.91	89.64	27.42	22.47
2003	3680.00	3122.11	84.84	16.03	9.82
2004	4258.40	3502.10	82.24	15.72	12.17
2005	5093.30	4040.32	79.33	19.61	15.37
2006	6309.76	4896.66	77.60	23.88	21.19
2007	7834.20	5964.94	76.14	24.16	21.82
2008	9740.20	7389.64	75.87	24.33	23.88
2009	11490.80	8894.40	77.40	17.97	20.36
2010	13419.50	10554.90	78.65	16.78	18.67

从表4－2中我们可以看到，我国城镇企业职工基本养老保险基金的支出，从1989年的118.83亿元增加到2010年的10554.90亿元，年均增长率为23.81%，也就是说我国城镇企业职工基本养老保险直接支出成本在最近21年来年均增长23.81%。当然，从另一个角度来讲，养老保险直接支出成本的增加，也就是公民所享受的养老保险待遇水平的增加。养老保险项目支出的资金来源于保险费的收入，我国城镇企业职工基本养老保险基金的收入从1989年的146.75亿元增加到2010年的13419.50亿元，年均增长率为23.99%，这与基本养老保险基金支出的年均增长率水平极为接近。同时，我们也可以看到，基本养老保险金支出占收入的比重历年来都有变化，但相对来说还是比较稳定的。

（三）历年全国城镇企业职工基本养老保险基金人均收支情况分析

通过对全国城镇企业职工基本养老保险基金人均收支情况的分析，我们可以探讨我国养老保险直接支出成本给在职职工个人造成的负担，以及对离退休人员老年生活的保障程度。表4－3显示的是1989～2010年全国城镇企业职工基本养老保险基金人均收支的情况。

表4－3　1989～2010年全国城镇企业职工基本养老保险基金人均收支情况

年份	在职职工人均保险费支出①(元)	离退休职工人均保险金收入（元）	城镇单位在岗职工平均工资（元）	在职职工人均险保险费支出增长率（%）	离退休职工人均保险金收入增长率（%）	养老保险费占职工工资比重（%）
1989	304.65	1330.08	1935.00	NA	NA	15.74
1990	343.83	1547.05	2140.00	12.86	16.31	16.07
1991	381.53	1592.81	2340.00	10.96	2.96	16.30
1992	470.46	1914.45	2711.00	23.31	20.19	17.35
1993	628.78	2558.61	3371.00	33.65	33.65	18.65
1994	832.84	3179.24	4538.00	32.45	24.26	18.35
1995	1087.29	3781.94	5500.00	30.55	18.96	19.77
1996	1337.87	4375.48	6210.00	23.05	15.69	21.54
1997	1542.98	4940.10	6470.00	15.33	12.90	23.85
1998	1721.34	5542.58	7479.00	11.56	12.20	23.02
1999	2068.15	6451.45	8346.00	20.15	16.40	24.78
2000	2180.88	6673.66	9371.00	5.45	3.44	23.27
2001	2304.19	6866.34	10870.00	5.65	2.89	21.20
2002	2849.78	7879.89	12422.00	23.68	14.76	22.94
2003	3159.75	8087.94	14040.00	10.88	2.64	22.51
2004	3476.16	8536.29	16024.00	10.01	5.54	21.69
2005	3881.97	9250.87	18364.00	11.67	8.37	21.14

①　该数据是通过基本养老保险基金收入除以在职职工人数计算得到的，但由于社会保险项目资金收入除了参保人员和企业缴纳的社会保险费以外，还包括各级政府的财政补贴，而相关统计数据只报告了社会保险项目资金的总收入，并未区分资金的来源，且由于大部分社会保险项目体现的是社会风险在全体公民之间的分散，参保人员和企业缴纳的社会保险费是社会保险项目资金的主要来源，而企业缴纳的社会保险费从来源上来说也是员工创造的财富，因此，本书在研究过程中将社会保险项目资金的总收入作为参保人缴纳的保险费处理。

续表

年份	在职职工人均保险费支出（元）	离退休职工人均保险金收入（元）	城镇单位在岗职工平均工资（元）	在职职工人均险保险费支出增长率（%）	离退休职工人均保险金收入增长率（%）	养老保险费占职工工资比重（%）
2006	4465.22	10563.61	21001.00	15.02	14.19	21.26
2007	5159.78	12041.38	24932.00	15.55	13.99	20.70
2008	5872.01	13933.25	29229.00	13.80	15.71	20.09
2009	6476.23	15317.07	32736.00	10.29	9.93	19.78
2010	6916.45	16740.52	37147.00	6.80	9.29	18.62

从表4－3中可以看到，我国城镇企业职工基本养老保险在职职工人均保险费支出，从1989年的304.7元增加到了2010年的6916.45元，年均增长率为16.03%，养老保险费占职工工资比重也从1989年的16%左右提高到2010年的20%左右，可以说，我国基本养老保险直接支出成本的增加给在职职工造成了一定的负担。同时，我们也可以看到，我国参加基本养老保险的离退休职工获得的人均养老保险金收入从1989年的1330.1元增加到2010年的16740.52元，年均增长率为12.82%，我国离退休职工从基本养老保险项目中获得的收益也逐年有较大幅度的增长。但是，我国离退休职工获得的人均保险金收入的增长速度，要慢于在职职工缴纳的养老保险费的增长速度。

三、2010年我国各省养老保险直接支出成本分析

（一）2010年我国各省城镇企业职工基本养老保险直接支出成本分析

前文分析了我国基本养老保险直接支出成本在历年的变化趋势，然而从地区的维度来讲，我国各省基本养老保险直接支出成本的差异也是相当大的。表4－4显示了2010年我国各省城镇企业职工基本养老保险直接支出成本的情况。

表4－4　2010年全国各省城镇企业职工基本养老保险参保人员与基金收支情况

地区	在职职工人数（万人）	离退休职工人数（万人）	基本养老保险基金收入（亿元）	基本养老保险基金支出（亿元）	在职职工人均保险费支出（元）	离退休职工人均保险金收入（元）
西藏	6.78	3.15	14.10	7.61	20797.80	24111.98
上海	657.30	392.17	889.91	847.47	13538.93	21609.92
宁夏	77.34	30.45	84.73	48.81	10956.16	16028.06
新疆	274.54	119.25	287.48	211.75	10471.33	17757.70
甘肃	171.13	71.35	166.08	127.22	9704.44	17831.87
天津	287.88	143.57	278.86	271.84	9686.59	18934.07
青海	54.44	19.99	51.83	43.36	9521.13	21694.77
四川	861.90	438.96	803.97	608.74	9327.91	13867.66
广西	311.17	138.13	287.91	193.45	9252.51	14005.30
山西	443.72	147.31	404.35	269.37	9112.69	18286.56
黑龙江	589.24	363.00	524.14	500.11	8895.09	13777.25
云南	225.08	92.34	194.00	144.22	8618.91	15619.37
内蒙古	311.51	119.18	266.89	212.64	8567.55	17841.73
北京	785.87	195.46	658.94	482.40	8384.81	24680.54
辽宁	1024.20	472.70	834.12	755.80	8144.11	15989.19
河北	728.93	259.50	584.56	451.76	8019.45	17408.64
重庆	391.87	192.49	310.76	273.60	7930.09	14213.63
贵州	190.29	67.01	144.55	107.44	7596.39	16032.68
陕西	400.07	150.29	302.76	265.03	7567.67	17634.99
吉林	392.86	206.64	289.78	252.78	7376.24	12233.17
安徽	492.05	177.49	341.60	269.19	6942.43	15166.57

续表

地区	在职职工人数（万人）	离退休职工人数（万人）	基本养老保险基金收入（亿元）	基本养老保险基金支出（亿元）	在职职工人均保险费支出（元）	离退休职工人均保险金收入（元）
湖北	738.15	301.62	501.95	419.80	6800.02	13918.33
湖南	673.54	265.36	452.33	355.07	6715.70	13380.91
山东	1427.93	345.07	942.44	748.23	6600.01	21683.24
江苏	1583.88	449.14	1018.67	753.29	6431.50	16771.81
河南	808.99	270.34	519.78	420.30	6425.09	15547.01
海南	135.42	45.39	80.22	74.07	5923.70	16320.59
江西	462.08	145.52	231.63	192.97	5012.80	13260.78
浙江	1478.61	223.61	605.13	429.07	4092.57	19188.30
广东	2875.58	339.59	1139.09	627.74	3961.25	18484.91
福建	522.04	113.46	204.07	187.70	3909.07	16542.72

表4-4中各省的顺序是按照“在职职工人均险保险费支出”一列的数据进行降序排列的，其主要考虑的是，在职职工人均保险费支出体现的是养老保险直接支出成本对在职职工造成的负担水平，如果在职职工承担的人均保险费支出越高，则表明养老保险直接支出成本给劳动者造成的负担越高，也就相应地表明，该省的养老保险直接支出成本相对较高。令我们非常惊讶的是，我国经济发展水平并不高的西藏、宁夏、新疆、甘肃、青海、四川、广西、山西、黑龙江、云南、内蒙古等中西部省份，它们的在职职工人均保险费支出在全国31个省市中均处于上游水平，而经济发展水平相对较高的福建、广东、浙江、江苏、山东等东部省份，它们的在职职工人均保险费支出反而在全国31个省份中处于下游水平。同时，我们也可以发现，在职职工人均保险费支出处于上游水平的中西部省份中，西藏、青海、山西、内蒙古、甘肃、新疆、陕西等省市离退休职工获得的人均保险金收入也是相对较高的，也就是说在我国经济相对落后的部分中西部省份建立起了高养老保险收费、高待遇水平的基本养老保险体系。但是，我们还必须看到，这些省市的一个共同的特点是基本养老保险

参保人数相对较少，而在此基础上建立的高养老保险收费、高待遇水平的养老保险体系是否有可持续运转的动力，还有待进一步观察。相比较而言，福建、广东、浙江、江苏、山东等省份，尽管它们在职职工人均保险费支出较低，但离退休职工获得的人均保险金收入还是相对较高的，也就是说养老保险直接支出成本给这些省份在职职工造成的负担尚处于较低水平。

（二）2010 年我国各省农村社会养老保险直接支出成本分析

在 2011 年《中国统计年鉴》中报告了我国各省农村社会养老保险的部分数据，我们可以通过对相关数据的分析来了解到农村社会养老保险的直接支出成本，以及它对各省农民和政府造成的负担（详见表 4 －5）。

表 4 －5　2010 年全国各省农村社会养老保险参保人员情况

地区	农村社会养老保险参保人数（万人）	领取农村社会养老保险金农民人数（万人）	农村社会养老保险基金收入（亿元）	农村社会养老保险基金支出（亿元）	参保人员人均养老保险费支出（元）	人均养老保险金收入（元）
天津	79. 40	65. 62	28. 48	9. 74	20676. 41	1483. 68
上海	28. 89	14. 12	6. 90	6. 77	4670. 88	4789. 77
北京	168. 51	17. 75	21. 20	7. 14	1406. 32	4022. 19
江苏	333. 49	132. 41	27. 85	15. 72	1385. 24	1187. 22
甘肃	185. 49	37. 95	15. 69	3. 54	1063. 14	933. 05
浙江	290. 76	134. 16	16. 49	7. 32	1053. 07	545. 58
山东	919. 21	318. 00	43. 72	18. 23	727. 22	573. 12
黑龙江	131. 22	27. 72	7. 24	2. 06	699. 57	743. 22
陕西	439. 67	97. 05	23. 81	4. 40	694. 91	453. 41
四川	669. 64	199. 65	29. 55	14. 20	628. 80	711. 39
重庆	807. 36	264. 98	33. 46	23. 59	616. 86	890. 36
广东	157. 63	51. 82	6. 48	3. 49	612. 70	673. 71
海南	62. 37	17. 71	2. 52	1. 05	563. 31	593. 23
安徽	349. 35	93. 03	13. 93	7. 34	543. 62	788. 94
广西	220. 36	59. 56	8. 46	3. 89	526. 21	653. 73

续表

地区	农村社会养老保险参保人数（万人）	领取农村社会养老保险金农民人数（万人）	农村社会养老保险基金收入（亿元）	农村社会养老保险基金支出（亿元）	参保人员人均养老保险费支出①（元）	人均养老保险金收入（元）
辽宁	146.78	33.63	5.50	2.36	485.75	701.37
河南	1211.77	251.06	46.57	16.20	484.70	645.43
湖南	581.81	217.79	17.22	10.08	472.97	462.96
湖北	380.02	115.02	12.35	6.39	466.14	555.34
吉林	86.66	32.25	2.43	1.22	445.91	378.32
贵州	223.87	63.47	7.06	3.74	439.96	589.68
内蒙古	168.75	41.76	5.57	2.89	438.38	692.80
福建	273.86	57.73	9.40	3.73	434.82	646.50
青海	65.05	16.80	1.89	0.54	392.05	321.20
西藏	80.45	23.52	2.22	1.74	390.20	741.19
宁夏	24.71	4.73	0.76	0.33	380.23	704.49
河北	840.31	179.47	24.85	9.86	375.98	549.62
江西	272.28	75.23	6.96	3.22	353.11	427.87
山西	249.76	68.84	5.74	3.39	317.47	492.71
云南	469.45	91.68	11.08	3.52	293.24	383.94
新疆	357.92	58.03	8.01	2.69	266.95	463.10

表4-5中各省的顺序是按照各省“参保人员人均养老保险费支出”一列的数据进行降序排列的。从表中可见天津市的参保人员人均养老保险费支出规模最大，主要原因是该市的参保人员只有79.40万人，而其中达到领取养老金标准的参保人员仅65.62万人，由于达到领取养老金标准的人员不缴纳养老保险费，所以这部分资金主要来自于参加养老保险且未达到领取养老金标准的

① 计算人均养老保险费支出时，分子是农村社会养老保险基金收入，而分母则只是缴纳养老保险费的未达退休标准的参保人员。

13.78 万人以及地方政府财政补贴。此外，我们也可以看到，不同省份在参保人员人均养老保险费支出和人均养老保险金收入上的差距非常大。

第二节　我国医疗保险直接支出成本的实证分析

医疗保险在五大社会保险项目中的地位仅次于养老保险，它的主要作用是公民在身体遇到疾病或意外伤害时由社会提供必要的医疗救助或物质帮扶。人的一生总会面对各种疾病的困扰，一些重大疾病的发生在个体上具有偶然性，但在社会总体上却具有稳定的概率，通过建立医疗保险制度，可以使个体罹患重大疾病而造成生活负担的风险在全体社会成员间进行分散，从而增加了人类社会抵御疾病的能力。本节在对我国医疗保险制度变迁做简要回顾的基础上，分别从时间维度和地区维度对我国医疗保险直接支出成本进行实证分析。

一、我国实施医疗保险项目的历史回顾

与养老保险制度一样，由于城乡分割的社会经济条件约束，我国在城镇和农村实施的是两套完全不同的医疗保险制度体系，其中：城镇医疗保险体系包括了城镇职工基本医疗保险和城镇居民基本医疗保险两个体系，但就我国医疗保险的现实情况而言，当前对满足我国城镇居民医疗保障需求起主导作用的还是城镇职工基本医疗保险，而城镇居民基本医疗保险由于起步晚，还有待进一步推进。

（一）我国城镇医疗保险制度变迁

由于我国最初在建立社会保障制度的时候，往往都采取一个文件同时对各个社会保险项目作出规定，所以各个社会保险项目的制度变迁在早期往往有着相似的发展轨迹。

我国的医疗保险制度与养老保险制度一样，开始于 1951 年颁布的《中华人民共和国劳动保险条例》，该条例规定医疗保险项目所需要的资金来源于企业按照职工工资总额的 3% 缴纳的劳动保险基金，职工个人不需要缴纳劳动保险费用。依照条例规定，职工罹患疾病或非因工负伤时，就医过程中产生的诊疗费、手术费、住院费以及普通药费都由企业行政方面或资方负担，但贵重药费、住院的膳食费和就医路费由职工本人负担。此外，该条例还对职工供养的直系亲属的医疗保险待遇作出明确规定，职工供养的直系亲属在患病就医时，手术费和普通药费由企业或资方负担二分之一，贵重药物、就医路费、住院

费、住院时膳食费及其他费用均个人自理。

在1966～1976年文化大革命时期，我国曾于1966年发布《关于改进企业职工劳保医疗制度几个问题的通知》，对医疗保险相关项目的报销比例等进一步细化。但随着文化大革命中各级工会组织被撤销，社会保险金的征收、管理、支付工作陷入停滞。财政部随后于1969年颁布了《关于国营企业财务工作中几项制度的改革意见（草案）》，将企业的医疗保险支出作为营业外支出，医疗保险制度也从社会统筹转变成了企业统筹。

文化大革命结束后，我国医疗保险各项工作开始逐渐恢复，相继从1992年颁布了《关于进一步做好职工医疗制度改革工作的通知》，开始在全国范围内推进医疗保险制度改革；1998年颁布《关于建立城镇职工基本医疗保险制度的决定》，提出我国城镇职工基本医疗保险实行社会统筹与个人账户相结合的模式，我国的城镇职工基本医疗保险制度逐渐在全国范围内得到推进。在此基础上，我国于2007年发布《关于开展城镇居民基本医疗保险试点的指导意见》，提出建立城镇居民基本医疗保险制度，将城镇非从业居民纳入到医疗保险体系，目前该项工作还在进一步的实施过程中。

2010年10月28日十一届全国人大常委会第十七次会议审议通过了《中华人民共和国社会保险法》，为我国当前实行的基本医疗保险制度在法律层面上进行了明确。

（二）我国农村社会医疗保险制度变迁

在改革开放以前，与养老保险一样，我国农村同样没有建立医疗保险制度，政府在农村居民医疗保障上的投入几乎为零。但就农民个体而言，每个人都会有生病的时候，于是在当时农村合作社体制的大背景下，我国农民自己创造了互助互济性质的农村合作医疗体系，由“赤脚医生”为农民提供初级的医疗卫生服务，而“赤脚医生”通过从事医疗活动来换取工分，从而从合作社获得个人生活资料。但是，随着我国农村合作社体制的解体，这种合作医疗体系难以为继，我国农村居民医疗保障工作陷入了停滞。

鉴于我国广大农村居民无医疗保障的尴尬局面，我国于2002年公布了《中共中央国务院关于进一步加强农村卫生工作的决定》，提出在农村建立以大病统筹为主的新型农村合作医疗制度。2006年《关于加快推进新型农村合作医疗试点工作的通知》则使我国新型农村合作医疗制度有了进一步的发展，目前我国农村医疗保险体系建设还有待进一步加强。

二、我国历年医疗保险直接支出成本分析

（一）历年全国城镇职工基本医疗保险人数分析

医疗保险制度的目标是向罹患疾病或非因公受伤的参保人员支付医疗保险金，但是公民罹患疾病或受伤的概率在整体上是稳定的，即在所有参保人员中，每年都会有稳定比例的人员罹患疾病或受伤，进而产生对医疗保险的需求。因此，医疗保险参保人数的变化一般只影响医疗保险直接支出成本的总额，而人均医疗保险直接支出成本则更多的是受物价、生存环境、医疗技术水平、公民体质等因素影响。但是，扩大医疗保险参保人员对于增强医疗保险体系抵御风险的能力有着非常重要的作用，越多的人参加医疗保险，则疾病造成损失的风险可以在越大的范围内得到分散。此外，参加医疗保险人员的年龄结构会对医疗保险直接支出成本产生影响，离退休人员由于年龄比较大，罹患重大疾病的概率比在职人员更高，从而造成更多的医疗保险金支出。表 4－6 显示了我国 1993～2010 年城镇职工基本医疗保险的参保人数。

表 4－6　1993～2010 年全国城镇职工基本医疗保险参保人数

年份	在职职工人数（万人）	离退休职工人数（万人）	离退休职工人数的比重（%）	在职职工人数增长率（%）	离退休职工人数增长率（%）
1993	267.61	22.52	7.76	NA	NA
1994	374.59	25.74	6.43	39.98	14.31
1995	702.61	43.26	5.80	87.57	68.04
1996	791.18	64.47	7.53	12.61	49.05
1997	1588.91	173.08	9.82	100.83	168.45
1998	1509.70	368.98	19.64	－4.98	113.19
1999	1509.41	555.90	26.92	－0.02	50.66
2000	2862.78	924.17	24.40	89.66	66.25
2001	5470.74	1815.17	24.91	91.10	96.41
2002	6925.80	2475.40	26.33	26.60	36.37
2003	7974.90	2926.80	26.85	15.15	18.24
2004	9044.40	3359.19	27.08	13.41	14.77

续表

年份	在职职工人数（万人）	离退休职工人数（万人）	离退休职工人数的比重（%）	在职职工人数增长率（%）	离退休职工人数增长率（%）
2005	10021.70	3761.20	27.29	10.81	11.97
2006	11580.30	4151.50	26.39	15.55	10.38
2007	13420.30	4600.00	25.53	15.89	10.80
2008	14987.74	5007.89	25.04	11.68	8.87
2009	16410.50	5526.90	25.19	9.49	10.36
2010	17791.20	5943.50	25.04	8.41	7.54

从表4－6中可以看到，全国城镇职工基本医疗保险参保的在职职工人数从1993年的267.61万人增加到1997年的1588.91万人，并连续三年徘徊在1500万人左右的水平，从2000年开始参保职工人数又连续上升，这和我国城镇职工基本医疗保险相关政策的出台在时间上吻合。从1993年到2010年，参保的在职职工年均增长率为28.00%，这说明我国城镇职工医疗保险的发展速度非常迅猛，但与此同时，参保的离退休职工人数则以38.82%的年均增长率超常增长，离退休职工人数的增长速度远高于在职职工人数增长速度，而这必然增加了城镇职工基本医疗保险的直接支出成本。

（二）历年全国城镇职工基本医疗保险基金收支情况分析

城镇职工基本医疗保险基金的支出从公民的角度来说是参加医疗保险的收益，但从医疗保险体系来说则是一种直接支出成本。表4－7显示了我国城镇职工基本医疗保险基金的收支情况。

表4－7　1993～2010年全国城镇职工基本医疗保险基金收支情况

年份	城镇职工基本医疗保险基金收入（亿元）	城镇职工基本医疗保险基金支出（亿元）	城镇职工基本医疗保险基金支出占收入的比重（%）	城镇职工基本医疗保险基金收入增长率（%）	城镇职工基本医疗保险基金支出增长率（%）
1993	1.44	1.33	92.89	NA	NA
1994	3.16	2.91	92.24	119.86	118.32

续表

年份	城镇职工基本医疗保险基金收入（亿元）	城镇职工基本医疗保险基金支出（亿元）	城镇职工基本医疗保险基金支出占收入的比重（%）	城镇职工基本医疗保险基金收入增长率（%）	城镇职工基本医疗保险基金支出增长率（%）
1995	9.67	7.28	75.35	206.29	150.18
1996	19.01	16.23	85.40	96.64	122.88
1997	52.30	40.50	77.44	175.14	149.48
1998	60.59	53.30	87.96	15.86	31.60
1999	89.87	69.07	76.86	48.31	29.60
2000	170.00	124.54	73.26	89.17	80.30
2001	383.60	244.10	63.63	125.65	96.00
2002	607.78	409.36	67.35	58.44	67.70
2003	890.00	653.90	73.47	46.43	59.74
2004	1140.50	862.20	75.60	28.15	31.86
2005	1405.30	1078.70	76.76	23.22	25.11
2006	1747.10	1276.70	73.08	24.32	18.36
2007	2214.24	1551.67	70.08	26.74	21.54
2008	2885.50	2019.70	69.99	30.32	30.16
2009	3420.31	2630.11	76.90	18.53	30.22
2010	3955.40	3271.60	82.71	15.64	24.39

从表4－7中可以看到，我国城镇职工基本医疗保险基金发展迅猛，基金收入从1993年的1.44亿元迅速增加到2010年的3955.40亿元，短短的17年时间里增长了2374.22倍，这有利于增强我国城镇职工基本医疗保险化解风险的能力。同样，基金的支出从1993年的1.33亿元增加到2010年的2630.11亿元，17年时间里增长了2458.85倍，这也极大地促进了我国社会保障权利的实施，而基金支出的增加则表明城镇职工基本医疗保险直接支出成本的上升。

（三）历年全国城镇职工基本医疗保险基金人均收支情况分析

通过对全国城镇职工基本医疗保险基金人均收支情况的分析（见表4－

8），我们可以探讨我国医疗保险直接支出成本对参保人员造成的负担以及对参保人员疾病风险保障的程度。

表 4－8　1993～2010 年全国城镇职工基本医疗保险基金人均收支情况

年份	参保人员人均医疗保险费支出（元）①	参保人员人均医疗保险金收入（元）②	城镇单位在岗职工平均工资（元）	参保人员人均医疗保险费支出增长率（%）	参保人员人均医疗保险金收入增长率（%）	医疗保险费占职工平均工资的比重（%）
1993	53.64	45.96	3371.0	NA	NA	1.59
1994	84.25	72.72	4538.0	57.07	58.22	1.86
1995	137.58	97.65	5500	63.29	34.28	2.50
1996	240.25	189.72	6210	74.63	94.29	3.87
1997	329.16	229.85	6470	37.00	21.15	5.09
1998	401.35	283.69	7479	21.93	23.42	5.37
1999	595.37	334.45	8346	48.34	17.89	7.13
2000	593.82	328.87	9371	－0.26	－1.67	6.34
2001	701.19	335.03	10870	18.08	1.87	6.45
2002	877.56	435.43	12422	25.15	29.97	7.06
2003	1116.00	599.81	14040	27.17	37.75	7.95
2004	1261.00	695.12	16024	12.99	15.89	7.87
2005	1402.26	782.64	18364	11.20	12.59	7.64
2006	1508.68	811.54	21001	7.59	3.69	7.18
2007	1649.92	861.07	24932	9.36	6.10	6.62
2008	1925.24	1010.07	29229	16.69	17.30	6.59
2009	2084.22	1198.92	32736	8.26	18.70	6.37
2010	2223.23	1378.40	37147	6.67	14.97	5.98

① 分母为缴纳医疗保险费的在职职工人数。

② 分母为有资格领取医疗保险金的在职职工和退休职工人数。

从表4－8中可以看到，参保人员人均医疗保险费支出从1993年的53.64元增加到2010年的2223.23元，年均增长率为24.49%，医疗保险费支出占职工平均收入的比重则从1993年的1.59%开始增加到1997年的5.09%，此后十多年来一直维持在5%以上的水平，虽然比养老保险费的比重要低得多，但两者相加占到了职工工资的四分之一，对参保者来说是一笔不小的负担。同时，我们也可以看到，我国参加城镇职工基本医疗保险的参保人平均的医疗保险金收入从1993年的45.96元增加到2010年的1378.40元，公民在医疗保险方面的社会保障权得到了较好的提升。

三、2010年我国各省医疗保险直接支出成本分析

（一）2010年我国各省城镇职工基本医疗保险直接支出成本分析

在前述分析我国城镇职工基本医疗保险支出成本的历年变化趋势的基础上，我们再从地区的维度来分析我国各省基本医疗保险直接支出成本的差异。表4－9显示了2010年我国各省城镇职工基本医疗保险参保的在职职工人数、离退休职工人数、基金收入支出规模等情况。

表4－9　2010年全国各省城镇职工基本医疗保险参保人员与基金收支情况

地区	在职职工人数（万人）	离退休职工人数（万人）	医疗保险基金收入（亿元）	医疗保险基金支出（亿元）	参保人员人均医疗保险费支出（元）	参保人员人均医疗保险金收入（元）
西藏	16.88	6.63	9.06	5.93	5367.79	2521.50
青海	53.51	25.22	24.42	17.32	4563.92	2200.03
北京	848.52	215.14	296.78	285.68	3497.67	2685.78
天津	312.51	157.47	105.47	94.37	3374.96	2007.91
上海	1017.13	388.82	316.69	286.99	3113.53	2041.28
云南	293.34	121.43	89.70	79.43	3058.00	1915.06
新疆	298.75	118.98	88.24	75.56	2953.75	1808.89
四川	703.63	348.31	195.18	142.60	2773.89	1355.60
宁夏	67.72	26.36	17.26	13.67	2549.30	1453.03
陕西	322.92	151.25	81.56	58.68	2525.80	1237.50
浙江	1117.62	226.80	280.25	223.92	2507.58	1665.56

续表

地区	在职职工人数（万人）	离退休职工人数（万人）	医疗保险基金收入（亿元）	医疗保险基金支出（亿元）	参保人员人均医疗保险费支出（元）	参保人员人均医疗保险金收入（元）
重庆	280.60	125.60	69.12	55.24	2463.18	1359.97
江苏	1405.06	443.20	339.76	270.11	2418.09	1461.45
广西	290.53	123.00	70.01	53.05	2409.73	1282.86
河北	610.00	238.01	145.83	109.94	2390.59	1296.39
福建	425.90	120.66	101.35	84.09	2379.78	1538.62
内蒙古	308.90	124.65	71.38	58.68	2310.83	1353.37
甘肃	204.36	85.86	44.82	34.19	2192.96	1178.09
辽宁	944.58	464.10	205.74	175.55	2178.14	1246.23
贵州	205.33	88.19	44.23	35.16	2153.98	1197.89
山东	1224.60	316.67	247.98	209.86	2024.98	1361.62
海南	123.68	43.24	24.01	18.75	1941.31	1123.57
山西	422.00	140.01	80.83	66.36	1915.38	1180.75
黑龙江	595.34	278.38	113.31	95.39	1903.28	1091.73
安徽	429.20	169.26	81.39	69.61	1896.25	1163.21
湖北	607.99	239.77	111.50	95.10	1833.97	1121.76
湖南	540.49	236.90	97.22	94.84	1798.73	1219.94
河南	698.69	258.70	118.96	97.69	1702.57	1020.35
江西	365.59	166.54	52.53	42.55	1436.78	799.65
吉林	370.26	179.89	52.88	45.35	1428.33	824.40
广东	2685.56	314.48	377.94	275.89	1407.29	919.62

表4－9按照“参保人员人均医疗保险费支出”一列的数据进行降序排列，该数据反映了城镇职工基本医疗保险制度的支出成本对职工个人带来的负担水平。我们发现的一个很特别的现象是，同养老保险一样，西藏、青海、云南、新疆、四川、宁夏等经济相对落后的省份，参保者缴纳的医疗保险费却在全国31个省份中处于上游水平，同时这些省份中除四川和宁夏外，其他省份

的参保人员人均医疗保险金收入也处于较高的水平，这再一次表明这些经济发展水平相对落后的省份却建立起了高医疗保险费、高待遇水平的基本医疗保险体系。同时，与养老保险不同的是，我们可以看到，大部分经济发达省份的参保人员人均医疗保险费支出与医疗保险金收入也都相对较高，建立起了与经济发展水平相适应的医疗保险体系。

（二）2010 年我国各省城镇居民基本医疗保险直接支出成本分析

我国城镇居民基本医疗保险制度 2007 年才开始建立，到目前也还只有 4 年时间，还有待进一步地从广度和深度进行推进。表 4－10 显示了我国各省城镇居民基本医疗保险直接支出成本的相关情况。

表 4－10　2010 年全国各省城镇居民基本医疗保险参保人员与基金收支情况

地区	参保居民人数（万人）	医疗保险基金收入（亿元）	医疗保险基金支出（亿元）	参保人员人均医疗保险费支出（元）	参保人员人均医疗保险金收入（元）
西藏	15.12	0.86	0.46	570.74	302.30
上海	259.21	12.97	13.19	500.25	508.82
浙江	619.40	20.98	18.81	338.68	303.74
四川	1011.16	31.70	22.40	313.48	221.57
青海	61.57	1.47	1.02	238.32	166.06
宁夏	94.23	1.93	1.85	204.33	196.48
黑龙江	687.12	14.02	8.34	204.05	121.40
云南	405.71	8.23	6.46	202.96	159.31
广东	2043.18	41.26	34.96	201.93	171.09
天津	490.87	9.77	9.11	198.93	185.67
河北	670.05	13.25	7.42	197.68	110.73
安徽	930.89	17.80	12.67	191.22	136.10
海南	156.42	2.87	1.85	183.72	118.28
山西	361.49	6.24	3.28	172.74	90.78
新疆	372.73	6.20	5.36	166.35	143.85
江苏	1401.18	23.05	17.57	164.50	125.36

续表

地区	参保居民人数（万人）	医疗保险基金收入（亿元）	医疗保险基金支出（亿元）	参保人员人均医疗保险费支出（元）	参保人员人均医疗保险金收入（元）
湖北	1012.28	16.54	9.34	163.38	92.25
重庆	424.55	6.91	5.99	162.83	141.16
陕西	473.05	7.49	4.93	158.30	104.23
内蒙古	452.83	7.12	5.54	157.34	122.25
辽宁	647.50	9.97	6.18	153.93	95.44
广西	521.68	7.94	3.57	152.14	68.44
江西	794.28	12.00	7.03	151.14	88.46
甘肃	298.57	4.41	3.68	147.80	123.28
湖南	1117.15	15.77	10.96	141.15	98.09
吉林	783.66	10.80	7.39	137.78	94.35
山东	1229.34	16.21	12.36	131.85	100.55
河南	1086.35	13.09	10.27	120.49	94.53
贵州	308.96	3.60	2.82	116.56	91.15
福建	654.05	7.50	7.05	114.64	107.79
北京	143.69	1.59	4.68	110.67	325.70

表4－10按照“参保人员人均医疗保险费支出”一列的数据进行降序排列，由于城镇居民基本医疗保险资金受到了更多的政府财政资金的补贴，因此，这列数据可以显示医疗保险的直接支出成本给公民个人和地方政府财政带来的负担水平。从表中我们可以看到，西藏自治区的参保人员人均医疗保险费支出最高，达到了570.74元，获得的人均医疗保险金则为302.30元，可以说城镇居民基本医疗保险的直接支出成本相对于城镇职工基本医疗保险来说是比较低的，而其中的原因则在于我国当前城镇居民基本医疗保险的保障水平相对较低。同时，我们也可以看到，西藏、四川、青海、宁夏、黑龙江、云南等经济相对落后的省份，参保人员的人均医疗保险费支出在全国各省份中处于前列，城镇居民医疗保险人均的直接支出成本在这些省份比较高，以经济发展水

平的标准来衡量，会给这些省份的居民或政府财政造成较大的负担。

第三节　我国失业保险直接支出成本的实证分析

失业保险也是我国社会保障体系中非常重要的险种之一，它主要保障的是因失去工作岗位而暂时中断物质生活来源的劳动者的基本生活条件。绝大部分劳动者都会面临失业风险，而失业对劳动者造成的物质与精神伤害都非常大，失业保障的目标就是将失业给劳动者造成的物质伤害风险在所有劳动者之间进行分散，从而提高劳动者个体抵御失业风险的能力，实现社会经济的稳定与发展。

一、我国实施失业保险项目的历史回顾

首先，必须说明的一点是，我国的失业保险制度主要是针对城镇职工而言的，国家假设农村居民可以依赖土地劳动并获取物质生活资料，因此，在我国城乡二元体制的大背景下，农村地区是没有失业保险的。即我国的失业保险主要是针对城镇职工实施的城镇失业保险。此外，由于大量的农民工涌入城市，有许多地区正尝试将农民工纳入到城镇失业保险体系中。

我国失业保险的发展历程和前文论述的养老保险、医疗保险有很大的不同，尽管1951年颁布的《中华人民共和国劳动保险条例》对养老保险、医疗保险、工伤保险、生育保险等项目都作出规定，但由于当时意识形态的约束，我国并不承认失业问题的存在，也就不会有失业保险的产生。从建国初期到文化大革命时期再到改革开放初期，我国经济理论界一直都未能突破“社会主义社会不存在失业”的荒谬论断，而在实践中尽管失业问题普遍存在，但通过“知青下乡”等各种政治运动，失业问题被巧妙地隐藏起来。因此，在理论上没有失业保险的概念，在实践中看不到失业的现象，从理论和实践的角度来看，我国始终都未能具备建立失业保险的条件。

1986年随着我国国有企业改革的启动，失业问题大量涌现，尽管当时在失业理论上还是未能有所突破，但为了配合国有企业改革的顺利进行，国家随即出台了《国营企业职工待业保险暂行规定》，为以下四类国营企业的职工提供失业保障：宣告破产的企业的职工；濒临破产的企业法定整顿期间被精简的职工；企业终止、解除劳动合同的工人；企业辞退的职工。并规定企业按照全部职工标准工资总额的1%缴纳待业保险基金，失业职工最长可以获得二十四

个月的就业救济金。《国营企业职工待业保险暂行规定》的出台，标志着我国失业保险制度的初步建立。1993年，随着国有企业改革的深化，我国进一步出台了《国有企业职工待业保险规定》，但该文件仅仅是在享受失业保险待遇的人员类别、待遇标准上有所改变，在失业理论以及失业保险的涵盖范围上始终未有实质性突破。

此后，随着国有企业改革进入攻坚阶段，我国于1999年颁布了《失业保险条例》，标志着我国现代失业保险制度的正式建立。首先，《失业保险条例》有两大重要的实质性突破，一是承认失业的存在并意识到在我国建立失业保险的重要意义；二是将我国失业保险的涵盖范围扩展到所有城镇企事业单位。条例指出，我国建立失业保险的目标是为了保障失业人员失业期间的基本生活，促进其再就业。而在参保人员的范围上涵盖了国有企业、城镇企业、外商投资企业、城镇私营企业，以及其他城镇企业。

2010年10月28日十一届全国人大常委会第十七次会议审议通过的《中华人民共和国社会保险法》，是我国当前实行的失业保险制度在法律层面上的明确表述。当然，尽管我国现代失业保险制度已经建立，但在我国社会主义市场经济体制改革不断深化，社会经济条件不断变化的条件下，我国当前的失业保险制度还有待进一步完善，例如，失业保险覆盖范围的扩大与保险金的收缴问题，农民工的失业保险问题，失地农民的失业保险问题等，都还有待进一步完善。

二、我国历年失业保险直接支出成本分析

（一）历年全国失业保险参保人数分析

失业保险的功能在于保障参保人员失业时的基本物质生活，这要通过向失业人员支付失业保险金的形式实现，失业保险金的支出即为失业保险直接支出成本，失业保险参保人数和领取失业保险金的人数对直接支出成本有非常重要的影响（见表4-11）。

表 4－11　1992～2010 年全国失业保险参保人数

年份	失业保险参保人数（万人）	领取失业保险金人数（万人）	按城乡分城镇就业人员数（万人）①	参保人员中领取失业保险金的比重（%）	参保人员占城镇就业人员数的比重（%）
1992	7443	NA	17861	NA	41.67
1993	7924	NA	18262	NA	43.39
1994	7968	NA	18653	NA	42.72
1995	8238	NA	19040	NA	43.27
1996	8333	NA	19922	NA	41.83
1997	7961	NA	20781	NA	38.31
1998	7928	NA	21616	NA	36.68
1999	9852	109	22412	1.11	43.96
2000	10408	190	23151	1.83	44.96
2001	10355	312	24123	3.01	42.92
2002	10182	440	25159	4.32	40.47
2003	10372	415	26230	4.00	39.54
2004	10584	419	27293	3.96	38.78
2005	10648	362	28389	3.40	37.51
2006	11187	327	29630	2.92	37.75
2007	11645	286	30953	2.46%	37.62
2008	12400	261	32103	2.11	38.63
2009	12715	235	33322	1.85	38.16
2010	13376	209	34687	1.56	38.56

从表 4－11 中可以看到，我国的失业保险参保人数从 1992 年的 7443 万人增加到 2010 年的 13376 万人，年均增长率为 3.31%，低于同时期城镇职工养老保险参保人数年均 6.86% 的年均增长率水平，也低于同时期城镇就业人员

① 这列数据《中国统计年鉴》和《中国劳动统计年鉴》不一致，这里以 2011 年《中国统计年鉴》公布的数据为准。

数3.76%的年均增长率水平。从参保人员占城镇就业人员数的比重来看，1992年该比重为41.67%，并在随后的18年里一直维持在40%左右的水平，且该比重有逐渐下滑的趋势。也就是说，尽管从1992年到2010年我国失业保险的参保人数在绝对规模上有了很大的增长，但是，相对城镇就业人员数的增长速度来说要慢，失业保险的"扩围"工作还有待进一步推进。

我国领取失业保险金人数的统计工作是从1999年开始的。1999年失业保险金的领取人数为109万人，到2010年该项人数增加到209万人，年均增长率为6.10%。不过，由于导致失业的原因主要来自于经济波动，领取失业保险金的人数并不是越多越好，如果参保人员中领取失业保险金的比重越高，则表明经济运行越可能存在问题。但是，从另一个角度来说，失业保险的目标是向失业人员提供生活救助，如果本该获得救助的人员却没有获得救助，那么，失业保险体系本身就存在问题。一般来说，领取失业保险金人员的比例应该与当年度的实际失业率相当，以真正发挥失业保险的保障功能。

（二）历年全国失业保险基金收支情况分析

失业保险直接支出成本，实际上就是失业保险项目每年向参保失业人员支付的失业保险金规模，而失业保险基金的收入则衡量失业保险直接支出成本给参保者带来的经济负担。表4-12显示的是从1992年到2010年我国失业保险基金收支的情况。

表4-12　1992~2010年全国失业保险基金收支情况

年份	失业保险基金收入（亿元）	失业保险基金支出（亿元）	失业保险基金支出占收入的比重（%）	失业保险基金收入增长率（%）	失业保险基金支出增长率（%）
1992	11.70	5.10	43.59	NA	NA
1993	17.90	9.30	51.96	52.99	82.35
1994	25.40	14.20	55.91	41.90	52.69
1995	35.29	18.87	53.47	38.92	32.86
1996	45.25	27.29	60.31	28.24	44.65
1997	46.94	36.33	77.40	3.74	33.13
1998	68.40	51.90	75.88	45.72	42.86

续表

年份	失业保险基金收入（亿元）	失业保险基金支出（亿元）	失业保险基金支出占收入的比重（%）	失业保险基金收入增长率（%）	失业保险基金支出增长率（%）
1999	125. 24	91. 64	73. 18	83. 10	76. 58
2000	160. 44	123. 43	76. 93	28. 11	34. 69
2001	187. 32	156. 57	83. 58	16. 75	26. 85
2002	215. 57	186. 57	86. 54	15. 08	19. 16
2003	249. 50	199. 80	80. 08	15. 74	7. 09
2004	291. 00	211. 00	72. 51	16. 63	5. 61
2005	340. 30	206. 90	60. 80	16. 94	-1. 94
2006	402. 40	198. 00	49. 20	18. 25	-4. 30
2007	471. 70	217. 70	46. 15	17. 22	9. 95
2008	585. 10	253. 50	43. 33	24. 04	16. 44
2009	580. 40	366. 80	63. 20	-0. 80	44. 69
2010	649. 80	423. 30	65. 14	11. 96	15. 40

从表 4-12 中可以看到，我国失业保险基金收入从 1992 年的 11. 70 亿元迅速增加到 2010 年的 649. 80 亿元，且在 18 年时间里失业保险基金收入每年都有较为稳定的增长（发生金融危机的 2009 年除外）。从这个角度来说，参保者的经济负担增长较为快速，因为失业保险基金收入体现的是失业保险直接支出成本给参保者带来的经济负担。再从失业保险基金的支出来看，它从 1992 年的 5. 10 亿元增加到 2002 年的 186. 57 亿元，此后一直徘徊在 200 亿元左右的水平，并在 2009 年以后有了较大幅度的增长，由此可以看出，我国失业保险直接支出成本在 2002 ~2008 年的时间里增长是比较慢的，但由于 2009 年出现经济危机，失业率有所上升，从而导致了失业保险直接支出成本的增加。

（三）历年全国失业保险基金人均收支情况分析

通过对全国失业保险基金人均收支情况的分析，我们可以探讨我国失业保险直接支出成本给参保人员个人带来的经济负担，以及对失业人员基本物质生活保障的程度。表 4-13 显示了我国 1992 ~2010 年失业保险基金人均收支的情况。

表 4 - 13　1992 ~ 2010 年全国失业保险基金人均收支情况

年份	参保人员人均保险费支出（元）	失业人员人均保险金收入（元）	城镇单位在岗职工平均工资（元）	参保人员人均保险费支出增长率（%）	失业人员人均保险金收入增长率（%）	失业保险费占职工工资比重（%）
1992	15. 72	NA	2711	NA	NA	0. 58
1993	22. 59	NA	3371	43. 70	NA	0. 67
1994	31. 88	NA	4538	41. 12	NA	0. 70
1995	42. 83	NA	5500	34. 37	NA	0. 78
1996	54. 30	NA	6210	26. 78	NA	0. 87
1997	58. 96	NA	6470	8. 58	NA	0. 91
1998	86. 28	NA	7479	46. 34	NA	1. 15
1999	127. 12	8407. 76	8346	47. 34	NA	1. 52
2000	154. 15	6496. 44	9371	21. 27	-22. 73	1. 65
2001	180. 91	5018. 22	10870	17. 36	-22. 75	1. 66
2002	211. 73	4240. 12	12422	17. 04	-15. 51	1. 70
2003	240. 54	4814. 46	14040	13. 61	13. 55	1. 71
2004	274. 95	5035. 80	16024	14. 30	4. 60	1. 72
2005	319. 60	5715. 47	18364	16. 24	13. 50	1. 74
2006	359. 72	6064. 32	21001	12. 55	6. 10	1. 71
2007	405. 08	7609. 67	24932	12. 61	25. 48	1. 62
2008	471. 86	9704. 33	29229	16. 49	27. 53	1. 61
2009	456. 47	15608. 51	32736	-3. 26	60. 84	1. 39
2010	485. 81	20243. 90	37147	6. 43	29. 70	1. 31

从表 4 - 13 中可以看到，我国失业保险人均保险费支出从 1992 年的 15. 72 元增加到了 2010 年的 485. 81 元，年均增长率为 21. 00%，从绝对规模的角度来看，我国失业保险的直接支出成本给参保者带来经济负担的增长是比较快速的，但是，如果从相对规模的角度来看，失业保险费占职工工资比重在 1998 年以前都保持在 1% 以下的水平，在 1998 年以后则一直维持在 1. 6% 左右的水

平，失业保险的直接支出成本给参保者带来的经济负担是比较稳定的。再从失业人员获得的人均保险金收入的变化趋势来看，该指标在 1999 年就达到了 8407.76 元，但在随后的三年里却出现了负增长，一直降到了 2002 年的 4240.12 元。此后，失业人员人均保险金收入尽管每年都有所增长，但一直到 2008 年才在绝对数值上超过 1999 年的水平，并且在 2009 年和 2010 年我国失业人员人均保险金收入出现突破性增长，应该说，如果单从人均失业保险金收入的角度来看，最近两年我国失业保险在保证失业人员的正常物质生活上发挥了积极的作用。

三、2010 年我国各省失业保险直接支出成本分析

从地区的维度来看，我国各省失业保险的直接支出成本也有着很大的差异，表 4－14 显示的是 2010 年我国各省失业保险直接支出成本的相关情况。

表 4－14　2010 年全国各省失业保险参保人员与基金收支情况

地区	参保人数（万人）	领取失业保险金人数（万人）	失业保险基金收入（亿元）	失业保险基金支出（亿元）	人均失业保险费支出（元）	人均失业保险金收入（元）
西藏	9.34	NA	1.37	0.78	1461.33	NA
上海	556.20	11.61	71.67	60.71	1288.54	52307.90
四川	464.71	9.12	40.77	17.05	877.34	18694.43
天津	246.09	3.52	21.08	13.53	856.42	38428.24
青海	36.65	0.43	2.68	0.98	729.99	22842.86
新疆	242.91	8.33	15.42	13.03	634.89	15634.34
辽宁	626.94	11.36	39.31	16.31	627.09	14349.92
宁夏	47.62	1.01	2.85	1.07	598.71	10624.01
江苏	1153.78	19.74	68.46	37.38	593.32	18938.59
浙江	874.95	5.82	51.84	23.39	592.48	40198.76
河北	493.41	9.01	27.62	23.51	559.86	26077.45
甘肃	164.16	2.39	8.66	7.46	527.34	31150.83
内蒙古	230.93	2.15	11.57	4.66	500.97	21674.56
陕西	331.57	7.51	16.61	11.83	500.92	15755.08

续表

地区	参保人数（万人）	领取失业保险金人数（万人）	失业保险基金收入（亿元）	失业保险基金支出（亿元）	人均失业保险费支出（元）	人均失业保险金收入（元）
贵州	152.48	1.21	7.58	5.29	497.21	43605.85
吉林	245.13	7.78	11.95	5.85	487.50	7518.45
广西	238.40	6.21	11.12	6.31	466.53	10167.64
山东	931.24	20.66	42.98	31.26	461.57	15130.25
山西	305.71	4.59	13.77	6.65	450.29	14485.97
安徽	384.04	7.82	16.42	9.57	427.69	12235.74
云南	209.61	3.21	8.17	6.50	389.64	20234.18
重庆	237.37	3.75	9.25	4.93	389.51	13156.12
北京	774.24	1.56	29.97	25.09	387.15	160418.99
湖南	399.51	6.89	14.46	7.53	361.94	10939.24
湖北	469.66	6.42	15.91	8.40	338.73	13089.78
海南	112.49	1.57	3.74	1.75	332.59	11178.09
福建	374.18	3.17	11.61	5.58	310.28	17591.73
江西	265.33	8.19	8.07	4.71	304.20	5755.36
黑龙江	472.87	8.77	13.85	16.37	292.83	18672.72
河南	696.73	14.69	18.77	14.82	269.46	10085.71
广东	1627.33	10.61	32.25	30.96	198.18	29181.62

表4－14中各省的顺序按照“人均保险费支出”一列的数据进行降序排列，它显示了各省失业保险直接支出成本对参保者个人带来的经济负担。可以看到，绝大部分省份的人均保险费支出都保持在600元以下，而处于600元以上的7个省份中，除了上海和天津属于经济发达省市外，西藏、四川、青海、新疆、辽宁五个省市都属于经济发展水平相对落后，居民生活水平较低的省份，而以较低的经济发展水平支撑着较高标准的失业保险费负担水平，对于这些地区的经济发展而言将会产生不利的影响。此外，我们也可以看到，各个省份失业人员获得的失业保险金收入存在更为明显的差距，即从人均的角度来看，失业保险的直接支出成本在各省间的差距比较大。如失业保险金收入最高

的北京市达到人均160418.99元，该数据显得极不正常，远远高于我国城镇职工的人均工资水平，紧随其后的则是上海和贵州两个省市，其中：贵州的经济发展水平相对较为落后；失业保险金收入最低的是江西省，仅为人均5755.36元，也仅为北京市失业金水平的3.59%。各省市失业保险金的人均支出规模差距如此之大，一方面反映了各省市失业保险直接支出成本上的差距，同时也表明各省市实施社会保障权的程度存在很大差距。

第四节　我国工伤保险直接支出成本的实证分析

如果说失业保险保障的是劳动者失业的风险，那么，工伤保险保障的则是劳动者就业的风险，它作为我国五大社会保险险种之一，主要任务是保障劳动者在工作中或特定的情况下，受到意外伤害或患职业病而导致暂时或永久丧失劳动能力以及死亡时，劳动者或其家属从国家和社会获得物质上的救助。每一个参加生产劳动的公民，根据其所从事的行业与工种的差别，都会存在不同概率的受到意外伤害或患职业病的风险，而这些风险发生的后果较轻的是劳动者暂时丧失劳动能力，这给劳动者及由其抚养亲属的正常生活带来巨大影响。较为严重的后果则是劳动者永久性地丧失劳动能力，这对劳动者自身及其家庭来说可能是毁灭性的打击。同时，工伤发生的特点是，小型工伤事故时有发生，大型的工伤事故发生概率比较低，所以，建立工伤保险制度进而将各种工伤事故发生的风险在全体劳动者之间进行分散，对于保障劳动者的正常生活有着不可替代的作用。

一、我国实施工伤保险项目的历史回顾

建国初期，我国社会保障制度建设刚刚起步，各个社会保险项目大多是通过一个共同的文件予以规定，因此，我国工伤保险制度的建立与养老保险、医疗保险同样有着相似的过程，即以1951年颁布的《中华人民共和国劳动保险条例》和1969年颁布的《关于国营企业财务工作中几项制度的改革意见（草案）》为标志，分别显示了我国社会保障制度从建立到文化大革命时期停滞发展的历程，因此，具体情况可参照养老保险、医疗保险的相关内容，此处不再赘述。但需要指出的是，工伤保险从内容上包括劳动者因为工作受到伤害和罹患职业病这两种情况，而将职业病纳入到工伤保险体系则开始于1957年颁布的《职业病范围和职业病患者处理办法的规定》。

我国从建国初到随后相当长的时期，工伤保险的理念一直都是单纯的医疗救治和经济补偿，而缺乏工伤预防理念。随着我国社会主义市场经济的建立与发展，国有企业改革不断深化，私有制经济开始蓬勃发展，工伤保险制度缺乏工伤预防理念的缺陷越来越难以适应我国经济发展的需要。在这样的现实背景下，我国于1996年出台了《企业职工工伤保险试行办法》，明确指出，我国建立工伤保险的目标是保障劳动者在工作中遭受事故伤害和患职业病后获得医疗救治、经济补偿和职业康复的权利，分散工伤风险，促进工伤预防。可以说，我国1996年《企业职工工伤保险试行办法》的出台，标志着我国工伤保险理念的重大转变。

此后，随着工伤保险项目实践经验的积累，我国于2003年出台了《工伤保险条例》，对工伤保险制度运行中存在的问题进行了进一步修正，从而在我国建立了较为完善的工伤保险制度。2010年10月28日十一届全国人大常委会第十七次会议审议通过的《中华人民共和国社会保险法》，是我国当前实行的工伤保险制度在法律层面上的明确表述。

此外，还需要指出的是，我国当前的工伤保险制度还需要从如下几个方面进行完善。首先，我国农村地区也存在大量从事农业生产或非农业生产的劳动者，这部分劳动者是否该纳入工伤保险体系，以及该如何纳入工伤保险体系是一个亟待解决的问题。其次，随着我国人口区域流动加快，大量农民工涌入到城市从事各种劳动生产活动，虽然部分地区已经将农民工纳入到工伤保险体系，但如何提高农民工的保险待遇水平与覆盖范围则是当前农民工工伤保险工作的重点。

二、我国历年工伤保险直接支出成本分析

（一）历年全国工伤保险参保人数分析

工伤保险的功能在于所有符合条件的参保者都能领到与其受工伤程度相符合的工伤保险金，因此，工伤保险金历年的规模变化可以反映出工伤保险直接支出成本的变化趋势。同时，工伤保险使工伤风险在所有劳动者之间进行分散，其涵盖的劳动者规模越大，表明工伤风险的分散程度越高，也越有利于实现公民的社会保障权利。表4－15显示了我国工伤保险参保人数的历年变化趋势。

表 4－15　1993～2010 年全国工伤保险参保人数

年份	工伤保险参保人数（万人）	领取工伤保险金人数（万人）	按城乡分城镇就业人员数（万人）	参保人员中领取工伤保险金的比重（%）	参保人员占城镇就业人员数的比重（%）
1993	1103.46	NA	18262	NA	6.04
1994	1822.07	NA	18653	NA	9.77
1995	2614.76	NA	19040	NA	13.73
1996	3102.60	NA	19922	NA	15.57
1997	3507.79	NA	20781	NA	16.88
1998	3781.28	NA	21616	NA	17.49
1999	3912.30	NA	22412	NA	17.46
2000	4350.27	NA	23151	NA	18.79
2001	4345.35	18.71	23940	0.43	18.15
2002	4405.60	26.50	24780	0.60	17.78
2003	4574.80	32.90	25639	0.72	17.84
2004	6845.17	51.88	26476	0.76	25.85
2005	8477.80	65.10	27331	0.77	31.02
2006	10268.50	77.80	28310	0.76	36.27
2007	12173.40	96.00	29350	0.79	41.48
2008	13787.23	117.77	30210	0.85	45.64
2009	14895.50	129.57	31120	0.87	47.86
2010	16160.71	147.45	34687	0.91	46.59

从表 4－15 中可以看到，我国领取工伤保险金的人数从 2001 年的 18.71 万人迅速增加到 2010 年的 147.45 万人，年均增长率为 25.78%，享受工伤保险待遇的人数有了较大幅度的增长，这说明我国工伤保险在保障公民遭受工伤或罹患职业病时的正常物质生活上发挥了重要的作用。享受工伤保险待遇人员的增加，一方面来自于工伤保险参保人数的增加，另一方面则来自于工伤保险保障力度的增加。我们可以看到，参保人员中领取工伤保险金的比重从 2001

年的0.43%增加到2010年的0.91%。一般来说，工伤发生的概率是相对比较稳定的，而领取工伤保险金比重的增加则一定程度上反映了保障力度的增加。但是，随着领取工伤保险金人数的增加，我国工伤保险金的支出规模也将随之增加，即导致工伤保险直接支出成本上升。此外，从工伤保险参保人数占就业人员数比重的数据中我们也可以看到，工伤保险的覆盖范围在最近几年里有了较大幅度的提升。

（二）历年全国工伤保险基金收支情况分析

工伤保险项目每年向工伤人员支付的保险金支出，实际上就是工伤保险项目的直接支出成本，而工伤保险项目每年组织的保险金收入则衡量的是工伤保险制度给参保者带来的经济负担水平。表4－16显示的是从1993年到2010年我国工伤保险基金收支的情况。

表4－16　1993～2010年全国工伤保险基金收支情况

年份	工伤保险基金收入（亿元）	工伤保险基金支出（亿元）	工伤保险基金支出占收入的比重（%）	工伤保险基金收入增长率（%）	工伤保险基金支出增长率（%）
1993	2.4	0.4	17.32	NA	NA
1994	4.6	0.9	20.69	90.39	127.41
1995	8.1	1.8	22.42	77.53	92.36
1996	10.9	3.7	33.97	34.70	104.09
1997	13.6	6.1	44.86	24.57	64.51
1998	21.2	9.0	42.76	55.90	48.58
1999	20.9	15.4	73.84	－1.29	70.47
2000	24.8	13.8	55.68	18.68	－10.50
2001	28.3	16.5	58.31	14.15	19.54
2002	32.0	19.9	62.10	13.25	20.61
2003	37.6	27.1	72.07	17.38	36.24
2004	58.3	33.3	57.12	55.05	22.88
2005	92.5	47.5	51.35	58.66	42.64
2006	121.8	68.5	56.24	31.68	44.21

续表

年份	工伤保险基金收入（亿元）	工伤保险基金支出（亿元）	工伤保险基金支出占收入的比重（%）	工伤保险基金收入增长率（%）	工伤保险基金支出增长率（%）
2007	165.6	87.9	53.08	35.96	28.32
2008	216.7	126.9	58.56	30.86	44.37
2009	240.1	155.7	64.85	10.80	22.70
2010	284.9	192.4	67.52	18.68	23.57

从表4－16中可以看到，我国工伤保险基金收入的规模在1993年的时候还非常小，仅有2.4亿元，工伤保险基金支出的规模也才0.4亿元。但是，我国工伤保险经过17年的快速发展，到2010年工伤保险基金收入已经达到284.9亿元，年均增长率为32.44%，而2010年工伤保险基金支出已经达到192.4亿元，年均增长率为43.80%。从工伤保险基金收入的快速增长角度来说，工伤保险直接支出成本为参保者带来的经济负担增长较快，而从工伤保险基金支出的快速增长角度来说，工伤保险的直接支出成本在快速增长，同时，在劳动者遭受工伤或罹患职业病时保障其基本物质生活的能力也在进一步提高。

（三）历年全国工伤保险基金人均收支情况分析

通过对全国工伤保险基金个人收支情况的分析，我们还可以从劳动者个体的角度，来探讨我国工伤保险直接支出成本给参保者个人带来的经济负担以及保障工伤人员的基本物质生活的程度。表4－17显示的是我国1993～2010年工伤保险基金人均收支情况的分析。

表4－17　1993～2010年全国工伤保险基金人均收支情况

年份	参保人员人均保险费支出（元）	工伤人员人均保险金收入（元）	城镇单位在岗职工平均工资（元）	参保人员人均保险费支出增长率（%）	工伤人员人均保险金收入增长率（%）	工伤保险费占职工工资比重（%）
1993	21.7	NA	3371.0	NA	NA	0.64
1994	25.0	NA	4538.0	15.30	NA	0.55

续表

年份	参保人员人均保险费支出（元）	工伤人员人均保险金收入（元）	城镇单位在岗职工平均工资（元）	参保人员人均保险费支出增长率（%）	工伤人员人均保险金收入增长率（%）	工伤保险费占职工工资比重（%）
1995	30.9	NA	5500	23.71	NA	0.56
1996	35.1	NA	6210	13.52	NA	0.57
1997	38.7	NA	6470	10.18	NA	0.60
1998	55.9	NA	7479	44.62	NA	0.75
1999	53.4	NA	8346	-4.60	NA	0.64
2000	57.0	NA	9371	6.73	NA	0.61
2001	65.1	8815.7	10870	14.28	NA	0.60
2002	72.7	7506.4	12422	11.70	-14.85	0.59
2003	82.2	8237.1	14040	13.04	9.73	0.59
2004	85.2	6418.6	16024	3.63	-22.08	0.53
2005	109.1	7296.5	18364	28.11	13.68	0.59
2006	118.6	8804.6	21001	8.71	20.67	0.56
2007	136.0	9156.3	24932	14.69	3.99	0.55
2008	157.2	10775.4	29229	15.54	17.68	0.54
2009	161.2	12016.3	32736	2.55	11.52	0.49
2010	176.3	13048.6	37147	9.39	8.59	0.47

从表4-17中可以看到，我国工伤保险参保人员人均保险费从1993年的21.7元增加到2010年的176.3元，年均增长率为13.11%，尽管增长率相对较快，但从绝对数值上说还是比较低的。而我国工伤人员获得的人均保险金收入则从2001年的8815.7元增加到2010年的13048.6元，年均增长率为4.45%，尽管增长率相对来说比较低，但从绝对数值上来说还是比较高的。从我国工伤保险人均保险费支出与人均保险金收入的对比中我们可以看到，工伤保险可以有效地分散工作中产生的各种风险，而较低的人均保险费支出意味着工伤保险直接支出成本给参保者带来的经济负担相对较低，较高的人均保险金收入则意味着工伤保险制度有效地保障了工伤人员的基本物质生活。

三、2010 年我国各省工伤保险直接支出成本分析

表 4 – 18 显示了我国 2010 各省市工伤保险直接支出成本的相关情况，它从地区的维度说明了我国各省份在工伤保险直接支出成本上的差异。

表 4 – 18　2010 年全国各省工伤保险参保人员与基金收支情况

地区	参保人数（万人）	享受工伤保险待遇人数（万人）	工伤保险基金收入（亿元）	工伤保险基金支出（亿元）	人均工伤保险费支出（元）	人均工伤保险金收入（元）
山西	292.38	4.93	12.89	7.99	440.84	16198.88
贵州	162.18	1.86	6.42	4.96	395.77	26659.51
青海	43.23	0.49	1.59	0.89	368.90	18366.26
西藏	8.78	NA	0.28	0.06	323.01	NA
宁夏	48.87	0.25	1.37	0.83	280.88	32564.91
黑龙江	415.11	6.16	11.61	9.16	279.60	14867.72
河北	594.44	7.50	16.09	13.28	270.75	17697.26
重庆	266.03	5.58	7.15	6.22	268.67	11152.06
内蒙古	207.52	1.78	5.40	2.90	260.38	16317.72
云南	227.37	4.59	5.81	4.38	255.69	9551.63
甘肃	130.09	1.08	2.88	1.68	221.11	15507.94
四川	583.80	5.98	12.42	8.46	212.67	14153.19
辽宁	729.98	9.97	15.44	10.44	211.50	10475.08
陕西	278.59	1.62	5.84	2.63	209.66	16295.38
湖南	515.97	7.41	10.66	8.40	206.68	11328.30
天津	304.45	4.11	5.89	4.67	193.55	11375.21
新疆	249.30	2.01	4.78	3.34	191.63	16655.55
河南	551.74	2.99	10.22	5.75	185.16	19247.97
安徽	351.06	4.41	6.05	3.63	172.22	8229.82
山东	1211.19	10.20	20.50	15.07	169.23	14773.69
北京	823.76	4.43	12.99	10.72	157.73	24171.87
江苏	1205.52	9.76	18.71	13.89	155.21	14227.35
吉林	300.52	3.72	4.64	3.90	154.51	10487.19

续表

地区	参保人数（万人）	享受工伤保险待遇人数（万人）	工伤保险基金收入（亿元）	工伤保险基金支出（亿元）	人均工伤保险费支出（元）	人均工伤保险金收入（元）
浙江	1475.11	20.17	21.98	14.08	148.97	6978.78
广西	235.66	1.45	3.39	1.61	143.88	11099.07
福建	417.74	2.40	5.90	2.85	141.14	11882.29
上海	960.97	1.65	12.94	5.19	134.65	31401.25
江西	371.71	2.74	4.63	2.41	124.65	8767.35
湖北	443.98	3.13	5.11	2.75	115.19	8798.32
广东	2657.82	14.70	30.41	19.75	114.42	13434.91
海南	95.84	0.35	0.95	0.50	98.98	14248.07

表4－18按照各省工伤保险“人均保险费支出”一列的数据进行降序排列，它显示了各省工伤保险直接支出成本对参保者个人带来的经济负担。我们可以看到，山西、贵州、青海、西藏、宁夏、黑龙江等经济相对落后的省份，参保职工人均保险费支出都比较高，但是，这些地区由于经济发展水平的限制，职工工资普遍都比较低，较高的人均保险费支出给参保者个人带来了较为沉重的经济负担。相比较而言，广东、上海、浙江、江苏等经济发达的省份，城镇就业职工的工资比较高，但是，职工缴纳的工伤保险费支出却在全国各省份中非常靠后，参保者个人的经济负担相对较低。此外，各省份的工伤保险直接支出成本，或者说工伤人员获得的保险金收入也存在较大的差异，而且参保人员的工伤保险费支出与工伤人员的工伤保险金收入在数额上并不存在对应关系，如保险费较高的云南省、重庆市等省市的工伤人员获得的保险金收入并不高，而保险费较低的海南省、上海市等省市的工伤人员获得的保险金收入却比较高。我国工伤保险经过多年的发展与完善，在保障遭受工伤或罹患职业病的公民正常生活上发挥了重要作用，但各省的工伤保险直接支出成本差异较大，给公民造成的生活负担水平也较为明显，因此，我国有必要在工伤保险水平与经济发展水平相适应的方向上对工伤保险制度进行恰当的调整。

第五节　我国生育保险直接支出成本的实证分析

生育保险指的是国家通过立法，在妇女劳动者因为生育暂时中断劳动时，由国家和社会提供收入补偿、医疗服务和生育休假的社会保障制度。作为五大社会保险项目之一的生育保险有着较为独特的特点。首先，尽管所有劳动者不管性别差异都必须参加生育保险并缴纳生育保险费，但享受生育保险待遇的主要是承担生育责任的妇女劳动者①，即生育保险不仅使生育风险在所有妇女劳动者中进行分散，同时也在男性劳动者中进行分散。其次，生育保险除了和其他保险项目一样向参保者提供收入补助外，同时还提供医疗服务和生育休假，这是由生育活动本身的特点所决定的。生育保险在保障妇女职工的合法权益上有着不可替代的作用。

一、我国实施生育保险项目的历史回顾

与前述工伤保险项目历史回顾中阐明的理由一样，生育保险在改革开放之前的发展历程与工伤保险、养老保险、医疗保险等极为相似，几乎都是以相同的文件予以规范，此处同样不再赘述。

改革开放以后，我国实行经济体制转轨，国有企业改革不断深化，生育保险制度也随之进行逐步调整。国务院于 1988 年发布了《女职工劳动保护规定》，将女职工的产假由原先的 65 天延长到 90 天，并对女职工在生育时期享受的各种权益与优待进行了明确规定。同时，由于原由企业承担妇女职工各项生育保险支出的运行模式难以与市场经济体制下的现代企业制度相适应，因此，我国于 1988 年开始尝试以生育保险基金社会统筹与夫妇双方所在企业平均分担生育保险费为主要内容的试点工作，试点范围包括南通、株洲、昆明、曲阜、绍兴、宁波、德州等几十个县市。

随着我国在生育保险试点工作中各种经验的积累，原劳动部于 1994 年发布了《企业职工生育保险试行办法》，该项法规是我国目前的生育保险制度中最为重要的一部规范性文件。它指出，我国建立职工生育保险的目的是为了维

---

① 当然，为了配合国家某些生育政策的实施，男性职工也可能享受到部分生育保险待遇，例如，领取《独生子女优待证》的男配偶享受 10 天假期，并以孩子出生当月本单位人均缴费工资计发相应工资。

护企业女职工的合法权益，保障她们在生育期间得到必要的经济补偿和医疗保健，均衡企业间生育保险费用的负担。同时，该试行办法还明确规定了生育保险费的社会统筹性质，并要求企业按照不超过工资总额百分之一的标准缴纳生育保险费，职工个人则不须缴纳生育保险费。此后，我国于 2010 年 10 月通过的《中华人民共和国社会保险法》在法律层面上进一步使我国目前的生育保险制度得到了明确。

我国的生育保险制度在保障妇女职工的生育权利上发挥了不可替代的作用，但同时需要指出的是，我国目前的生育保险制度存在的最大问题是覆盖范围过窄，广大农村地区以及城镇未就业妇女无法参加生育保险，妇女生育所产生的各种风险也完全由个人承担，在生育保险方面的社会保障权利难以得到有效实施。而作为社会成员的一部分，她们也同样承担着生育后代的重任，且每一个生育妇女都有资格获得生育保险上的保障，因此，我国亟需推进生育保险的改革进度，扩大生育保险的覆盖范围，加大生育保险的财政资金投入，以切实保障所有生育妇女的合法权益。

二、我国历年生育保险直接支出成本分析

（一）历年全国生育保险参保人数分析

生育保险直接支出成本指的是生育保险项目每年的支出规模，而领取生育保险金人数的变化，则可以从侧面反映出生育保险直接支出成本可能的变化趋势。同时，生育保险使生育风险在所有参保者之间分散，其涵盖的参保者范围越大则越有利于生育保险功能的发挥，进而促进社会保障权利的实现。表 4 - 19 显示了我国生育保险参保人数的历年变化情况。

表 4 - 19　1993 ~ 2010 年全国生育保险参保人数

年份	生育保险参保人数（万人）	领取生育保险金人数（万人）	按城乡分城镇就业人员数（万人）	参保人员中领取生育保险金的比重（%）	参保人员占城镇就业人员的比重（%）
1993	557.17	NA	18262	NA	3.05
1994	915.88	NA	18653	NA	4.91
1995	1500.21	NA	19040	NA	7.88

续表

年份	生育保险参保人数（万人）	领取生育保险金人数（万人）	按城乡分城镇就业人员数（万人）	参保人员中领取生育保险金的比重（%）	参保人员占城镇就业人员的比重（%）
1996	2015. 55	NA	19922	NA	10. 12
1997	2485. 91	NA	20781	NA	11. 96
1998	2776. 71	NA	21616	NA	12. 85
1999	2929. 79	NA	22412	NA	13. 07
2000	3001. 64	NA	23151	NA	12. 97
2001	3455. 06	24. 00	23940	0. 69	14. 43
2002	3488. 20	28. 00	24780	0. 80	14. 08
2003	3655. 40	36. 00	25639	0. 98	14. 26
2004	4383. 80	46. 00	26476	1. 05	16. 56
2005	5408. 50	62. 00	27331	1. 15	19. 79
2006	6458. 90	108. 00	28310	1. 67	22. 81
2007	7775. 30	113. 00	29350	1. 45	26. 49
2008	9254. 11	140. 00	30210	1. 51	30. 63
2009	10875. 67	174. 00	31120	1. 60	34. 95
2010	12335. 95	210. 69	34687	1. 71	35. 56

从表 4－19 中可以看到，我国领取生育保险金的人数从 2001 年的 24 万人增加到 2010 年的 210. 69 万人，年均增长率为 27. 30%，这说明，我国生育保险在保障妇女职工的生育保障权利上发挥着越来越重要的作用。但是，随着领取生育保险金人员数量的增长，生育保险项目的直接支出成本也随之增长。同时，领取生育保险金的人数占参保人员的比重也从 2001 年的 0. 69% 增加到 2010 年的 1. 71%。一般来说，每个年度生育妇女的比例都是相对稳定的，领取生育保险金比重的增加意味着生育保险保障力度的增加。再从参加生育保险的人数来进行分析，我国参保人数从 1993 年的 557. 17 万人增加到 2010 年的 12335. 95 万人，虽然在绝对规模上有了较大幅度的增长，但是截至 2010 年参保人员占城镇就业人员的比重还只有 35. 56%，与养老保险、医疗保险等社会

保险项目相比还有很大的提升空间。

（二）历年全国生育保险基金收支情况分析

表4－20显示的是从1993年到2010年我国生育保险基金收支的情况，生育保险基金的收入衡量了生育保险制度给参保者造成的经济负担水平，而生育保险基金的支出显示了生育保险项目直接支出成本的规模。

表4－20　1993～2010年全国生育保险基金收支情况

年份	生育保险基金收入（亿元）	生育保险基金支出（亿元）	生育保险基金支出占收入的比重（%）	生育保险基金收入增长率（%）	生育保险基金支出增长率（%）
1993	0.85	0.50	59.41	NA	NA
1994	1.47	0.81	54.84	73.84	60.46
1995	2.94	1.58	53.73	99.36	95.30
1996	5.52	3.29	59.57	87.82	108.24
1997	7.44	4.91	65.95	34.91	49.37
1998	9.76	6.85	70.14	31.12	39.47
1999	10.75	7.13	66.31	10.13	4.11
2000	11.16	8.35	74.81	3.78	17.09
2001	13.73	9.59	69.84	23.07	14.88
2002	21.81	12.78	58.58	58.89	33.28
2003	25.80	13.50	52.33	18.28	5.65
2004	32.10	18.80	58.57	24.42	39.26
2005	43.80	27.40	62.56	36.45	45.74
2006	62.10	37.50	60.39	41.78	36.86
2007	83.60	55.60	66.51	34.62	48.27
2008	113.70	71.50	62.88	36.00	28.60
2009	132.40	88.30	66.69	16.45	23.50
2010	159.58	109.86	68.84	20.53	24.42

从表4－20中可以看到，我国生育保险基金的收入从1993年的0.85亿元迅速增长到2010年的159.58亿元，生育保险基金收入的增长对于提高生育保

险项目的保障能力来说有着非常积极的作用，但也相应提高了参保者的经济负担水平。同时，我国生育保险基金的支出也从1993年的0.50亿元增长到2010年的109.86亿元，生育保险的直接支出成本在快速地增长，其为劳动者提供生育保障的能力也随之稳定增长。

（三）历年全国生育保险基金人均收支情况分析

表4－21显示的是我国历年生育保险基金的人均收支情况，我们可以通过对人均收支情况的分析，探讨生育保险直接支出成本给参保者个人带来的经济负担，以及在保障生育人员基本物质生活上发挥的作用。

表4－21　1993～2010年全国生育保险基金人均收支情况

年份	参保人员人均保险费支出（元）	生育人员人均保险金收入（元）	城镇单位在岗职工平均工资（元）	参保人员人均保险费支出增长率（%）	生育人员人均保险金收入增长率（%）	生育保险费占职工工资比重（%）
1993	15.21	NA	3371	NA	NA	0.45
1994	16.09	NA	4538	5.76	NA	0.35
1995	19.58	NA	5500	21.71	NA	0.36
1996	27.37	NA	6210	39.80	NA	0.44
1997	29.94	NA	6470	9.39	NA	0.46
1998	35.15	NA	7479	17.39	NA	0.47
1999	36.69	NA	8346	4.38	NA	0.44
2000	37.16	NA	9371	1.30	NA	0.40
2001	39.73	3994.71	10870	6.92	NA	0.37
2002	62.54	4563.71	12422	57.38	14.24	0.50
2003	70.58	3750.00	14040	12.87	－17.83	0.50
2004	73.22	4086.96	16024	3.75	8.99	0.46
2005	80.98	4419.35	18364	10.60	8.13	0.44
2006	96.15	3472.22	21001	18.72	－21.43	0.46
2007	107.52	4920.35	24932	11.83	41.71	0.43
2008	122.86	5107.14	29229	14.27	3.80	0.42
2009	121.74	5074.71	32736	－0.92	－0.63	0.37

续表

年份	参保人员人均保险费支出（元）	生育人员人均保险金收入（元）	城镇单位在岗职工平均工资（元）	参保人员人均保险费支出增长率（%）	生育人员人均保险金收入增长率（%）	生育保险费占职工工资比重（%）
2010	129.36	5214.31	37147	6.26	2.75	0.35

从表4－21中可以看到，我国生育保险参保人员的人均保险费支出从1993年的15.2元增加到了2010年的129.36元，年均增长率为13.42%，尽管增长速度较快，但从绝对规模来说还是比较低的，并且我国生育保险费占职工工资比重的历年数据都低于0.5%，从这个角度来说，生育保险直接支出成本给参保者带来的经济负担也比较低。再从生育人员获得的人均保险金收入来看，其已从2001年的3994.71元增加到2009年的5214.31元，尽管增长幅度并不大，但还是能较好地发挥生育保险的保障功能。而生育保险较低的人均保险费支出与较高的人均保险金收入的对比，则可以看出我国生育保险有效地分散了生育中产生的各种风险。

三、2010年我国各省生育保险直接支出成本分析

在从时间的维度对我国生育保险直接支出成本进行分析的基础上，我们还可以从地区的维度对它进行分析，表4－22显示了2010年我国各省份在生育保险直接支出成本上的差异。

表4－22　2010年全国各省生育保险参保人员与基金收支情况

地区	参保人数（万人）	享受生育保险待遇人员（万人）	生育保险基金收入（亿元）	生育保险基金支出（亿元）	人均生育保险费支出（元）	人均生育保险金收入（元）
北京	372.22	12.56	12.24	7.73	328.72	6156.41
青海	6.38	0.14	0.18	0.06	285.24	4489.50
天津	212.02	5.61	5.59	4.57	263.53	8131.85
西藏	14.78	0.32	0.34	0.17	230.96	5212.60
上海	657.30	7.71	12.05	13.31	183.26	17250.02
新疆	249.42	8.41	4.57	2.76	183.07	3284.07
江苏	1086.44	24.40	19.41	12.29	178.67	5037.85

续表

地区	参保人数（万人）	享受生育保险待遇人员（万人）	生育保险基金收入（亿元）	生育保险基金支出（亿元）	人均生育保险费支出（元）	人均生育保险金收入（元）
山东	774.09	17.95	11.66	9.10	150.64	5071.52
宁夏	39.82	0.56	0.58	0.29	145.26	5089.71
浙江	863.74	12.39	12.54	9.79	145.21	7900.66
云南	210.23	4.00	3.00	1.69	142.83	4233.20
陕西	180.08	2.43	2.42	0.93	134.17	3848.34
辽宁	592.97	13.54	7.35	5.67	123.97	4189.94
重庆	175.71	4.88	2.10	1.59	119.49	3257.24
广西	218.45	3.55	2.55	1.62	116.70	4551.57
甘肃	82.00	1.02	0.95	0.47	115.97	4624.99
福建	374.42	4.88	4.32	2.95	115.32	6036.78
内蒙古	233.86	2.20	2.68	1.51	114.42	6848.15
河南	412.87	5.28	4.47	2.38	108.17	4499.73
山西	211.61	1.66	2.22	1.20	104.69	7232.04
安徽	346.92	4.98	3.63	2.34	104.68	4691.75
四川	484.23	5.86	5.05	3.91	104.25	6665.70
黑龙江	290.10	3.44	3.00	1.94	103.36	5631.30
湖北	381.81	10.98	3.78	1.95	98.93	1779.69
广东	2038.49	24.27	19.23	12.15	94.32	5006.86
河北	561.50	5.18	4.71	2.53	83.81	4874.91
贵州	164.30	2.27	1.30	0.50	79.36	2213.70
湖南	527.13	12.11	4.15	2.65	78.78	2186.17
吉林	310.49	5.63	2.19	1.11	70.47	1969.74
海南	92.60	1.51	0.60	0.32	64.76	2148.20
江西	169.97	0.95	0.75	0.39	44.20	4044.43

表4－22按照各省生育保险“人均保险费支出”一列的数据进行降序排列，它显示了各省生育保险直接支出成本对参保者个人带来的经济负担。我们

可以看到，我国绝大部分省份的生育保险人均保险费支出都在150元以下，最低的江西省只有44.20元，超过150元的省份有北京、青海、天津、西藏、上海、新疆、江苏和山东，既有位于东部沿海的经济发达省市，也有位于西部偏远的经济相对落后省市，这就带来了生育保险负担与经济发展水平是否相适应的问题，西部落后地区的生育保险参保人员可能承担着较为沉重的生育保险费负担。此外，我们也可以看到，生育保险费的缴纳与生育保险金的领取在绝对数额上并不存在必然的对等关系，以江西省为例，尽管其人均生育保险费只有44.20元，但生育者领取的生育保险金却达到了4044.43元，在绝对数上超过了新疆、陕西等生育保险费较多的省市。生育保险金的支出一方面反映的是生育保险项目直接支出成本的规模，但同时也显示了生育保险的保障力度，我国有必要在生育保险的负担水平与经济发展水平、生育保障力度、覆盖范围的协调上有更多的改进。

第五章

实证分析之二：我国实施社会保障权资金方面的交易成本

我国实施社会保障权资金方面的交易成本的影响因素，主要包括筹集模式与筹集成本、筹集机构与筹集成本、投资机构与投资成本、投资途径与投资成本、支付条件与支付成本、支付机构与支付成本等六个方面的内容。由于社会保障资金在社会保障体系中的重要地位，努力降低社会保障权资金方面的交易成本对于实施公民的社会保障权有非常重要的意义。

第一节　我国社会保障资金的筹集模式与筹集成本

社会保障资金的筹集模式主要是针对社会保障项目中的养老保险而言的。我国每年面对的养老风险都在不断加大，特别是在当前人口老龄化越来越严重的情况下，养老保险在可预见的几十年内支付压力将不断增大，也正因为如此，学术界非常关注养老保险筹资模式的选择问题。

一、我国社会保障资金筹集模式选择的争议

关于养老保险筹资模式选择的争议，主要涉及到的是对现收现付制和完全积累制两种筹资模式孰优孰劣的比较，国外学者在这方面最先进行了探索。在养老保险建立之初，几乎所有国家都是实行现收现付制的资金筹集模式，Samuelson（1958）在世代交叠模型中证明了现收现付制虽然不能像完全积累制一样取得养老保险资金的投资收益，但可以获得“生物收益”，而“生物收益率”等于人口的增长率。此后，Aaron（1966）在Samuelson研究的基础上引入劳动生产率因素，提出在人口增长率和劳动生产率之和大于市场实际利率的条件下，现收现付制养老保险筹资模式要优于完全积累制。但随着西方国家人口老龄化进程的加快，不断有学者提出要用完全积累制替代现收现付制。如Feldstein（1974）认为，现收现付制养老保险筹资模式会降低私人储蓄，从而

减少投资，不利于经济的增长。尽管许多国家还是以现收现付制作为养老保险筹资的主要模式，但部分国家开始实行积累制的筹资模式，经济学家在这些国家发现了一些问题，如 Natay 和 Shoven（2004）的研究证明，尽管养老保险资金的积累可以提高私人储蓄率，但如果政府的消费率也随之上升，则社会的总储蓄率并没有变化。

从经济发展的总体水平来看，我国始终属于发展中国家，但我国的人口年龄结构却出现“未富先老”的趋势，在经济水平相对落后的条件下进入人口老龄化社会，而人口老龄化社会的到来则是我国养老保险筹资模式争议的原因所在。由于完全积累制需要面对巨额的转轨成本和基金保值增值压力，国内学者一般不主张在我国实行完全积累制，而是大部分主张在我国实行部分积累制，即我国当前实行的“统账结合”的养老保险筹资模式。“统账结合”指的是，养老保险社会统筹账户实行现收现付制，用于支付当期退休人员的养老金支出，个人账户部分实行完全积累制，用于支付当期劳动者在将来退休时的养老保险支出，如林义（1994）等所主张的。由于部分积累制筹资模式会产生部分的养老保险转轨成本，而政府却不承担相应的成本，致使个人账户名存实亡，不少学者提出要对当前“统账结合”的部分积累制筹资模式进行完善，如张国平（2005）提出，要实现统筹账户与个人账户的板块式结合，对两者实行两套独立的管理系统，寇国明、邱长溶（2008）则提出，要实现基本养老保险个人账户基金的市场化运营，殷俊（2002）则认为，我国养老保险应选择部分积累制并实现养老保险资金的“宏观积累模式”，即涵盖社会养老保险、补充养老保险、储蓄养老保险三大支柱的积累模式。然而，也有许多学者认为，现收现付制养老保险筹资模式相对于我国当前“统账结合”的部分积累制来说会是更好的选择，如朱青（2001）认为，我国养老保险并不具备转向积累制的必要性与可能性，我国应该选择一种有利于提高社会劳动生产率的资金筹集模式。

二、社会保障资金筹资模式与资金转移的测算

从第三章第五节对“社会保障资金的筹集模式”的分析可以看出，一个经济体的养老保险制度无论实行的是现收现付制还是完全积累制筹资模式，只要通过当期政府收取养老保险缴费（税）或通货膨胀税来改变各经济主体持有的货币占经济体中全部货币总量的比重，都可以实现当期社会总产品在在职人员和退休人员之间的有效分配，两者在养老保险功能的发挥上是等效的。我

们可以对现收现付制和积累制条件下养老保险资金的转移状况进行测算：

假设一个经济体在 t 期的替代率为 m，其中：替代率指的是退休人员退休金占在职工人工资的比重，同时，对当代人的平均消费需求进行标准化，则 m 也表示了退休人员的平均消费需求；在职人员占总人口的比重为 n，则赡养率即每单位在职人员赡养的退休人员的数量为（1－n）/n；全部在职人员作为一个经济主体在 t 期的总工资为 p；实行养老保险制度积累的养老保险资金在 t 期支出的金额为 q；在 t 期在职人员向退休人员支付的养老保险金为 b。根据在职人员与退休人员分别作为经济主体所占有的货币数量的比值应等于他们分别对社会总产品的需求量的比值，可以得出：

$$\frac{\text{货币}}{\text{商品需求}}=\frac{p-b}{n}=\frac{q+b}{(1-n)\ m}$$

分别对不同的替代率、赡养率、积累率条件下的我国养老保险资金的转移方向和数量进行预测，结果见表 5－1：

表 5－1　养老保险资金转移方向和数量测算表①

替代率	赡养率	$q=0$	$q=\frac{1}{64}p$	$q=\frac{1}{31}p$	$q=\frac{1}{16}p$	$q=\frac{1}{8}p$	$q=\frac{1}{4}p$	$q=\frac{1}{2}p$	$q=p$
50%	20%	$\frac{1}{11}p$	$\frac{27}{352}p$	$\frac{1}{16}p$	$\frac{3}{88}p$	$-\frac{1}{44}p$	$-\frac{3}{22}p$	$-\frac{4}{11}p$	$-\frac{9}{11}p$
	50%	$\frac{1}{5}p$	$\frac{3}{16}p$	$\frac{7}{40}p$	$\frac{3}{20}p$	$\frac{1}{10}p$	0	$-\frac{1}{5}p$	$-\frac{3}{5}p$

① 我国当前的养老保险替代率较高，有的地区甚至达到了 100%，而世界大部分国家的养老保险替代率一般在 50%～60% 左右，所以，本书选取的养老保险替代率分别为 50%、80%、100%；根据劳动部课题组（1994）的测算，我国 2000 年的赡养率为 19.91%，此后逐年递增，并将在 2050 年达到 46.40% 的峰值，所以，本书选取的赡养率分别为 20%、50%；当 q＝0 时，表示没有养老保险资金的积累，即实行现收现付制养老保险筹资模式，q＝np 表示在积累制下我国积累的养老保险资金占当期在职职工收入的 n 倍。

续表

替代率	赡养率	$q=0$	$q=\frac{1}{64}p$	$q=\frac{1}{31}p$	$q=\frac{1}{16}p$	$q=\frac{1}{8}p$	$q=\frac{1}{4}p$	$q=\frac{1}{2}p$	$q=p$
80%	20%	$\frac{4}{29}p$	$\frac{231}{1856}p$	$\frac{32}{928}p$	$\frac{39}{464}p$	$\frac{7}{232}p$	$-\frac{9}{116}p$	$-\frac{17}{58}p$	$-\frac{21}{29}p$
	50%	$\frac{2}{7}p$	$\frac{123}{448}p$	$\frac{59}{224}p$	$\frac{27}{80}p$	$\frac{11}{56}p$	$\frac{3}{28}p$	$-\frac{1}{14}p$	$-\frac{3}{7}p$
100%	20%	$\frac{1}{6}p$	$\frac{59}{384}p$	$\frac{9}{64}p$	$\frac{11}{96}p$	$\frac{1}{16}p$	$-\frac{1}{24}p$	$-\frac{1}{4}p$	$-\frac{2}{3}p$
	50%	$\frac{1}{3}p$	$\frac{31}{96}p$	$\frac{5}{16}p$	$\frac{7}{24}p$	$\frac{1}{4}p$	$\frac{1}{6}p$	0	$-\frac{1}{3}p$

从表 5－1 中可以看出，当 q＝0 时，我国实行的是现收现付制养老保险筹资模式，为了保证退休人员的正常养老需要，政府要从当期在职人员的货币收入中收取一部分养老保险费（税），而随着替代率和赡养率的提高，收取的养老保险费（税）占当期在职职工全部收入的比重也就越高，当替代率为 100%、赡养率为 50% 时，该比重为 33.3%，也就是说，此时政府需要从在职人员中收取其全部收入的 33.3% 来满足退休人员的养老需求。而在实行积累制的养老保险筹资模式下，养老保险资金的转移方向和数量随着积累的养老保险资金的规模而发生改变。随着积累的养老保险资金占当期在职职工全部收入比重的提高，政府需要收取养老保险资金的规模随之下降，甚至在一定条件下出现逆向转移的现象，即积累的养老保险资金补贴在职职工，如当积累的养老保险资金占当期在职职工全部收入的二分之一以上时，在本书设定的替代率和赡养率下都出现了逆向转移的情况。通常，养老保险资金的逆向转移都是通过通货膨胀税的形式实现的，养老保险资金积累的规模占全部在职职工收入的比重越高，通货膨胀税的税率也就越高。

从上面的分析中可以看出，虽然现收现付制在不同积累率条件下筹集的养老保险资金存在很大的差异，但通过当期的养老保险费（税）或通货膨胀税的形式，可以实现在职人员与退休人员所占有资金总量的双向互动，实现当期社会总产品在退休人员与在职人员间的有效分配，无论实行现收现付制还是完全积累制筹资模式，养老保险制度的养老功能都是等效的。

三、现收现付制与完全积累制筹资模式在成本上的差异性

现收现付制与完全积累制作为两种完全不同的养老保险筹资模式，两者在制度运行的成本上有很大的差距，总体而言，现收现付制的成本要低于完全积累制。

养老保险资金的筹集成本是现收现付制与完全积累制这两种筹资模式共有的成本，在资金筹集机构相同的条件下，由于两种筹资模式所需要的养老保险资金规模是无差异的，所以，两者的筹集成本也应该是无差异的。而这两种筹资模式在成本上的差异，主要来自完全积累制条件下养老保险资金需要支付的资金投资运营成本，以及面临未来通货膨胀所导致的资金贬值风险，而资金贬值风险从另一个角度来讲，实际上也是养老保险资金面临的潜在成本。

在实行完全积累制的养老保险筹资模式条件下，为了保证当期筹集的养老保险资金能满足在职人员未来退休时的养老需求，政府必须设立机构或委托机构对积累的养老保险资金进行投资。由于完全积累制条件下积累的养老保险资金规模非常庞大，而我国现阶段政府的行政成本非常高，因此，要再设立一个专门的养老保险资金投资机构的成本同样是比较高昂的。同时，由于我国市场经济体制的不完善，许多国家实行的由私人机构运营养老保险资金的投资方式在我国政府监管能力有限的条件下，不仅存在较高的人力和物力成本，而且资金运营风险的控制也难以保证。此外，大规模养老保险资金实现有效运营的前提是具有完善且规模庞大的金融市场体系，但我国当前的金融市场体系并不成熟，与发达国家相比有较大差距，这也进一步增加了我国完全积累制养老保险筹资模式的成本。

实行完全积累制筹资模式积累的养老保险资金面临的另一个巨大成本是通货膨胀风险。通货膨胀在任何一个使用纸币的经济体中都不可避免，虽然恶性通货膨胀可以通过一定的措施规避，但存在极大的不确定性。而完全积累制筹集的养老保险资金规模非常庞大，在面对恶性通货膨胀时往往会不堪一击。即使是正常情况下普遍存在的温和的通货膨胀，由于养老保险资金从缴纳到支付

的周期很长，往往长达几十年。无疑，在如此长周期的资金存续期即使在温和通货膨胀的条件下，也将面临巨大的贬值风险，而这显然是现收现付制条件下养老保险资金完全不需面对的成本。

我们设 F_t 为 t 期的养老保险资金，F_{t+1} 为 t+1 期的养老保险资金，i_t 为资金在 t 期通过运营实现的收益率，π_t 为 t 期的通货膨胀率。养老保险资金在 t+1 的资产可以由如下公式表示：$F_{t+1}=F_t(1-\pi_t)+F_t(i_t-\pi_t)$。要实现社会保障基金在 t+1 期时的资产大于 t 期时的资产，即实现基金真正的保值增值，必须满足条件 $F_{t+1}\geq F_t$，则可以得到公式：$F_t(1-\pi_t)+F_t(i_t-\pi_t)\geq F_t$。

经计算，可以得到基金投资平衡条件：$i_t\geq 2\pi_t$。

通过上式，我们可以知道，对于一笔养老保险资金在通货膨胀条件下要实现保值，即在 t+1 期时的资金价值等于 t 期时的资金价值，则该资金在 t 期运营必须实现名义收益率达到当期通货膨胀率的两倍。而要实现资金的增值，则必须要求 $i_t\geq 2\pi_t$，即资金在 t 期运营必须实现名义收益率大于当期通货膨胀率的两倍。而一旦不满足 $i_t\geq 2\pi_t$ 的条件，即表明养老保险资金在该年度实际上处于贬值状态。养老保险资金的贬值状态实际上也就意味着，选择完全积累制作为养老保险筹资模式而存在的成本。我国养老保险资金由于统筹层次低，各地区各自为政，基本上未处于投资运营的状态，养老保险的收益率非常低，远远不能满足 $i_t\geq 2\pi_t$ 的条件。

此外，社会保障模式的选择也影响我国社会保障监督成本。积累制养老保险筹资模式积累了大量社会保障资金，为了维护这笔资金的安全，相关部门需要付出巨大的监督成本。而现收现付制的养老保险筹资模式由于没有或很少积累社会保障资金，相应的监督成本也就可以避免。

四、现收现付制与完全积累制筹资模式在储蓄率上的差异

现收现付制养老保险筹资模式条件下，采取以支定收的原则，政府根据当期养老保险资金支出的需求确定当期的缴费（税）率，追求资金的短期平衡，因此，每年养老保险资金的结余较少，甚至没有结余。在这样的条件下，养老保险资金不可能形成一笔数量可观的国民储蓄资金，它对储蓄率几乎不存在影响。完全积累制养老保险筹资模式则正好相反，政府采取在职人员自我积累的原则，根据预测当期在职人员在未来退休期所需要的养老保险支出来确定当期的缴费（税）率，筹集的养老保险资金不用于当期养老保险支出，而是进行

资金的运营积累，用于满足资金缴付者在退休阶段的养老金支出需求，追求资金的长期平衡。在这样的条件下，每年都会积累一笔数量可观的养老保险资金，并且随着人口结构中在职人员占总人口比重的增加而增加。每年积累的养老保险资金形成了国民储蓄，从而极大地提高了储蓄率。表 5 –2 显示了 1998 ~2010 年我国城镇基本养老保险金收入、城乡居民人民币储蓄存款余额、国内生产总值以及它们的比值关系：

表 5 –2　1998 ~2010 年我国养老保险与国民储蓄相关数据①

年份	城镇基本养老保险基金收入（亿元）（i）	城乡居民人民币储蓄存款余额（亿元）（g）	国内生产总值（亿元）（GDP）	$\frac{i}{g}$	$\frac{I}{GDP}$
1998	1459.0	53407.5	84402.3	2.73%	1.73%
1999	1965.1	59621.8	89677.1	3.30%	2.19%
2000	2278.5	64332.4	99214.6	3.54%	2.30%
2001	2489.0	73762.4	109655.2	3.37%	2.27%
2002	3171.5	86910.7	120332.7	3.65%	2.64%
2003	3680.0	103617.7	135822.8	3.55%	2.71%
2004	4258.4	119555.4	159878.3	3.56%	2.66%
2005	5093.3	141051.0	184937.4	3.61%	2.75%
2006	6309.8	161587.3	216314.4	3.90%	2.92%
2007	7834.2	172534.2	265810.3	4.54%	2.95%
2008	9740.2	217885.4	314045.4	4.47%	3.10%
2009	11490.8	260771.7	340506.9	4.41%	3.37%
2010	13419.5	303302.2	401202.0	4.42%	3.34%

从表 5 –2 中可以看出，我国每年筹集的城镇基本养老保险基金收入在绝对规模上非常庞大，它与城乡居民人民币储蓄存款余额、国内生产总值的比值较高，但在现收现付制条件下我国当期养老保险收入都用于当期的支出，养老

① 数据来源：根据《中国统计年鉴》2011 整理计算。

保险制度对储蓄率的影响非常小。如果实行完全积累制，假设每一代退休人员养老保险资金的支付期为15年，则按照15年积累起来的养老保险资金的规模将会非常庞大，如以2010年城镇基本养老保险基金收入分别占城乡居民人民币储蓄存款余额、国内生产总值的比值为例，将会积累起相当于2010年城乡居民人民币储蓄存款余额的66.37%、国内生产总值50.17%的养老保险资金。可以看出，现收现付制和完全积累制养老保险筹资模式在对储蓄率影响上的差异性是巨大的。

五、与我国养老保险筹资模式选择相关的现实经济条件

现收现付制与完全积累制养老保险筹资模式的差异，主要集中于它们对储蓄率的影响和各自导致的成本差异上，因此，与我国养老保险筹资模式的选择相关的现实经济条件主要集中于我国的储蓄率水平。

我国的储蓄率一直以来都保持在较高的水平，图5-1显示的是从1990～2010年以城乡居民人民币储蓄存款余额占国内生产总值表示的我国储蓄率水平：

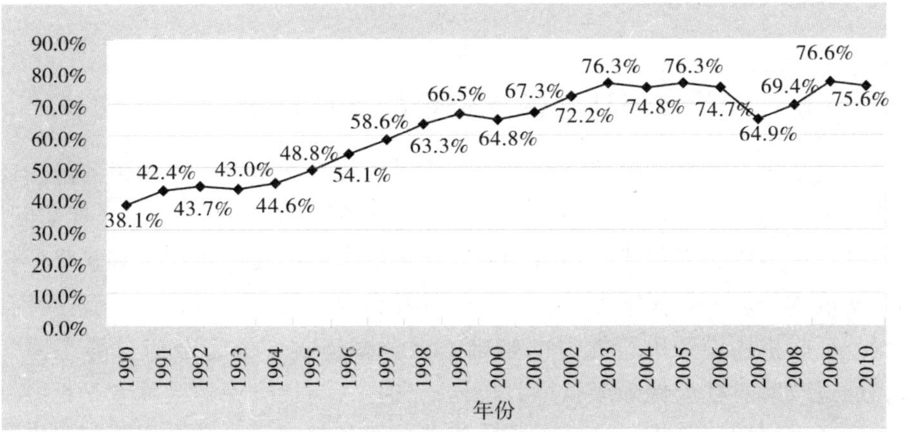

图5-1　我国1990～2010年储蓄率水平

从图5-1中可以看出，我国的储蓄率水平从1990年到2001年处于持续上升的状态，从1990年的38.1%上升到了2001年的67.3%，而在2002年以后则保持在70%左右的水平，如此高的储蓄率水平与世界其他国家相比是非常罕见的。我国一直以来存在的较高储蓄率水平，实际上与我国居民收入分配差距过大和社会保障体制不完善有很大关系。过大的收入分配差距使高收入阶

层虽然有商品购买力，但由于较低的边际消费倾向而有相当一部分收入转化为储蓄，低收入阶层虽然有较高的边际消费倾向却没有足够的收入支撑自身的消费需求。此外，不完善的社会保障制度使得部分中等收入阶层虽然有一定的购买力，但为了满足自身未来非预期支出的需要将大部分收入转化为了储蓄。

尽管一个国家的储蓄存在着由储蓄到投资形成固定资产再到经济增长的过程，但并不是储蓄越多经济增长的速度就越快，而是存在一个最优储蓄率的问题。如袁志刚（2001）的研究指出，养老保险体系无论是采用现收现付制还是完全积累制，只要一个经济的最优储蓄率能够得到保证，养老金增长的物质基础是完全一样的。而我国一直以来存在的相对较高的储蓄率水平实际上已经大大超出了保证经济增长的最优储蓄率水平，在这样的条件下，无论是采取不影响储蓄率水平的现收现付制，还是大大提高储蓄率水平的完全积累制养老保险筹资模式，我国经济增长的最优储蓄率水平都是能够得到保证的。因此，从我国当前存在的较高的储蓄率水平这一现实经济条件出发，现收现付制和完全积累制养老保险筹资模式在对储蓄率影响上的差异，并不是决定我国养老保险筹资模式选择的主要因素。

第二节　我国社会保障资金的筹集机构与筹集成本

我国学术界对社会保障资金筹集机构的选择存在争议，该由税务部门还是社会保障部门来征收社会保障缴款不仅是一个理论问题，更是一个现实问题，选择社会保障资金筹集成本最低的机构从事资金的征缴工作，有利于降低资金的筹集成本，从而最大限度地实现公民的社会保障权利。本书在对我国社会保障缴款征收机构设置进行探讨的基础上，尝试建立一个完全信息静态博弈模型，通过政府对社会保障缴款征收机构的选择，与社会保障缴款者是否缴款行为的选择进行博弈分析，论证我国应该选择税务部门还是社会保障部门来征收社会保障缴款。同时，本书还选取英国和俄罗斯的社会保障缴款征收机构改革进行案例分析，为我国社会保障缴款征收机构的改革提供经验借鉴。

一、我国社会保障缴款征收机构设置的情况

由于传统行政管理体制的影响，目前，我国实际参与社会保障资金管理的机构，除了劳动和社会保障部门以外，还有民政、金融、卫生、财政等部门。多元化的管理体制形成了部门分割、地区分割、城乡分割、不同所有制分割的

局面，严重影响了资金统筹能力，也极大地增加了管理成本。单以社会保障征缴机构设置为例，作为行政执法机关，各级社保经办机构必须在法律规定的范围内实施行政行为，但由于我国迄今无统揽社会保障机构设置的相关规范，因而使我国社会保障缴款的征收过程中，除税务机关以外，社会保障经办机构的设置过于灵活、混乱。

在县级社会保障经办机构的设置中，存在两个突出问题：一是各县（区）经办机构的内设机构名称、设置、规格、职能等不统一。有的按险种设置，有的按业务流程设置，有的既不按险种也不按流程设置，造成业务经办环节多、行政沟通困难、费用成本加大、政策贯彻受阻。二是在社会保障部门自行征收社会保障缴款的情况下，随着社会保障覆盖面的扩大，社会保障力度提高，人员编制紧张的状况日益凸显。据统计，截止 2006 年底，经办机构总数达到 7455 个，工作人员达到 12.5 万人。到 2007 年底，全国社会保障经办机构总数 7434 个，尽管比上年末减少 21 个，但工作人员达到 12.9 万人，比上年末增加 4349 人，增长约 3.5%。且即使如此，仍明显地感觉到人员编制紧张、社会保障机构能力不足。据贵州省安顺市社保局的统计，全市社会保障经办机构现有 136 人，人均要管理参保职工 4800 人，为 2200 名参保职工建立个人账户，收缴保险费 260 万元（不含各级财政拨款和中央转移支付）。而据有关部门的预测，到 2020 年，我国养老保险参保人数约为 9.11 亿，医疗保险参保人数约为 14.5 亿，失业保险参保人数 5.28 亿，工伤保险参保人数 9.11 亿，生育保险参保人数 3.51 亿，将需要在编人员 72.8 万①。显然，继续按现有思路发展机构，则机构设置和人员的膨胀将是极为惊人的。

二、政府与缴款者博弈模型的建立及均衡分析

我国在社会缴款征收机构设置上的混乱，迫使我们必须在理论上阐明选择哪一个机构作为资金的征缴机关才是最优的选择，从而为解决我国社会保障实践中关于机构设置问题的争议提供理论上的指导。本书通过建立政府与缴款者博弈模型来尝试对该问题进行理论上的分析。

（一）基本假设

1. 理性人假设：假设参与博弈的双方即作为社会保障缴款征收方的政府

① 数据来源：杨燕绥，社会保险经办机构能力建设研究［M］，北京：中国劳动社会保障出版社，2011。

和社会保障缴款缴纳方的缴款者都是理性的。在博弈模型中，政府通过合理选择社会保障缴款的具体征收机构来实现政府收入的最大化，而缴款者通过一定概率的缴款或者不缴款的选择来支付最少的资金从而实现自身利益最大化，即博弈双方无论选择怎么样的行动，其目标都是为了实现自身利益的最大化。

2. 可信性假设：假设税务部门有高素质的业务操作人员，只要社会保障缴款的缴款者有偷、逃、漏缴款的行为发生，一经税务部门检查便可被发现，而社会保障机构不具有有效检查缴款者偷、逃、漏缴款的能力。这一假设实际上也比较符合实际情况，因为税务部门作为国家税款的征缴机构拥有更专业的税务检查人员，他们有着丰富的税务检查经验，有能力承担检查社会保障缴款者是否依法缴款的重任，而社会保障部门在人员业务素质上不具有这样的优势。

3. 有效性假设：假设税务部门征收社会保障缴款的成本比社会保障部门征收社会保障缴款的成本更低，更有效率。这一假设也与实际情况相符，因为税务部门有丰富的征收经验和较强的征收能力，在承担征缴国家税款的同时再增加一项社会保障缴款的征收，可以以较低的边际成本带来较高的边际效益。

（二）模型设定

博弈的双方包括政府和缴款者，政府的纯战略是选择由税务部门或社会保障部门征收社会保障缴款。当选择税务部门时，政府可以对缴款者实行有效的检查，但必须支付数额为 C 的检查成本；当选择社会保障部门时，社会保障部门由于没有高素质的专业检查人员，以及自身较高的运行费用导致的高额的检查成本，以致无法对缴款者实行有效的检查，从而当选择社会保障部门时政府不对缴款者进行检查，也不发生检查成本。缴款者的纯策略是选择缴款或不缴款。设应纳社会保障缴款为 M，缴款者选择不缴纳而被检查到时受到的罚款为 P。表 5 - 3 概括了与不同纯策略组合相对应的支付矩阵：

表 5－3　政府与缴款者博弈模型

		缴款者：缴款	缴款者：不缴款
政府	税务部门	M－C，－M	M－C＋P，－M－P
	社保部门	M，－M	0，0

这里假设 $M+P>C$，因为如果 $M+P\leqslant C$ 则政府对缴款者进行检查的收益小于等于零，政府就没有检查的必要了。在上述假设条件下，本模型不存在纯战略纳什均衡，因为给定政府选择税务部门征收社会保障缴款，缴款者的最优战略是选择缴款；给定政府选择社保部门征收社会保障缴款，缴款者的最优战略是选择不缴款；给定缴款者选择缴款，政府的最优战略是选择社保部门征收社会保障缴款；给定缴款者选择不缴款，政府的最优战略是选择税务部门征收社会保障缴款，如此等等，没有一个战略组合构成一个纯战略纳什均衡。

（三）均衡分析

尽管上面的模型不存在纯战略纳什均衡，但却存在混合战略纳什均衡。假设政府以 α 的概率选择税务部门作为社会保障缴款的征收机构，缴款者以 β 的概率选择不缴纳社会保障缴款。

给定 α，则缴款者选择不缴纳社会保障缴款（$\beta=1$）和缴纳社会保障缴款（$\beta=0$）的期望收益分别是：

$$\pi N(\alpha,1)=(-M-P)\alpha+0(1-\alpha)=-M\alpha-P\alpha$$

$$\pi N(\alpha,0)=-M\alpha+(-M)(1-\alpha)=-M$$

解 $\pi N(\alpha,1)=\pi N(\alpha,0)$，可得 $\alpha^{*}=M/(M+P)$。即如果政府选择税务部门征收社会保障缴款的概率小于 $M/(M+P)$，则缴款者的最优战略是选择不缴纳社会保障缴款；如果政府选择税务部门征收社会保障缴款的概率大于 $M/(M+P)$，则缴款者的最优战略是选择缴纳社会保障缴款；如果政府选择税务部门征收社会保障缴款的概率等于 $M/(M+P)$，则缴款者的最优战略是随机选择不缴纳或缴纳社会保障缴款。

给定 β，则政府选择以税务部门作为社会保障缴款征收机构（$\alpha=1$）和选择以社会保障部门作为社会保障缴款征收机构（$\alpha=0$）的期望收益分别为：

$\pi G(1, \beta) = (M-C)(1-\beta) + (M-C+P)\beta = M-C+P\beta$

$\pi G(0, \beta) = M(1-\beta) + 0\beta = M-M\beta$

解 $\pi G(1, \beta) = \pi G(0, \beta)$，可得 $\beta^* = C/(M+P)$。即如果缴款者选择不缴款的概率小于 $C/(M+P)$，则政府的最优战略是选择社会保障部门征收社会保障缴款；如果缴款者选择不缴款的概率大于 $C/(M+P)$，则政府的最优战略是选择税务部门征收社会保障缴款；如果缴款者选择不缴款的概率等于 $C/(M+P)$，则政府的最优战略是随机地选择社会保障部门或者税务部门作为征收社会保障缴款的征收机构。

由上面的分析可以得出，本博弈模型的混合战略纳什均衡是 $\{\alpha^* = M/(M+P), \beta^* = C/(M+P)\}$；即政府以 $\alpha^* = M/(M+P)$ 的概率选择税务部门作为社会保障缴款的征收机构，缴款者以 $\beta^* = C/(M+P)$ 的概率选择不缴款。这一混合战略纳什均衡的一个更符合实际的解释是，在现实经济生活中，有许多缴款者，其中：$C/(M+P)$ 比例的缴款者选择不缴款，$(1-C/(M+P))$ 比例的缴款者选择缴款，政府的社会保障缴款征收机构随机选择 $M/(M+P)$ 的缴款者进行检查。

三、我国由税务部门征收社会保障缴款是最优战略

从政府与缴款者博弈模型中我们可以看到，政府的最优战略是随机选择 $M/(M+P)$ 的缴款者进行缴款检查，或者说，政府以 $M/(M+P)$ 的概率选择税务部门作为社会保障缴款的征收机构，由此可以实现政府社会保障缴款收入的最大化。尽管我国存在着税务部门和社会保障部门共同征收社会保障缴款的混乱局面，但从各省市的实际情况来看，我国政府目前还无法实现随机选择 $M/(M+P)$ 的缴款者进行缴款检查的目标。社会保障缴款的 M 要远远大于作为罚款的 P，因此，$M/(M+P)$ 是一个趋近于 1 的数值，由于在现实经济生活中社会保障部门无法对缴款者的缴款行为进行有效的检查与监督，就必须有占总征收机构 $M/(M+P)$，也就是趋近于 1 的比例的税务部门进行社会保障缴款的征收。并且在国际社会中出于制度统一的目的，一个国家大多往往都选择一个部门作为社会保障缴款的征收机构，因为 $M/(M+P)$ 是一个非常趋近于 1 的数字，因此，为了制度统一的需要，避免各省由不同机构征收社会保障缴款带来的制度不统一和各种弊端，我国有必要实行由税务部门统一征收社会保障缴款的制度。同时，应该赋予税务部门自行决定是否检查的权力，由

税务部门随机选择 M/（M + P）的缴款者进行检查，从而实现政府社会保障缴款收入的最大化。截止到 2010 年 1 月，我国大陆 31 个省级行政区中有 20 个省级行政区由地方税务机关征收社会保障缴款①，由税务部门征收社会保障缴款的省市的比例达到 64.4%，但远远没有达到趋近于 1 的比例，这导致了政府社会保障缴款收入最大化的目标难以实现。因此，我国社会保障缴款征收机构的改革工作还存在很大的帕累托改进空间。

我国自 2011 年 7 月 1 日起实施的《中华人民共和国社会保险法》第五十九条明确规定，社会保险费实行统一征收，实施步骤和具体办法由国务院规定。如果我国以选择一个机构统一负责征收社会保障缴款作为改革目标，则我们的政府与缴款者博弈模型可以提供有价值的指导，它已在理论上证明，选择税务部门作为社会保障缴款的征收机构，是降低社会保障缴款的征缴成本的重要途径。

四、社会保障资金筹集机构选择与成本的案例分析

案例一：英国将社会保障部的征收机构并入税务署。

1999 年以前，英国的社会保障缴款由社会保障部的代理机构负责征收，并记录投保人的社会保障缴款的缴纳情况，征收后再将资金转交给社会保障基金会。同时，该机构也负责征收法定医疗保险、法定产妇医疗保险和可协议退出的国家收入相关养老金计划的社会保障缴款。这些征收代理机构共雇佣员工 8000 人。1998 年 11 月 25 日，英国上议院在“社会保障缴款议案（The Social Security Contributions）”中提出，政府部门应该更好地提供服务和方便纳税，并决定于 1999 年 4 月 1 日起将原社会保障部的社会保障缴款征收代理机构及其征收职能并入税务署，国家养老保险的社会保障缴款政策由税务署制定，但法定医疗保险、法定产妇医疗保险和可协议退出的国家收入相关养老金计划的政策由社会保障部制定。税务署和财政部负责社会保障基金的管理和监控。英国皇家财政部认为，将原社会保障部的社会保障缴款征收代理机构及其职能并入税务署的优势在于：第一，将使税收和社会保障缴款的政策目标更加一致，有助于实现政府的长期目标；第二，通过同一个机构来征收税收和社会保障缴款，可以使企业和其他纳税人不必到不同的机构进行分别缴纳，进而有助于降

① 中央政府门户网站：《税务总局：税务机关 4 年征各项社保费近 1.8 万亿元》，http://www.gov.cn/gzdt/2010-01/05/content_1503429.htm。

低纳税人的纳税成本；第三，有助于减少偷漏税行为，更好地利用征收资源，从而实现纳税公平；第四，两部门合并能充分利用征管资源提高服务质量，给纳税人税款缴纳提供方便，进而提高征收效率；第五，随着时间的推移，将使税收制度和社会保障缴款原则的统一变得更加容易；第六，两部门合并将精简一些机构，从而降低征收成本。

案例二：俄罗斯养老金“费改税”，征收机关由社会保障部门改为税务部门①。

2000 年 8 月 5 日，普京签署新的《税法典》，将原来的三种国家预算外基金即退休基金、社会保险基金、强制医疗保险基金合在一起，改为征收统一社会税。该税种于 2001 年 12 月 31 日俄罗斯联邦第 198 号法律通过，2002 年 1 月 1 日起正式施行。至此，俄罗斯养老保险的缴费形式发生了巨大变化，即养老保险费由改革前的缴费形式变为以统一社会税形式缴纳。统一社会税属于联邦税，实质上类似于通常意义上的社会保障税。该税的开征，标志着俄罗斯自 1903 年开始实行的社会保障系统的巨大转变。相应地，征收机关由原来的社会保障部门改为税务部门。之所以做这种变革，起码有以下两个方面的原因。一是由税务部门征收可有效降低征收成本。改革前，俄罗斯四分之三的社会基金管理机构自己征收社会保障金，由于各险种均独立征收缴款，造成了许多重复性的工作。以养老基金为例，该基金通过一个由约 2400 个分布于全国各地的办公机构组成的网络进行资金的征缴。各基金会既要为征收缴款而支付成本，又要检查雇主是否缴纳了适当的缴款。因此，这种方法因征收成本较高、征收效率较低而受到批评。而利用税务部门征收最重要的社会保障资金——养老保险资金，有利于及时、足额征收资金，并降低征收成本。二是由税务部门征收有利于提高征缴力度。俄罗斯经济转轨带来了经济的结构性调整，大量劳动者从国有部门转移到非国有部门，原来独立分散管理征收的各基金管理机构无法对非国有部门的缴费实行强有力的监控，加上企业不配合以及财务上的困

① 2009 年 7 月 24 日俄罗斯又通过了第 212 号联邦法《俄罗斯联邦退休基金、俄罗斯联邦社会保险基金、强制医疗保险的联邦基金和区域基金的保险费用法》，而此法颁布实施的同时，俄罗斯统一社会税也相应失效，但该“保险费用法”明确规定：税收与非税收都是强制性征收。在这里，显然难以发现社会保障税或社会保障费的实质性区别。应该说，其根本原因就在于：现代社会保障缴款的收支符合税收的全部基本特征。参见庞凤喜：社会保障缴款“税”、“费”形式选择中若干问题辨析，《财政研究》2011 年第 10 期。

难，使养老基金很难做到缴款的应收尽收，从而引起大量偷逃缴费现象的发生。而利用税务部门的力量，可以有效地实施监控，提高征缴力度。

五、社会保险法对我国社会保障资金筹集成本的影响

2010 年 10 月 28 日我国通过了《中华人民共和国社会保险法》，该法律第五十九条明确规定，社会保险费实行统一征收，实施步骤和具体办法由国务院规定。该部法律自 2011 年 7 月 1 日起开始实施。我国社会保险法的颁布对我国社会保障资金的筹集成本可能会带来重大的影响。其根本原因在于，该法规定各项社会保险费实行统一征收，即或者由税务部门统一征收，或者由社会保障部门统一征收，如果国务院最终选择由税务部门统一征收社会保障资金，那么，我国社会保障资金的筹集成本将会大大降低；但如果国务院最终选择由社会保障部门统一征收社会保障资金，那么，与目前的社会保障资金征收现状相比，资金的筹集成本无疑将会大大提高。当前，我国关于社会保障资金征收机构选择的争议比较大，社会保险法在实施上留下了很大的回旋余地，具体的实施步骤由国务院规定，即虽然社会保险法于 2011 年 7 月 1 日起就开始实施，但社会保障资金征收机构的统一问题并没有明确的时间表。我们认为，社会保障资金征收机构的最终选择应充分根据其筹集成本加以取舍。

第三节　我国社会保障资金的投资机构与投资成本

我国进入投资运营阶段的社会保障资金，主要包括全国社会保障基金和养老保险、医疗保险中的个人账户基金，它们的投资收益直接决定着我国社会保障制度可持续运行的能力。但是，由于我国养老保险、医疗保险中的个人账户资金的投资运营并没有在全国层次上实现统筹，而且由于打通个人账户与社会统筹账户导致了个人账户出现“空账”问题，大部分地区养老保险、医疗保险中的个人账户资金并未真正处于投资运营状态，相关部门也未公开这两项资金的投资运营状况。具体来说，当前我国全部社会保障资金中，处于有效运营状态的只有中央政府于 2000 年设立的全国社会保障基金，它由全国社会保障基金理事会负责投资，每年通过年度报告的形式向社会公布基金大致的投资运营状况。鉴于数据的可得性，本书尝试通过对全国社会保障基金投资机构与投资成本的实证分析，来窥探我国社会保障资金的投资机构与相应的资金投资成本的关系。

一、当前社会保障资金投资机构的选择

就投资机构而言，全国社会保障基金从设立之初到 2003 年 6 月，全部基金都是通过全国社会保障基金理事会直接投资的方式进行投资。从 2003 年 6 月份开始，全国社会保障基金引入管理人和托管人对部分基金进行委托管理，而引入的管理人和托管人大多为私营投资机构。图 5－2 显示了从 2001 年到 2010 年全国社会保障基金中通过直接投资和委托投资的资产数额的变化趋势。

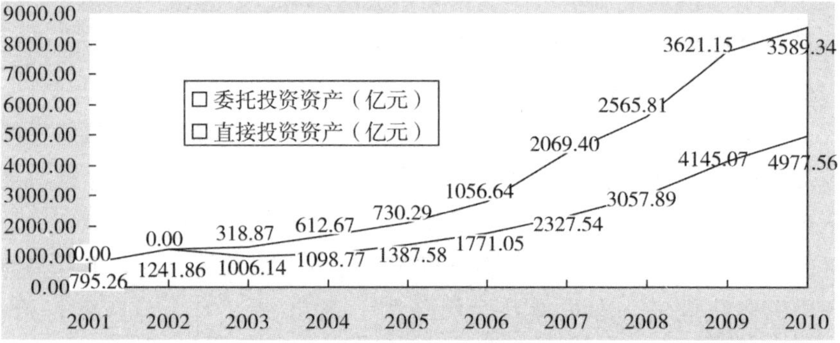

图 5－2　2001～2010 年全国社会保障基金委托投资、直接投资的变化趋势

从图 5－2 中我们可以看到，自从引入委托投资方式以后，全国社会保障基金中委托投资资产的规模发展非常迅速，占全部基金资产的比重越来越高。但是从长期而言，全国社会保障基金的委托投资资产的比重有待进一步调整。全国社会保障基金在 2010 年的总资产中有 4977.56 亿元的直接投资资产和 3589.34 亿元的委托投资资产，但不同投资机构投资收益的相关数据并没有公布。

二、我国社会保障资金投资机构选择对投资成本的影响

公营投资机构和私营投资机构在社会保障资金的投资成本上存在较大的差异。从总体上讲，由于公营投资机构的治理结构、运行机制等因素制约，公营投资机构在社会保障资金的投资成本上往往高于私营投资机构，而私营投资机构作为追求利润最大化的市场主体，在社会保障资金实际的投资运营过程中，往往更注意降低资金的投资成本。

我国实行社会主义市场经济体制以来，公有制企业的治理问题逐渐凸显，越来越多的公有制企业在市场经济的浪潮中被淘汰。在选择由公营投资机构从

事社会保障资金投资时，由于我国公营投资机构在治理结构上的高成本，导致了投资成本的高涨。公营投资机构作为公有制企业，企业的所有权、经营权以及投资收益权是相分离的，作为企业所有者的政府部门，不直接从事企业的经营，也不获得资金的投资收益，从事实际资金投资操作的企业管理人员也不获得资金的投资收益，资金的投资收益往往划入社会保障资金专门账户，在企业的实际运行过程中缺乏完善的激励机制。

正因为如此，我国已经有相当比例的社会保障资金采取委托私营机构的方式进行投资，而私营机构存在降低投资成本的激励。在投资成果与投资机构的收益相挂钩的情况下，投资机构为了实现自身收益的最大化，往往更注重于降低资金的投资成本。但是，选择由私营机构进行社会保障资金的投资会带来较大的市场风险。

第四节　我国社会保障资金的投资途径与投资成本

前已述及，由于我国当前全部社会保障资金中，处于有效运营状态的只有中央政府于2000年设立的全国社会保障基金，鉴于数据的可得性，本书在分析我国社会保障资金投资运营目标的基础上，继续尝试通过对全国社会保障基金的投资途径与投资成本的分析，来了解我国社会保障基金的投资途径与相应的资金投资成本间的关系。

一、社会保障基金投资运营的目标：保值增值

全国社会保障基金是中央政府建立的社会保障资金，它定位于国家的重要战略资金储备，主要用于弥补我国人口老龄化高峰时期的社会保障需要①。从全国社会保障基金的定位和用途中可以看出，全国社会保障基金的运营状况影响着我国在人口老龄化高峰到来时满足公民社会保障需求的能力，相应地，也就决定了全国社会保障基金投资的目标必须是实现基金的保值增值，因为不断处于贬值状态的社会保障基金，无法满足我国人口老龄化高峰时期对社会保障资金的需求。

实现基金的保值增值，是我国进行社会保障基金运营最重要的目标，但却

① 参见全国社保基金理事会投资部，社保基金的投资理念［EB/OL］，全国社会保障基金理事会网站，2008 年 5 月 5 日。

不是唯一目标，因为社会保障基金作为政府在将来应付各种原因导致支出增长的储备资金，是国家长治久安的基础，这也就必然要求我国在把保值增值作为社会保障基金运营目标的同时，还需要附加保证资金安全性、流动性等额外目标。如《全国社会保障基金投资管理暂行办法》第一章第四条规定：社保基金投资的基本原则是在保障基金资产的安全性、流动性的前提下实现基金的增值①。

二、我国社会保障资金投资途径对投资成本的影响

就投资途径而言，从2001年到2003年，基金的投资范围非常小，主要限于银行存款、国债和其他具有良好流动性的金融工具，具体包括上市流通的证券投资基金、股票、信用等级在投资级以上的企业债、金融债等有价证券。可以看出，在全国社会保障基金刚设立的时候，基金投资途径的选择是非常谨慎的，基本上是把安全性作为基金投资的第一目标。从2004年到2006年，全国社会保障基金的投资范围进一步扩大，除了上述投资途径以外，还增加了经国务院、财政部与劳动和社会保障部批准的指数化投资、股权投资、信托投资、资产证券化产品和产业投资基金等投资途径。这三年中，尽管投资途径得到了拓展，但相关部门对基金投资途径的监管还是比较严格，许多风险较大的投资项目需要经过主管部门批准。而从2007年到2010年，全国社会保障基金的范围又进行了进一步的调整。如从2007年开始取消了对指数化投资、股权投资、信托投资、资产证券化产品和产业投资基金等投资途径的审批限制；2008年由于我国股票市场的不景气，取消了股票指数化投资这一投资途径。此外，从2006年开始，全国社会保障基金还增加了境外投资这一途径，更大限度地拓展了基金的投资范围。

社会保障资金的投资途径影响资金的投资成本，主要体现为，它的投资范围较小则相应地对社会保障资金进行管理、投资途径选择、投资绩效评估等所花费的成本也就越低；反之，社会保障资金投资范围越广，则相应地资金投资成本越高。此外，社会保障资金投资范围的大小又同时影响着资金本身的安全性，投资途径越广，则社会保障资金投资的风险也就可以在更大的范围内进行分散。因此，随着我国全国社会保障基金投资途径的不断扩大，资金的投资成

---

① 参见财政部、劳动和社会保障部，全国社会保障基金投资管理暂行办法［EB/OL］，全国社会保障基金理事会网站1，2009年4月27日。

本也将相应地提高。

第五节　我国社会保障资金的支付条件与支付成本

我国已经初步建立了较为完整的社会保障体系，在项目种类上包含了养老保险、医疗保险、失业保险、生育保险、工伤保险、社会救济与抚恤等项目，各个社会保障项目都制定了详细的规章制度，符合条件的公民通过缴纳一定保险费的形式参加各个社会保障项目，只有在符合一定条件时，社会保障项目的参与者才能获得相应的社会保障金。各个社会保障项目都有一定的支付条件，而支付条件的变化直接影响了社会保障资金的支付成本。本书重点分析养老保险的具体支付条件对个人账户支付成本的影响。

一、养老保险个人账户支付成本的理论模型构建

改革开放以来，我国的养老保险制度经历了一个不断完善的过程。1997年国务院公布了《关于建立统一的企业职工基本养老保险制度的决定》，把社会统筹与个人账户相结合的模式作为我国养老保险的基本制度，并于2005年颁布了《关于完善企业职工基本养老保险制度的决定》，对“统账结合”的养老保险制度进行进一步完善。2011年7月1日起开始实施的《中华人民共和国社会保险法》则从法律条文上进一步明确规定了“统账结合”作为我国基本养老保险制度。当前，我国退休人员的基本养老金由基础养老金和个人账户养老金两部分组成，其中：个人账户养老金的发放标准按照个人账户的积累总额除以计发月数计算，因而计发月数、退休年龄、退休余命等因素的确定对个人账户养老金的发放有非常重要的影响。

在现有养老保险制度下，由于政府未能承担养老保险从现收现付制向部分积累制转变时的转轨成本，这部分成本实际上转嫁给了转轨后的养老保险制度承担。个人账户资金从征缴到支付，需要经历相当于劳动者一生工作周期长度的积累期，而目前这部分资金大部分用于支付养老保险制度当前的转轨成本，实际上并无积累。尽管实行“名义账户制”对我国来说可能更为合适，即个人账户只是名义上的，只作为公民养老保险金的记录账户，但不进行养老保险资金的积累，在资金的运行方式上采取现收现付制模式，但无论怎样，个人账户支付成本都是我国建立养老保险制度不可回避的问题。在现阶段，个人账户支付成本实际上是一种利益诱导机制，通过这笔支付成本的支出来引导劳动者

提高参加养老保险的积极性，足额缴纳养老保险费，确保劳动者按照法定年龄退休等，从而实现我国养老保险制度的平稳、持续运行。个人账户出现的支付成本可以由政府的财政补贴承担，在我国养老保险的实际运行中也确实是这样执行的，但过高的个人账户支付成本必然会带来沉重的财政负担，甚至导致严重的政府信用危机。因此，政府在设计养老保险制度时，必须充分考虑计发月数、退休年龄、退休余命等因素对养老保险个人账户支付成本的影响。本书尝试构建的养老保险个人账户支付成本模型如下：

$$TC_N = Z_{支出} - Z_{收入} \tag{5.1}$$

其中，设养老保险金开始支付时间 N 为现期，则 TC_N 表示养老保险个人账户支付成本的现值，$Z_{支出}$ 表示个人账户养老金支出的现值，$Z_{收入}$ 表示个人账户养老保险金收入的现值。

$Z_{收入}$ 的计算原理为，从劳动者每年工资薪金收入中提取一定比例的资金进入养老保险个人账户，劳动者每年的工资都会存在一定的增长率，此外，把积累的养老保险资金进行投资也会获得一定的投资收益率。把每年积累的个人账户资金进行加总，即可以得到 $Z_{收入}$。$Z_{支出}$ 的计算原理为，劳动者退休后每月获得的个人账户养老金是根据 $Z_{收入}$ 除以计发月数得到，则每月获得的个人账户养老金乘以 12 即可以得到每年获得的个人账户养老金。此外，由于通货膨胀因素的存在，政府每年都会对养老金参照通货膨胀的情况进行调整，以此抵消通货膨胀对退休人员正常生活的影响。根据 $Z_{收入}$ 和 $Z_{支出}$ 的计算原理，可以分别得到两者的计算公式：

$$Z_{收入} = w_0 a \sum_{t=1}^{n} (1+r)^t (1+\theta)^{n-t} = w_0 a \frac{(1+r)(1+\theta)^n - (1+r)^{n+1}}{\theta - r} \tag{5.2}$$

$$Z_{支出} = \frac{12 w_0 a}{b} \cdot \frac{(1+r)(1+\theta)^n - (1+r)^{n+1}}{\theta - r} \cdot \sum_{t=1}^{I} \frac{(1+\pi)^{t-1}}{(1+r)^{t-1}} \tag{5.3}$$

其中，w_0 表示劳动者参加工作时的初始工资；a 表示养老保险个人账户的缴费率；n 表示劳动者一生中进行工作的时间，这里假设劳动者从参加工作到退休一直处于连续工作状态，主要特征表现为劳动者初次参加工作到退休前每年都向个人账户缴纳养老保险金；r 表示利率；θ 表示每年的工资增长率；b 表示劳动者退休年龄所对应的养老保险个人账户计发月数；π 表示通货膨胀率。

同时，由于在劳动者退休后政府每年支付的养老保险金主要是为了维持劳动者的生活水平不变，可以假设政府每年对个人账户养老金标准进行提高的比率等于利率，则劳动者退休后每年的通货膨胀率等于利率，即 $r=\pi$，于是式（5.3）就可以简化为：

$$Z_{支出}=\frac{12w_0al}{b}\cdot\frac{(1+r)\ (1+\theta)^n-\ (1+r)^{n+1}}{\theta-r} \tag{5.4}$$

将式（5.2）和（5.4）代入（5.1），即可以得到养老保险个人账户支付成本的现值：

$$TC_N=\frac{12w_0al}{b}\cdot\frac{(1+r)\ (1+\theta)^n-\ (1+r)^{n+1}}{\theta-r}-w_0a\frac{(1+r)\ (1+\theta)^n-\ (1+r)^{n+1}}{\theta-r} \tag{5.5}$$

此外，还可以通过 TC_N 和 TC_{N-1} 的比较获得养老保险个人账户随着相应影响因素变化一个单位而导致的边际成本，即假设 MC_N 表示养老保险个人账户边际支付成本，则

$$MC_N=TC_N-TC_{N-1} \tag{5.6}$$

通过退休年龄、退休余命等因素对养老保险个人账户支付成本和边际支付成本影响的测算，可以分析我国当前养老保险制度中这些因素的设置是否合理，从而为我国养老保险制度改革提供有价值的参考依据。

二、退休年龄、退休余命与养老保险个人账户支付成本的测算

假设劳动者参加工作时的初始工资为 1，即 $w_0=1$；我国当前的养老保险制度规定劳动者缴费工资的 8% 进入个人账户，因此 $a=8\%$；由于世界各国法律普遍规定 18 周岁作为成年人的年龄界限，因此，本书把 18 岁作为劳动者参加工作的初始时间，通过劳动者退休年龄减去参加工作的初始年龄，即可以求出劳动者一生中从事工作的时间 n；对于利率，它一方面代表了银行一年期的定期存款利率，另一方面又是劳动者缴纳的个人账户养老保险金进行投资的投资收益率，体现的是劳动者积累的个人账户养老金每年的增长水平，本书采用劳动保障部法制司（2001）、张勇（2007）的做法，假设每年的利率 $r=4\%$；劳动者工资的增长来源于 GDP 的增长，因此，本书假设劳动者的工资增长率与 GDP 的增长率挂钩，即 $\theta=8\%$；劳动者退休年龄所对应的养老保险个人账户计发月数 b，见表 5－4：

表 5－4　我国养老保险个人账户计发月数表①

退休年龄	40	41	42	43	44	45	46	47	48	49	50
计发月数	233	230	226	223	220	216	212	208	204	199	195
退休年龄	51	52	53	54	55	56	57	58	59	60	
计发月数	190	185	180	175	170	164	158	152	145	139	
退休年龄	61	62	63	64	65	66	67	68	69	70	
计发月数	132	125	117	109	101	93	84	75	65	56	

通过将各个影响因素的实际值代入公式（5.5）和（5.6）就可以得到相应的养老保险个人账户支付成本和边际支付成本，从而分析退休年龄、退休余命的变化对养老保险个人账户支付成本的影响。

（一）退休年龄相同条件下，个人账户支付成本随退休余命变化的情况

在既定的养老保险制度以及其他影响因素确定的条件下，个人账户支付成本主要受劳动者退休年龄和退休余命两个因素影响，通过固定劳动者的退休年龄，可以考察退休余命单一因素对养老保险个人账户支付成本的影响。假设一个劳动者在60岁退休，则他一生中参加工作的时间为42年，本书预测退休余命从5年到25年变化时个人账户支付成本的变化趋势，下图显示了用上述数值测算的结果：

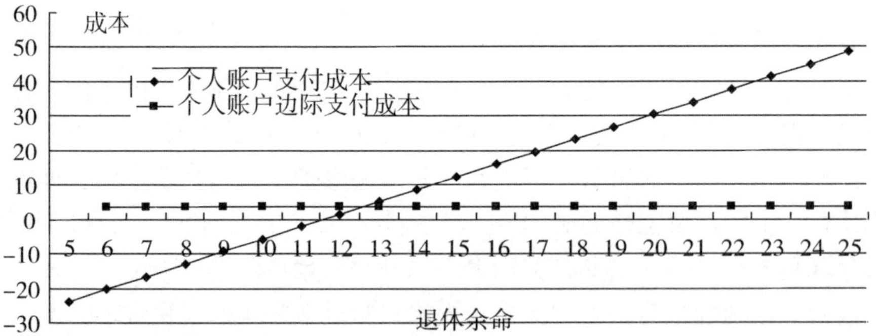

图 5－3　退休年龄相同条件下，个人账户支付成本随退休余命变化图

① 根据人力资源和社会保障部公布的计发月数数据整理制表。可以看出，政策制定者考虑到我国职工退休年龄差异的现实状况，给出了退休年龄从40岁到70岁所对应的个人账户计发月数。

从图 5－3 中可以看到，我国养老保险个人账户的支付成本随着退休余命的增加而增加。因为劳动者的退休年龄加上退休余命即为劳动者的预期寿命，因此，随着劳动者退休余命的增加，预期寿命也相应增加，养老保险体系为劳动者支付的个人账户养老金随之增加。如果退休余命少于 11 年，即劳动者的预期寿命小于 71 岁时，个人账户支付成本为负值，即劳动者参加养老保险而向个人账户缴纳的养老保险金低于退休后从养老保险制度中获得的养老金收益。如果劳动者的预期寿命大于等于 72 岁，则个人账户支付成本为正，即政府为劳动者参加养老保险支付了补贴，而且随着预期寿命的增加个人账户支付成本也相应增加。从边际支付成本的角度来看，随着退休余命的增加，边际支付成本保持恒定的水平，即退休余命每增加一年，边际支付成本相应增加 3.62 倍初始工资的水平。

（二）退休余命相同条件下，个人账户支付成本随退休年龄变化的情况

通过固定劳动者的退休余命，可以分析在不同的退休年龄条件下个人账户支付成本的变化情况。假设劳动者退休余命为 15 年，本书预测退休年龄从 50 岁到 70 岁变化时养老保险个人账户支付成本的变化趋势，下图显示了用上述数值测算的结果：

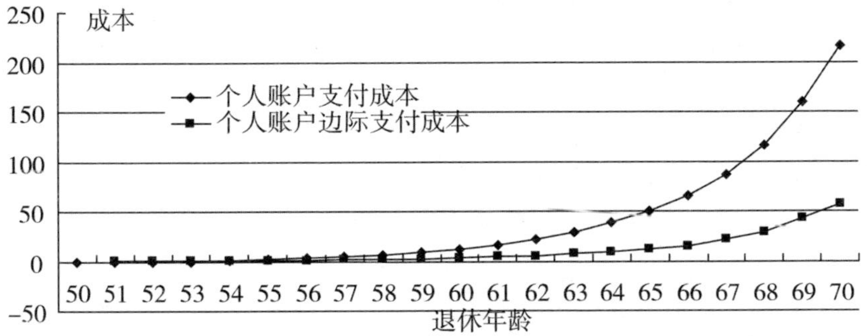

图 5－4　退休余命相同条件下，个人账户支付成本随退休年龄变化图

从图 5－4 中可以看到，我国养老保险个人账户支付成本和边际支付成本都随着退休年龄的增加而增长，而在退休年龄为 53 岁之前，个人账户支付成本为负，并保持较缓慢地增长；当退休年龄达到 65 岁以后，我国养老保险个人账户的支付成本出现急剧的增长。相应地，在 64 岁之前的边际支付成本增长幅度较小，65 岁之后边际支付成本也开始出现大幅度地增长。由于养老保

险个人账户支付成本从另一个角度来说也是劳动者参加养老保险的收益，在退休年龄为65岁之前，劳动者延迟一年退休获得的边际收益相对较低，而在65岁之后劳动者延迟一年退休获得的边际收益较高。

（三）退休年龄、退休余命同时变化条件下，个人账户支付成本变化的情况

通过固定退休年龄或退休余命，可以分别测算在其他条件不变时某一因素对个人账户支付成本的影响，然而，无论哪一种情形都和现实状况存在一定差距。更符合现实的情形是，在一个经济体中，不同的劳动者根据自身的具体情况选择不同的退休年龄，即提前退休或延迟退休。此外，一个社会作为整体，存在较为稳定的预期寿命，劳动者在选择自身退休年龄时，较为理性的做法往往是参考整个社会的预期寿命。因此，通过固定劳动者的预期寿命，在此基础上退休年龄和退休余命同时变化，以此考察个人账户支付成本的变化情况，这与养老保险个人账户的现实运行状况更为相符。

根据第五次人口普查数据，2000年我国男性平均预期寿命为69.63岁，女性为73.33岁①，但必须看到，新生儿等低龄人口的死亡率对社会平均预期寿命存在的较大影响，因此，劳动者达到退休年龄以后，在退休时的预期寿命要远远高于社会平均预期寿命。如张勇（2007）根据第五次人口普查资料认为，我国城市居民在60岁时的预期寿命大约为20年，而在80岁以后还生存的概率超过了50%。因此，基于上述考虑，本书认为，将劳动者的预期寿命设定为80岁进行测算比较合理。本书测算劳动者退休年龄从50岁到70岁，相应地，退休余命从30岁到10岁变化②时，养老保险个人账户支付成本的变化趋势，下图显示了用上述数值测算的结果：

① 数据来源：2010年《中国统计年鉴》。

② 退休余命=预期寿命—退休年龄

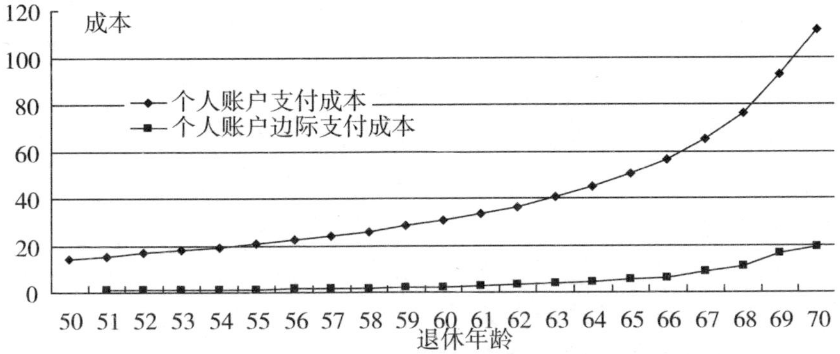

图5－5　退休年龄、退休余命同时变化条件下，个人账户支付成本变化图

图5－5与图5－3、图5－4存在的一个重要差别是，养老保险个人账户支付成本从退休年龄50岁开始之初就是一个正值，也就是说劳动者的预期寿命为80岁时，无论其从50岁还是到70岁退休，劳动者参加养老保险获得的收益总是为正，即养老保险体系总是要为劳动者承担正的个人账户支付成本，为劳动者参加养老保险提供利益诱导机制。此外，图5－5在成本的具体数字上与图5－3、图5－4也存在较大差别，说明在综合考虑退休年龄和退休余命的条件下，个人账户支付成本的具体数字实际上是图5－3、图5－4中单独考虑单一因素时的综合。图5－5与图5－4也存在相似的地方，即无论是个人账户支付成本还是边际支付成本，都是在劳动者年龄超过65岁时开始出现较大幅度的增长，成本曲线的斜率开始出现较大变化。

第六节　我国社会保障资金的支付机构与支付成本

社会保障资金的支付作为资金运行的最后环节，选择合理的资金支付机构将有利于社会保障资金运行成本的降低，进而有利于实现公民的社会保障权利。

一、当前社会保障资金支付机构的选择

我国社会保障资金支付机构的选择，随着我国社会保障制度的变迁也发生了许多变化。在建国后相当长的时期内，由于我国实行的是企业办社会的社会保障制度，企业本身就是社会保障资金的支付机构，而随着企业社会功能的剥

离，企业作为一个盈利性的法人主体，企业价值的最大化成为企业日常运行的主要目标，政府专门成立了社会保障部门作为社会保障公共产品的提供主体，社会保障经办机构成了社会保障金的支付机构。

最近几年来，我国社会保障资金的支付方式改革在逐步地推进。由于社会保障资金的发放往往以县、市为单位，各个市在社会保障资金支付方式改革的进程上也有很大差异。如上海市早在2000年就实现了养老金的社会化发放，将每个月的养老金通过商业银行发放给养老保险参保者，而广东省从2009年开始新增的按月领取养老金的人员可以自行提供本人的银行账户发放养老金。从总体上看，我国养老金的社会化发放是大趋势，而其他社会保障项目的社会化发放也需要同步推进。

二、我国社会保障资金支付机构选择带来的支付成本

我国不同地区、不同社会保障项目所选择的支付机构存在差异，如果选择社会保障经办机构作为社会保障资金的支付机构，由于它本身就是各项社会保障工作的直接经办者，对需要发放的社会保障资金数额有着充分的了解，直接发放社会保障资金可以相应减少委托成本。但是，社会保障经办机构的最主要职能是作为社会保障项目的经办者，在一个基层行政区域往往只需要一个经办机构就可以满足日常工作的需求，这将相应增加公民领取社会保障金的时间、人力和交通成本。

相比较而言，我国大部分省市还是倾向于选择银行等金融机构作为社会保障资金的支付机构。由于银行等金融机构是接受社会保障经办机构的委托发放社会保障金，所以，社会保障部门必须按照发放金额的一定比例向银行支付一定数量的手续费，一方面将增加发放社会保障资金的委托成本，另一方面，由于银行等金融机构的网点分布极为广泛，尤其是邮政储蓄银行、农村合作银行等类型的金融机构，即使是较为偏僻的农村地区也有广泛分布，因此，选择银行等金融机构作为社会保障资金的支付机构可以有效地降低公民领取社会保障金的成本，公民可以花更少的时间、人力和交通成本领到属于自己的社会保障金。

但新的问题是，随着越来越多的地区选择银行等金融机构作为社会保障资金的支付机构，许多问题也逐渐开始显现，这些问题增加了公民领取社会保障金的成本。例如，许多城市规定按月发放的养老金集中于当月的某一天发放，这样虽然给社会保障经办部门的工作带来了便利，但由于全市所有养老金集中

同一天发放，导致随后几天到银行领取养老金的人员数量激增，既增加了银行正常业务的办理，又导致参保者需要等待好几个小时才能拿到自己的养老金，花费巨大的时间成本。此外，大部分省市都是要求参保人员到某一指定的银行等金融机构开设账户，否则，社会保障资金无法发放，但该银行对某一特定的人员来说并不是最方便的，如果允许参保者选择开户银行，则参保者获取社会保障金的成本无疑将大大降低。

第六章

实证分析之三：我国实施社会保障权管理方面的交易成本

为了实施公民的社会保障权，相关政府机关必须采取相应的管理措施，从管理学的角度来讲，管理措施主要包括对社会保障工作的计划、组织、指挥、协调和控制等。具体到社会保障实践中，最为重要的社会保障管理工作主要有社会保障制度的立法工作、监督工作，以及社会保障信息系统的建设等。本章主要对实施社会保障权管理方面的交易成本进行实证分析，包括社会保障法规的立法层次与立法成本、社会保障监督体制与监督成本、社会保障信息系统的建设方式与建设成本等内容。

第一节　我国社会保障法规的立法层次与立法成本

一、我国社会保障法规的立法层次现状

我国的经济体制改革还处于不断深化的过程中，由于社会经济形势变化很快，社会保障立法方面许多工作并未到位，其中：最大的问题就是我国当前社会保障立法的层次低，大部分关于社会保障的规范性文件都是通过行政法规和部门规章的方式发布。第十一届全国人民代表大会常务委员会第十七次会议通过了《中国人民共和国社会保险法》，这对我国社会保障立法来说具有里程碑式的意义，它作为我国社会保障领域的第一部法律层次的规范性文件，统领着由国务院制定的《关于建立统一的企业职工基本养老保险制度的决定》、《关于建立城镇职工基本医疗保险制度的决定》、《工伤保险条例》、《失业保险条例》等行政法规，以及由原劳动部制定的《企业职工生育保险试行办法》等行政规章，从而大大提升了我国社会保障立法层次。但同时，我国还存在数量庞大的地方性社会保障法规和规章。下表显示了我国目前主要社会保障规范性文件的立法情况。

表 6-1　我国目前主要社会保障规范性项目立法情况①

性质	文件标题	制定机关	文号
实体性文件	中华人民共和国社会保险法	全国人民代表大会常务委员会	2010 年 10 月 28 日通过
	工伤保险条例	国务院	国务院令第 375 号
	失业保险条例	国务院	国务院令第 258 号
	关于建立城镇职工基本医疗保险制度的决定	国务院	国发［1998］44 号
	企业职工生育保险试行办法	劳动部	劳部发［1994］532 号
	关于建立统一的企业职工基本养老保险制度的决定	国务院	国发［1997］26 号
	企业年金试行办法	劳动保障部	20 号令
	城市居民最低生活保障条例	国务院	国务院令第 271 号
程序性文件	社会保险费征缴暂行条例	国务院	国务院令第 259 号
	住房公积金管理条例	国务院	国务院令第 262 号
	失业保险金申领发放办法	劳动保障部	8 号令
	社会保险登记管理暂行办法	劳动保障部	1 号令
	社会保险费申报缴纳管理暂行办法	劳动保障部	2 号令
	劳动和社会保障行政复议办法	劳动保障部	5 号令

从表 6-1 可以看出，《中华人民共和国社会保险法》的出台，大大提高了我国当前的社会保障立法层次，它对养老保险、医疗保险、工伤保险、失业保险和生育保险等主要险种以及社会保障资金的投资、监督等工作做出了基本性的规定。大部分发达国家建立社会保障制度都是采取法律先行的方式，在社会保障制度建立之前就已经制定了较高层次的社会保障法律，使整个社会保障

① 根据中华人民共和国人力资源和社会保障部网站整理。

体系的运行做到有法可依。如英国最初建立的济贫制度就是以颁布《济贫法》作为法律依据的，而作为世界上第一个建立现代社会保障体系的德国，也是以1883年颁布《劳工疾病保险法》，1884年颁布《劳工伤害保险法》，1889年颁布《残疾和老年保险法》作为建立社会保障制度的法律基础①。此外，美国社会保障制度的建立也是以《社会保障法》为开端的，并首次提出了“社会保障”的概念。

本书认为，在选择我国社会保障立法层次的时候，不仅要考虑我国现实国情对立法层次选择的影响，而且还应比较在我国现实社会经济条件下，不同的社会保障立法层次对社会保障立法成本的影响。只有结合我国国情选择最低成本的社会保障立法层次，才能最大限度地获得建立社会保障制度的收益，从而最大限度地实施我国公民的社会保障权。

二、我国现实社会经济条件下的立法层次与立法成本

从总体上讲，我国社会经济现实条件对社会保障立法成本有较大的影响，但在对立法成本具体的内部成本和外部成本的影响方向上存在较大差异。

我国当前社会保障立法的内部成本通常较低，人民代表大会制度是我国的根本政治制度，由全国人民代表大会及其常务委员会作为我国的最高权力机关行使我国最高层次的立法权。实行民主集中制的人民代表大会制度在相关法律的出台上达成一致所花费的谈判成本，显然要比西方议会制条件下所花费的谈判成本要低很多。特别是关于维护全体社会保障权益的相关立法，由于全国人民代表大会代表了最广大人民群众的根本利益，更容易获得人民代表大会的通过。此外，基于相同的原因，我国社会保障相关规范性文件的修改成本相对于西方国家而言也比较低。

然而，在我国现实经济条件下，社会保障立法的外部成本通常较高。一方面，我国当前行政效率并不高，虽然电子信息技术在政府行政领域有了广泛的应用，但由于政府公务人员的年龄结构、知识结构等因素以及其他制度性因素的制约，电子信息技术的应用并没有大幅度提高我国政府的行政效率。在行政效率不高的条件下，对于相同层次的社会保障立法，我国往往需要比行政效率较高的发达国家支付更高的遵从成本和执行成本。另一方面，我国幅员辽阔，

---

① 参见王辉，加快建立有中国特色的社会保障法律体系［J］，财经论丛，2000（5）：70～74。

东、西部地区经济发展不平衡，城乡二元经济结构依然存在，这些因素又同时导致了社会保障制度衔接成本的上升。因为区域经济发展的差异在市场经济条件下必然带来大规模劳动力的流动，公民作为社会保障的主体，在流动性加强的情况下，所需要支付的制度衔接成本也就更高。

以第三章第四节构建的“一般条件下社会保障立法层次与成本关系图”为理论基础，结合我国现实经济条件对社会保障立法成本的影响，可以看到我国社会保障立法的外部成本线和内部成本线的具体形态有了较大的变化，由图6－1表示：

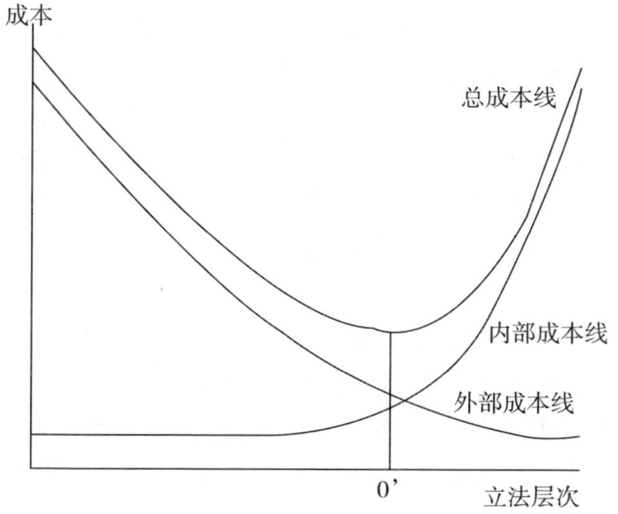

图6－1　我国现实条件下社会保障立法层次与成本关系图①

从图6－1中可以看到，与一般条件下的成本线相比较，在我国现实条件下，内部成本线的曲度相对更大，外部成本线的曲度相对更小，总成本线在形态上有了较大的改变。从总成本线的最低点所对应的O’点来看，我国社会保障立法总成本线的最低点相对于图3－4中的O点来说，发生了明显的右移，即为了获得最低的社会保障立法成本，我国的社会保障立法层次需要有相应的提高，我国应更多地选择立法层次较高的社会保障规范性文件来构建我国社会保障法律体系。

① 总成本线由内部成本线与外部成本线相加得到，其最低点的位置与内部成本线和外部成本线的斜率相关，并不必然与内部成本线和外部成本线的交点对应。

从理论上讲，我国应该选择O’点作为恰当的社会保障立法层次选择，虽然O’点偏向于以高层次立法的形式作为我国的社会保障立法层次，但它并不完全位于最右端。也就是说，O’点的现实指导意义在于，它指出了我国社会保障立法体系应该以高层次立法为主，而部分由于外部成本低、内部成本高的社会保障立法项目则适宜采用相应较低的立法层次。

三、《中华人民共和国社会保险法》的出台与立法成本

十一届全国人大常委会第十七次会议于2010年10月28日审议通过的《中华人民共和国社会保险法》，是我国最高立法机关第一次就社会保障领域进行立法，它也是我国当前社会保障工作所遵循的根本大法，但需要指出的是，该项法律立法的内部成本非常高昂。实际上，《社会保险法》早在1994年就已经列入了国家立法规划，却直到2010年才正式获得审议通过，从列入规划到正式出台整整花了16年时间。我国《社会保险法》如此漫长的立法过程和我国当前处于经济体制转型与社会保障体制多头管理有着密切的联系，各方面利益在这16年来进行了激烈的博弈。

1994年1月以来，原国家劳动部会同国务院有关部门与部分专家学者组成了《社会保险法》起草领导小组，并成立了起草办公室，经过一年多的努力完成了《社会保险法（草案）》的初稿，并于1995年5月将草案上报国务院。然而，国务院法制局在广泛征求有关方面意见的基础上认为，我国目前的养老保险、医疗保险等各社会保障项目正处于试点阶段，相关经验不足，出台《社会保险法》的时机并不成熟①。

但是，一直以来社会各界要求制定社会保险法的要求非常强烈，每年全国人民代表大会总会收到许多关于社会保障立法的提案。如第八届全国人民代表大会第四次会议收到了建议制定《社会保障法》、《社会养老保险法》、《社会保险法》、《安全生产法》和《就业促进法》（第75号、115号、131号、197号、226号、318号、402号、500号、542号议案）的提案，全国人大财经委认为，制定社会保险法的意义重大②；第九届全国人民代表大会第一次会议收到了建议制定《社会保障法》、《社会养老保险法》、《社会保险法》和《国有

① 参见《全国人大财政经济委员会关于第八届全国人大第五次会议主席团交付审议的代表提出的议案审议结果的报告》。

② 参见《全国人大财政经济委员会关于第八届四次人大代表提议案审议的报告》。

企事业单位离退休职工保险和保障立法》（第20号、142号、225号、233号、239号、290号、304号、368号、459号和691号议案）的提案，全国人大财经委认为当前出台统一的《社会保险法》的条件基本成熟①；第九届全国人民代表大会第二次会议收到了建议制定《社会保障法》（第35、199、292、323、380、707号议案）和《社会养老保险法》（第141号议案）的提案，全国人大财经委认为，由于社会保障的涉及面比较广，难以制定一部统一的社会保障法，只能根据需要制定有关单项法律法规②。可以看出，国家立法机关对于《社会保险法》立法的态度并不稳定，而这背后则夹杂着大量的利益冲突与政治博弈。

随着我国社会保障实践的不断深入，社会各界关于出台社会保险法的要求越来越强烈，全国人民代表大会每年收到的关于社会保障立法的提案也明显增多，如第十届全国人民代表大会第五次会议收到了《社会保险法》、《社会保障法》、《农村养老保障法》、《失地农民社会保障法》、《公民社会保障促进法》、《社会保险基金法》、《医疗保险法》（第2号、第73号、第124号、第189号、第193号、第289号、第308号、第369号、第381号、第412号、第436号、第445号、第461号、第463号、第470号、第672号、第691号、第713号议案）③ 等各种提案达18件。此时，我国的《社会保险法》的立法工作也有了实质性的进展，于2007年12月第一次提交全国人大常委会进行审议。最终，经过长达三年时间，多达四次的审议，我国《社会保险法》终于在2010年10月获得通过。

我国《社会保险法》从提出到正式出台的曲折过程中，我们可以看到《社会保险法》的出台经历了长久的利益博弈。《社会保险法》是一部统揽我国社会保障体系各方面的基础性法律，包含了基本养老保险、基本医疗保险、工伤保险、失业保险、生育保险、社会保险费征缴、社会保险基金、社会保险经办、社会保险监督和法律责任等多项内容。要在《社会保险法》所包含的

① 参见《全国人大财政经济委员会关于第九届全国人大第一次会议主席团交付审议的代表提出的议案审议结果的报告》。

② 参加《全国人大财政经济委员会关于第九届全国人大第二次会议主席团交付审议的代表提出的议案审议结果的报告》。

③ 参见《全国人大财政经济委员会关于第十届全国人民代表大会第五次会议主席团交付审议的代表提出的议案审议结果的报告》。

诸多内容中实现各方面利益的统一是非常困难的，例如，我国的社会保障实践中，养老保险归社会保障部门管理，医疗保险归卫生部门管理，对于社会保障缴款，有的省份由社会保障部门征收，有的省份由税务部门征收，全国范围内社会保障制度的不统一为《社会保险法》的出台设置了极大的障碍。但是，我们也必须看到，由于《社会保险法》的立法层次高、内容广泛等特点，其立法的外部成本是比较低的。《社会保险法》由全国人民代表大会常务委员会审议通过，属于最高层次的法律文本，任何部门、任何个人都必须遵守《社会保险法》的各项规定，并一定程度上使全国范围内的社会保障制度得到统一。

第二节　我国社会保障监督体系与监督成本

基于社会保障监督工作的重要性，世界上建立社会保障制度的国家也都几乎全部建立起了多方位的社会保障监督体系，特别是社会保障制度相对完善的发达国家，建立的社会保障监督体系也更为完善、高效。尽管我国与社会主义市场经济相适应的社会保障体系还刚刚起步，但我国政府非常重视社会保障的监督工作，在社会保障监督方面做了许多努力。

一、我国当前社会保障监督体系设计

我国社会保障监督工作还处于起步阶段，对社会保障的监督存在零散性、无组织计划性等特点，社会保障监督工作的不到位是我国当前社会保障工作不得不面对的现实问题。根据社会保障监督主体的不同进行分类，社会保障监督可以分为系统内部和系统外部监督。

社会保障系统内部监督主要是指社会保障主管部门、经办机构的自我监督机制，主要包括内部财务监督和内部审计监督两个方面。内部财务监督是一种事前监督机制，主要监督社会保障资金的运转流程是否严格按照既定的政策目标执行，包括资金的征缴是否到位，资金的运行是否安全，以及资金的发放是否及时等；而内部审计监督是一种事后监督机制，主要是通过设立专门的内部审计岗位对社会保障系统的运行结果进行审计，维护社会保障资金的安全。我国当前社会保障系统内部监督虽然已经初步建立，但并未真正发挥对社会保障的监督职能。如2006年9月原国家劳动和社会保障部发布的《关于进一步加强社会保险基金管理监督工作的通知》，提出要在我国建立社会保障监督委员

会制度，其目的是为了加强对社会保险基金的管理监督，但在实际操作过程中，由于理解的偏差，出现了机构名称不统一、人员构成不统一、机构性质不统一、机构职能不统一等问题①。从已经建立社会保障监督委员会的地区来看，大部分都是把监督委员会作为与社会保障工作相关的各政府部门领导松散地组合在一起的名义性机构，而未对社会保障各项工作起到实质性的监督作用。

社会保障系统外部监督主要是来自社会保障部门之外的其他政府部门或民间组织、个人对社会保障工作的监督机制，主要包括立法监督、行政监督和社会监督三个方面。尽管社会保障系统外部监督的内容非常广泛，但我国当前系统外监督的形式还是比较单一，除了财政部门、审计部门对社会保障资金起到一定的监督作用以外，其他形式的外部监督功能并没有真正发挥。如在西方国家发挥着积极作用的社会团体监督、企业工会监督、参保人员监督等有效的外部监督机制在我国并未真正建立，来自系统外的监督力量对社会保障系统的监督作用非常微弱。我国系统外监督薄弱的现状使得许多社会保障风险难以被及时发现，而等到这些风险真正暴露出来的时候，其后果往往是难以挽回的，极易造成社会保障资金的巨额亏空。

二、我国相关法律法规关于社会保障监督的规定

（一）《中华人民共和国社会保险法》（2010）关于社会保障监督的规定

《中华人民共和国社会保险法》提出，各级人民代表大会常务委员会应依法行使监督职权；县级以上人民政府社会保险行政部门要加强对用人单位和个人的监督检查；财政部门和审计机关要按照各自的职责加强对社会保障资金的监督；社会保险行政部门对社会保险基金进行监督检查，检查结果应定期向社会公布；统筹地区人民政府成立由用人单位代表、参保人员代表，以及工会代表、专家等组成的社会保险监督委员会，实施社会监督；社会保险行政部门和其他有关行政部门、社会保险经办机构、社会保险费征收机构及其工作人员，应当依法为用人单位和个人的信息保密；任何组织或者个人有权对违反社会保险法律、法规的行为进行举报、投诉。

---

① 参见袁国敏、林治芬，试论我国社会保障监督委员会的定位［J］，中国行政管理，2007（5）：22～23。

（二）《国务院关于完善企业职工基本养老保险制度的决定》（2005）关于社会保障监督的规定

《国务院关于完善企业职工基本养老保险制度的决定》提出，要全面落实《社会保险费征缴暂行条例》的各项规定，严格执行社会保险登记和缴费申报制度，强化社会保险稽核和劳动保障监察执法工作，努力提高征缴率；基本养老保险基金要纳入财政专户，实行收支两条线管理，严禁挤占挪用。要制定和完善社会保险基金监督管理的法律法规，实现依法监督；各省、自治区、直辖市人民政府要完善工作机制，保证基金监管制度的顺利实施；要继续发挥审计监督、社会监督和舆论监督的作用，共同维护基金安全。

（三）《关于进一步加强社会保险基金管理监督工作的通知》（2006）关于社会保障监督的规定

《关于进一步加强社会保险基金管理监督工作的通知》提出，要严格执行包括《社会保险基金财务制度》、《社会保险基金会计制度》、《社会保险基金行政监督办法》、《社会保险基金监督举报工作管理办法》、《社会保险审计暂行规定》、《社会保险稽核办法》在内的一系列政策法规；建立健全社会保障监督委员会的工作制度，充分发挥劳动保障部门的行政监督、有关部门的专门监督、企业职工以及新闻媒体等方面的社会监督作用；各地劳动保障部门主要负责同志要高度重视社会保险基金管理监督工作，切实负起领导责任，基金监督部门要不断提高政治业务素质，认真履行职责；强化社会保险基金收支管理，将社会保险基金纳入社会保障基金财政专户，实行收支两条线管理，要加强与财政部门的协调，及时掌握社会保险基金的存储情况，不得用于平衡财政预算；禁止社会保险基金违规投资运营；规范企业年金管理和基金投资运营；加强社会保险经办机构内控制度建设，搞好社会保险经办机构内部审计和内控制度检查，找出存在的问题，改进管理工作；加大社会保险基金监督检查的力度，各地劳动保障部门要根据当地实际情况，研究有效的工作机制和办法，加强日常监督检查，及时化解基金风险。

三、构建我国社会保障监督体系的主要考虑因素

社会保障资金是社会保障制度功能发挥的基础，没有资金予以匹配的社会保障制度也就成了无源之水，无法实现建立该制度本身的初衷。因此，基于社会保障资金对社会保障制度功能发挥的决定性作用，我国建立社会保障监督体系的目标应该是维护社会保障资金的安全。社会保障资金的安全是多方面的，

从资金的运行过程上看包括了筹集安全、投资安全、支付安全等方面的内容。如社会保障资金在筹集上可能存在缴款单位少缴、漏缴甚至拒缴的情况。在投资上可能存在投资风险过大，违规投资甚至挪用社会保障资金的情况；在支付上可能存在社会保障资金被截留、冒领、发放不及时等情况。这些都是社会保障资金面临的不安全因素，缺乏监督的社会保障资金随时都可能在资金的运行过程中遭受损失，而且大部分损失是不可逆的。因此，加强资金管理，确保资金安全是我国社会保障监督的根本目标，也是维护我国社会保障权益的首要工作。

我国社会保障资金主要来源于国家财政拨款和公民的社会保障缴费(税)，无论从哪方面资金来源来说，我国社会保障资金的收入都并不充裕。尽管我国规定筹集的社会保障资金主要用于各社会保障项目开支，社会保障部门的行政事业经费主要由本级政府财政拨付，但由于地方政府财政困难，该规定在各地执行不力，各地用筹集的社会保障资金部分支付社会保障部门行政事业经费支出非常普遍。从实践的角度看，我国当前筹集的社会保障资金从支出结构上分，可以分为社会保障部门的事业经费支出和各社会保障项目支出。各社会保障项目的支出体现了公民享受到的社会保障待遇水平，是实现社会保障制度目标的主体资金，而社会保障部门的事业经费支出属于行政性开支，行政事业经费的增长非但不利于公民社会保障收益的提高，反而由于挤占社会保障项目支出而降低了公民社会保障收益。因此，为了最大限度地维护我国公民的社会保障权益，我国政府必须建立全面的社会保障监督体系，在确保社会保障资金专款专用，实现资金安全运行的同时，也必须以最小的成本进行社会保障的监督工作。

四、我国当前社会保障监督体系的收益与监督成本

从技术角度来讲，社会保障监督体系的收益是难以衡量的，因为社会保障监督体系的收益，只能通过存在社会保障监督和不存在社会保障监督这两种不同条件下我国公民的社会保障收益进行对比才能衡量，但是，在相同的时间内不可能存在有监督和没有监督这两种相对立的状态。况且，我国社会保障监督的各项措施都处于非常零星的状态，市场经济改革还在不断深入，其他各种社会变量难以有效控制，增加了对社会保障监督体制收益进行衡量的难度。但是，由于社会保障监督的主要功能在于防止侵害社会保障权益事件的发生，我们可以通过已发生的社会保障违法案件，以及社会保障监督在其中的作用来考

察我国当前建立社会保障体制的收益。以“上海社保案”为例，根据国家审计署2007年《上海市社保基金运营及管理情况专项审计报告》，上海市违规运营社会保障基金300多亿元，其中：企业年金基金和地方性社保基金的数额分别为132.73亿元和175.91亿元。如此大规模的社会保障基金违规运营案件的发生，很大程度上显示了社会保障监督机构的形同虚设，无论是系统内监督还是系统外监督，都没能起到有效保证社会保障资金安全的监督职责。上海作为我国经济最为发达的城市，政府的各项制度建设相对其他省市来说要更加完善，但社会保障资金还是始终处于无监管的状态，可以反映出我国当前建立的社会保障监督体制的收益是多么微弱。

尽管我国社会保障监督的收益不高，但监督体制的维持却消耗了较多的社会经济资源。从监督机构的角度来说，我国社会保障有着多方位的监督，社会保障管理部门、经办部门、财政部门、税务部门、审计部门等都有监督社会保障工作的职责，并建立起了相应的科室。但是多方位监督同时也意味着多头管理，特别是对我国来说，政府的行政成本非常高，机构臃肿，人浮于事，推高了我国社会保障监督的成本。同时，这些部门在监督工作的合作与监督成果的共享上并无实质性进展，各部门处于孤军作战的状态，存在监督成本投入上的重复。从监督手段的角度来说，我国当前社会保障监督的方法单一，未充分发挥现代信息技术在监督过程中的运用。如随着“金保工程”在我国社会保障工作中的运用，社会保障部门已经开始大规模地使用计算机技术进行日常业务管理和资金核算，但相关部门在对社会保障监督的过程中，并没有广泛地运用计算机技术进行监督的自动化处理，传统的手工查账、现场监督等成本较高的监督方式还在广泛运用。

第三节　我国社会保障信息系统的建设方式与建设成本

在科学技术高度发达的今天，计算机信息技术已经广泛应用到了我国政府行政的各方面领域，在提高政府行政效率，降低政府行政成本中发挥了非常重要的作用。在我国的社会保障实践中，社会保障信息系统同样发挥了不可替代的作用，通过构建有效的信息系统，可以实现对社会保障体系相关数据的高效率管理，进而有利于更好地实施公民的社会保障权利。

一、我国社会保障信息系统的内容

社会保障信息系统是一个复杂的系统，在形式上可以分为硬件系统和软件系统，系统功能的发挥依赖于两者紧密的配合。由于我国社会保障体系的地域分割非常严重，不同省市在社会保障信息系统的建设上存在很大的差异，因此，这里仅以“清华同方社会保险管理信息系统解决方案”为例，介绍我国社会保障信息系统的内容。

硬件系统是社会保障信息系统的基础，“清华同方社会保险管理信息系统解决方案”在硬件系统上主要包括主机系统、网络系统、社会保障卡系统、安全系统等子系统。主机系统是整个硬件系统的核心，社会保障终端设备只有通过与主机系统相互连接，才能处理各种日常业务。随着我国社会保障制度的不断完善，信息系统需要处理的信息量必将高速增长，因此，对主机系统的基本要求是，要有高度扩充能力和高度灵活性。网络系统是主机系统与外界环境进行信息交流的桥梁，分布在各个角落的社会保障终端设备只有通过网络系统才能与主机系统实现对接，因此，对网络系统的基本要求是要采用成熟、先进的网络设备，保证数据有效、可靠和安全地传输。数据库系统对于社会保障信息系统的正常运转极为重要，相关社会保障业务的完成需要终端设备将信息通过网络系统传输给主机系统，由主机系统从数据库系统调取相应的历史数据进行对比，并据此作出相应的处理结果反馈给终端信息系统，这要求数据库系统在数据的存储、备份、传输和访问上具有很高的安全性和可靠性。社会保障卡系统实际上是社会保障信息系统的终端应用系统，它是收集、识别、共享和交换劳动者或用人单位的相关社会保障信息的媒介，也是持卡者与社会保障信息系统实现信息交流的交互接口。安全系统是保证整个信息系统安全运行的附属系统，主要包括主机安全、数据库安全、网络安全、供电安全等内容，社会保障信息系统的安全运行是正常开展社会保障业务的基础。

在硬件系统的基础上，信息系统依赖于软件系统才能发挥相应的功能，一般而言，软件系统可以分为核心业务系统和辅助系统。“清华同方社会保险管理信息系统解决方案”的核心业务系统主要包括：公共业务子系统、养老保险待遇管理子系统、医疗保险待遇管理子系统、失业保险待遇管理子系统、工伤保险待遇管理子系统、生育保险待遇管理子系统、社会保障卡管理子系统和基金财务管理子系统等，它们是处理社会保障相关业务的核心系统，只有在这些子系统有效运行的基础上，社会保障业务才能得到相应的处理。辅助系统指的是对社会保障日常业务的处理起辅助作用的信息系统，主要包括决策支持子系统、综合查询子系统、系统管理子系统、政策及参数管理子系统等，这些系统可以为决策者提供社会保障核心业务的相关信息，有利于实现社会保障系统的进一步调整和优化。

二、我国当前社会保障信息系统的建设方式与成本

由于我国当前各个社会保险项目在大部分省份都还只是实现了市级统筹，这反映在信息系统的建设方式上，大部分省份采取的都是由地市级甚至是县区级为单位建设社会保障信息系统。由于对地市级或县区级的社会保障部门而言，缺乏计算机软件技术的专门人才，难以自己建立信息系统，往往都是通过委托企业或者科研院校的方式构建社会保障信息系统。例如，2010 年南京市六合区政府采购中心接受六合区社会保险管理中心的委托，对区劳动和社会保障局管理信息系统软件开发项目进行竞争性谈判采购。而 2009 年赤峰市政府采购中心接受赤峰市劳动和社会保障信息中心的委托，对该单位的劳动和社会保障管理信息系统软件项目进行招标采购，系统预算资金高达 190 万元。显然，我国当前由地市级甚至是县区级为单位建立社会保障信息系统的成本是非常高昂的，根据2011 年《中国统计年鉴》显示，截止到2010 年底，我国共有2856 个县级区划，333 个地级区划，即使是每个省份都按照地市级为单位建设社会保障信息系统，按照赤峰市 190 万元的标准，全国也将花费 6. 27 亿元用于社会保障信息系统建设，如果按照县区级为单位建设社会保障信息系统，全国社会保障信息系统建设的费用将会达到 54 亿之巨。

第七章

实证分析之四：我国实施社会保障权的制度显现成本

前已述及，我国实施社会保障权的转轨成本实际上就是我国养老保险转轨成本的问题。从第五章第一节对我国社会保障资金筹集模式与筹集成本的实证分析中，我们可以看到，完全积累制模式所消耗的成本要远远高于现收现付制模式的成本，但两者在保障社会保障权利功能上是等效的。为了最大限度地实现公民的社会保障权利，本书倾向于选择成本较小的现收现付制作为养老保险筹资模式。如果把现收现付制确定为我国养老保险资金的筹集模式，那么，实际上就不存在转轨成本的问题。因为转轨成本是在我国养老保险筹资模式由现收现付制向部分积累制转轨的过程中产生的。然而，我国当前名义上实行的是社会统筹与个人账户相结合的部分积累制养老保险筹资模式，社会统筹账户实行现收现付制，个人账户实行完全积累制，养老保险的转轨成本是现实存在的。鉴于在本书主张的现收现付制条件下并不存在转轨成本问题，而现实中又确实存在养老保险的转轨成本，因此，本书仅对我国实施社会保障权转轨成本进行简要地分析。

第一节　我国养老保险转轨成本规模的测算

我国养老保险由现收现付制向部分积累制转变过程中，学术界看到养老保险的转轨成本是我国政府必须面对的一个非常严重的问题，许多学者对我国养老保险转轨成本的规模进行了测算。然而由于相关学者在测算时选取的样本及方法上的差异，测算出来的转轨成本规模差距极大。下表总结了历年来相关学者对我国养老保险转轨成本的测算结果：

表 7－1 我国养老保险转轨成本测算结果

	郭树清	劳动部社保所	世行报告	房海燕	体改办	中国养老保险基金测算课题组	赵俊康
测算时间	1994 年	1995 年	1996 年	1997 年	2000 年	2001 年	2005 年
测算结果	10500 亿元	28753 亿元	19176 亿元	35082 亿元	67145 亿元	18000 亿元	17304 亿元
样本	国有经济单位职工	全国人口统计	沈阳、上海	不详	南京	不详	全国
测算方法	匡算	匡算＋精算	精算	精算	精算	测算	测算

注：本表根据劳动和社会保障部中国养老保险基金测算课题组．中国养老保险基金测算报告［J］．社会保险研究，2001（5）：3～21．；赵俊康．我国养老保险转轨成本研究［C］．养老基金管理与生活质量国际论坛论文集，2005：66～78. 整理得到。

从上表 7－1 中可以看到，体改办在 2000 年对我国养老保险转轨成本的测算结果数值最大，达到了 67145 亿元，占当年度国内生产总值的 67.68%，郭树清的测算结果数值最小，为 10500 亿元，占当年度国内生产总值的 21.79%。尽管不同学者的测算结果差距极大，但可以肯定的是，我国养老保险从现收现付制向部分积累制转变的过程中，产生的养老保险转轨成本是非常庞大的，而如此庞大的成本，在我国当前实行的养老保险筹资模式下又是我国政府不得不面对的现实难题。

第二节 我国养老保险转轨成本导致的财政负担测算

尽管我国养老保险的转轨成本规模将非常庞大，但该项成本并不是在养老保险转轨时一次性支付的，而是在我国养老保险由现收现付制向部分积累制转变以后，需要经历80年左右的时间去消化①。本书参照赵俊康（2005）对我国养老保险转轨成本分解的方法，测算了从1996年到2071年我国养老保险转轨成本导致的财政负担。

本书使用的转轨成本计算公式为：

“老人”的转轨成本＝老人人数×平均工资×（基础养老金实际替代率－基础养老金目标替代率）

“中人”的转轨成本＝中人人数×平均工资×（基础养老金实际替代率－基础养老金目标替代率）

其中：老人人数和中人人数直接使用赵俊康（2005）根据1995年1%人口抽样调查中的人口年龄结构数据推算的结果。平均工资2010年以前为实际值，由于1996年到2010年职工平均工资增长率为13.63%，因此，本书假设2011年到2020年增长率为13.63%，2021年到2040年增长率为10%，2041年到2071年增长率为7%。财政收入2010年以前为实际值，由于1996年到2010年财政收入增长率为18.85%，因此，本书假设2011年到2020年增长率为12%，2021年到2040年增长率为8%，2041年到2071年增长率为5%。基础养老金实际替代率和基础养老金目标替代率的数据也直接使用赵俊康（2005）给出的数据，具体数值为：

表7－2　老人和中人基础养老金的工资替代率

	目标替代率	实际替代率
老人	30%	1996～2000年为70%，以后为60%
中人	30%	45%

将以上数据代入到计算公式中，可以得到如下测算结果：

① 需要80年时间来消化养老保险转轨成本的主要依据是，在养老保险转轨之前已经工作的人员的最低年龄假设为18岁左右，这部分人员实际上就是养老保险转轨成本中的“中人”的“空账”成本的来源，假设这部分养老保险转轨时，最年轻的人员的最长寿命可以活到100岁，则这部分养老保险转轨成本就需要80年左右的时间去消化。

表 7-3　我国养老保险转轨成本导致的财政负担①

年份	老人人数（万）	中人人数（万）	职工年平均工资（元）	老人转轨成本（亿元）	中人转轨成本（亿元）	转轨成本合计（亿元）	财政收入（亿元）	转轨成本占财政收入的比重（%）
1996	2358	8758	6210	585	815	1401	7407	18.9145
1997	2179	8561	6470	564	830	1394	8651	16.1137
1998	2016	8348	7479	603	936	1539	9875	15.5848
1999	1843	8114	8346	615	1015	1631	11444	14.2520
2000	1692	7867	9371	634	1105	1740	13395	12.9899
2001	1553	7596	10870	506	1238	1745	16386	10.6493
2002	1400	7314	12422	521	1362	1884	18903	9.9667
2003	1272	7040	14040	536	1482	2018	21715	9.2931
2004	1140	6753	16024	548	1623	2171	26396	8.2254
2005	1025	6514	18364	565	1794	2359	31649	7.4538
2006	919	6244	21001	579	1967	2546	38760	6.5685
2007	807	5975	24932	604	2235	2838	51322	5.5301
2008	709	5715	29229	622	2506	3127	61330	5.0992
2009	622	5409	32736	611	2656	3267	68518	4.7679
2010	540	5197	37147	602	2896	3498	83102	4.2088
2011	464	5071	42210	588	3211	3798	93074	4.0809
2012	395	4909	47962	568	3532	4100	104243	3.9332
2013	337	4759	54499	551	3890	4441	116752	3.8041
2014	285	4564	61926	529	4239	4769	130763	3.6470
2015	237	4345	70366	500	4586	5086	146454	3.4730
2016	197	4148	79956	473	4975	5447	164029	3.3210

① 由于本书主要目的是为了测算养老保险转轨成本所导致的财政负担，它是每年的转轨成本与政府财政收入的比值，通货膨胀因素并不会影响该比值，因此，在测算时并不考虑通货膨胀的影响因素。需要注意的是，本书的测算结果除“转轨成本占财政收入的比重”一项外，其他项目的数值不能直接用于比较，需要剔除通货膨胀因素以后才能进行比较。

续表

年份	老人人数（万）	中人人数（万）	职工年平均工资（元）	老人转轨成本（亿元）	中人转轨成本（亿元）	转轨成本合计（亿元）	财政收入（亿元）	转轨成本占财政收入的比重（%）
2017	159	3930	90853	433	5356	5789	183712	3. 1512
2018	127	3721	103235	393	5762	6155	205757	2. 9916
2019	101	3525	117305	355	6202	6558	230448	2. 8457
2020	80	3330	133292	320	6658	6978	258102	2. 7035
2021	61	3162	146621	268	6954	7223	278750	2. 5910
2022	47	2995	161283	227	7246	7473	301050	2. 4823
2023	35	2835	177412	186	7544	7731	325134	2. 3777
2024	26	2695	195153	152	7889	8041	351145	2. 2900
2025	19	2554	214668	122	8224	8346	379237	2. 2008
2026	14	2426	236135	99	8593	8692	409576	2. 1222
2027	9	2304	259748	70	8977	9047	442342	2. 0453
2028	6	2189	285723	51	9382	9433	477729	1. 9746
2029	4	2081	314296	38	9811	9848	515947	1. 9088
2030	3	1974	345725	31	10237	10268	557223	1. 8427
2031	1	1862	380298	11	10622	10633	601801	1. 7669
2032	1	1756	418327	13	11019	11031	649945	1. 6973
2033		1661	460160	0	11465	11465	701941	1. 6333
2034		1555	506176	0	11807	11807	758096	1. 5574
2035		1452	556794	0	12127	12127	818744	1. 4812
2036		1351	612473	0	12412	12412	884243	1. 4037
2037		1249	673721	0	12622	12622	954983	1. 3217
2038		1155	741093	0	12839	12839	1031381	1. 2449
2039		1056	815202	0	12913	12913	1113892	1. 1593
2040		970	896722	0	13047	13047	1203003	1. 0846
2041		890	959493	0	12809	12809	1263153	1. 0141

续表

年份	老人人数（万）	中人人数（万）	职工年平均工资（元）	老人转轨成本（亿元）	中人转轨成本（亿元）	转轨成本合计（亿元）	财政收入（亿元）	转轨成本占财政收入的比重（%）
2042		802	1026657	0	12351	12351	1326311	0.9312
2043		729	1098523	0	12012	12012	1392627	0.8626
2044		653	1175420	0	11513	11513	1462258	0.7874
2045		587	1257699	0	11074	11074	1535371	0.7213
2046		527	1345738	0	10638	10638	1612139	0.6599
2047		462	1439940	0	9979	9979	1692746	0.5895
2048		406	1540735	0	9383	9383	1777384	0.5279
2049		356	1648587	0	8803	8803	1866253	0.4717
2050		309	1763988	0	8176	8176	1959566	0.4172
2051		266	1887467	0	7531	7531	2057544	0.3660
2052		226	2019590	0	6846	6846	2160421	0.3169
2053		193	2160961	0	6256	6256	2268442	0.2758
2054		163	2312228	0	5653	5653	2381864	0.2374
2055		136	2474084	0	5047	5047	2500957	0.2018
2056		113	2647270	0	4487	4487	2626005	0.1709
2057		91	2832579	0	3866	3866	2757306	0.1402
2058		73	3030860	0	3319	3319	2895171	0.1146
2059		58	3243020	0	2821	2821	3039929	0.0928
2060		46	3470031	0	2394	2394	3191926	0.0750
2061		35	3712933	0	1949	1949	3351522	0.0582
2062		27	3972839	0	1609	1609	3519098	0.0457
2063		20	4250937	0	1275	1275	3695053	0.0345
2064		15	4548503	0	1023	1023	3879806	0.0264
2065		11	4866898	0	803	803	4073796	0.0197
2066		8	5207581	0	625	625	4277486	0.0146

续表

年份	老人人数（万）	中人人数（万）	职工年平均工资（元）	老人转轨成本（亿元）	中人转轨成本（亿元）	转轨成本合计（亿元）	财政收入（亿元）	转轨成本占财政收入的比重（%）
2067		5	5572112	0	418	418	4491360	0.0093
2068		4	5962160	0	358	358	4715928	0.0076
2069		2	6379511	0	191	191	4951725	0.0039
2070		1	6826077	0	102	102	5199311	0.0020
2071		1	7303902	0	110	110	5459276	0.0020
2072		0	7815175	0	0	0	5732240	0.0000
2073		0	8362237	0	0	0	6018852	0.0000
2074		0	8947594	0	0	0	6319795	0.0000
2075		0	9573926	0	0	0	6635785	0.0000
2076		0	10244100	0	0	0	6967574	0.0000

从表7-3中可以看到，我国养老保险转轨成本主要集中在养老保险转轨后的前30年左右的时间里，在转轨初期养老保险转轨成本的负担最重，如1996年我国养老保险转轨成本占当年度政府财政收入的18.91%，此后，转轨成本占当年度政府财政收入的比重逐年下降，在2027年以后降到了2%以下，基本上不会对当年度的政府财政负担构成压力。

第三节　我国养老保险转轨成本影响因素的实证分析

我国养老保险转轨成本，是在养老保险筹资模式由现收现付制向部分积累制转变过程中产生的，社会保障对象本身的情况和社会保障制度设计因素都会对养老保险转轨成本的规模产生影响。在社会保障权实施成本的结构中，我们可以将养老保险转轨成本分解为“老人”的养老金成本和“中人”的“空账”成本，但实际上，各影响因素对这两项成本的影响只是在时间上存在差异，在具体的影响效应上则是一致的。

一、社会保障对象的收入水平与转轨成本

社会保障对象的收入水平影响养老保险的转轨成本。养老保险参保者在退休后获得的养老金数额与参保者退休时的收入水平有关，从理论上讲，收入水平体现的是劳动者退休前对养老保险制度的贡献度，因为参保者需要每年按照自身收入水平的一定比例缴纳养老保险金，劳动者的收入水平越高，则缴纳的养老保险金数额也就越高，基于贡献与收益对等的原则，劳动者在退休以后就可以按照自己的收入水平获得相应等级的养老金收益。在养老保险转轨前，由于我国实行的是现收现付的养老保险筹资模式，“老人”和“中人”缴纳的养老保险金已经在当年支付给了退休人员，同时，我国长期以来实行低工资、高福利的制度，至少从名义上讲，经过我国居民收入分配政策的初步调整，以及未来可能的进一步调整，养老保险参保者在退休时可能的收入水平将远远高于参保时的收入水平，“老人”和“中人”缴纳的养老保险金在实际数额上与退休后获得的养老金待遇并不相称。我国居民收入分配政策的变化带来的养老保险参保者收入水平的变化，将是影响我国养老保险转轨成本的重要因素。

二、我国人口年龄结构与转轨成本

人口的年龄结构也影响我国养老保险的转轨成本，但人口年龄结构的一个重要特点是，从存量人口的角度来讲，这部分人口的年龄结构是非常稳定的。因此，只能通过改变增量人口的办法来调节一个社会的人口年龄结构，而这需要一个非常漫长的过程。因此，人口年龄结构对养老保险转轨成本的影响不是在短时间内可以改变的，而一项特定人口政策措施的出台，其对年龄结构进而对养老保险转轨成本的影响也是渐进式的。人口年龄结构对转轨成本的影响主要体现在，由人口年龄结构决定的“老人”和“中人”占社会总人口的比重直接决定了我国养老保险转轨成本的规模，如果“老人”人口的比重越高，则养老保险转轨的养老金成本越高，如果“中人”人口比重越高，则养老保险转轨的“空账”成本越高。人口年龄结构对养老保险转轨成本带来的影响，只能通过人口增量的调节进行改善，但是，我国当前实行的计划生育政策则进一步加剧了我国人口的老龄化程度，人口年龄结构将是增加我国养老保险转轨成本规模不可忽略的因素。

三、社会保障资金的支付条件与转轨成本

社会保障资金的支付条件，或者具体来说养老保险资金的支付条件对养老

保险转轨成本也有重要的影响，同时，支付条件也是最具可调控性的影响因素之一。养老保险资金的支付条件主要包括参保者退休年龄和养老金替代率①两个方面。具体来说，国家在制定养老保险政策时，规定的劳动者退休以及领取养老保险的年龄越低，则养老保险的转轨成本越高；反之则越低。国家对劳动者退休年龄规定的改变，实际上是调节了退休人员数量与劳动人员数量的比值，通过延长退休年龄对降低养老保险转轨成本有非常直接而显著的影响。我国当前规定的法定退休年龄是男职工 60 岁、女职工 50 岁、女干部 55 岁，而根据第五次人口普查数据，2000 年我国男性平均预期寿命为 69. 63 岁，女性为 73. 33 岁②，我国退休年龄还有很大的调节空间。就养老金替代率来说，越高的替代率就意味着养老保险体系需要为退休者支付越多的养老金，从而也就意味着越高的养老保险转轨成本。

四、资金筹资模式是影响转轨成本的最根本因素

养老保险资金的筹集模式是影响养老保险转轨成本的最根本因素。因为转轨成本是一种制度显现成本，是在养老保险资金由现收现付制向完全积累制转变的过程中产生的，这就意味着如果没有实行养老保险资金筹集模式的转变，就不会产生养老保险转轨的成本，也就不会存在养老保险转轨成本对政府财政产生负担的问题。本书基于成本最小化的要求，主张现收现付制作为我国养老保险筹资模式，并在此基础上提升我国居民的消费能力，大力发展社会生产力，促进我国在未来人口老龄化时期社会物质财富的生产能力。我们认为，这才是更有利于实现全体社会保障权利的最佳养老保险筹资模式。

---

① 养老金替代率指的是劳动者在退休后领取的养老金数额与退休前的工资数额的比值，它衡量的是养老保险体系对参保者养老生活的保障程度。

② 数据说明：我国2000 年的人口预期寿命数据来自于第五次人口普查，2010 年的人口预期寿命要等第六次人口普查统计工作完全结束后才会公布，截止到本书截稿，我国目前尚未公布第六次人口普查的详细数据。但可以肯定的是，从2000 年到2010 年的十年里我国人口预期寿命必有一定幅度的增长。

第八章

控制我国社会保障权实施成本的政策建议

本书在厘清我国社会保障权实施成本的结构和影响因素的基础上，对实施社会保障权的直接支出成本、内部交易成本和制度显现成本与它们的影响因素进行了全面地实证分析。当然，本书研究的目的不仅仅是为了找到我国当前社会保障权实施成本的问题所在，更重要的是在对这些问题进行深入透彻地分析的基础上，提出切合我国现实社会经济条件的具体措施。只有通过一系列措施最大限度地降低我国社会保障权的实施成本，才能在根本意义上实现我国公民的社会保障权利。

第一节　完善社会保障资金的筹集机制

一、开征社会保障税，统一社会保障资金筹集机构

（一）尽快实现社会保障费转税

我国应尽快开征社会保障税，将目前征收的社会保障缴费通过税法进行规范，以所有取得工资薪金收入的社会公民作为社会保障税的纳税人，以工薪所得作为税基。其基本理由在于：不仅社会保障税与个人所得税在税基的本质上具有同一性，而且二者的负担归宿均为劳动者，且都难以转嫁。同时，由于社会保障税中雇工应缴纳的部分由雇主在支付工资时扣缴，因而在征收流程上与个人所得税的代扣代缴制也是相同的。此外，基于二者的相关性，可以在制度设计上借鉴个人所得税的具体做法，从而在一定程度上解决原先社会保障缴款征缴制度上存在的一些问题。如通过对社会保障税“勤劳所得宽免额”的提高，可以在一定程度上改善大部分社会保障税负担落在低收入阶层的情况。

在具体的社会保障税征收管理上，由于个人所得税和社会保障税的税基在本质上具有同一性，通过开征社会保障税，由同一套机构对税务登记、社保登

记、人员参保信息管理、个税信息管理、人员账目信息管理、人员参保登记信息、人员账目入库信息、个人支付单位信息、个人全员全额收入明细、个人险种信息、个人社保税征缴明细等统筹管理，可以实现对社会保障税征缴的管理控制。

（二）统一社会保障资金筹集机构

当以社会保障税的形式征收社会保障缴款时，税务部门无疑才是社会保障税最恰当的征收机构。我国当前开征的各项税种，除了关税和进口货物的消费税、增值税海关代为征收外①，其他税种全部都是由税务机关征收，这样不仅保证了我国税款征收的效率，同时也使政府部门各司其职，提高了政府机构的运行效率。从理论上讲，由税务机关征收社会保障税是毫无争议的。

然而，我国当前的现实状况是，社会保障缴款还是以社会保障费的形式进行征收，尽管《社会保险法》名义上规定征收机构的选择由国务院统一规定，但实际上国务院并没有履行法律赋予的职责，而是继续将征收机构的选择权力下放给了省级政府，社会保障缴款在征收时各自为政的现象非常普遍。在第五章第二节“我国社会保障资金的筹集机构与筹集成本”中，本书建立了一个完全信息静态博弈模型，通过对模型求解混合战略纳什均衡得出了应该由税务部门征收社会保障缴款的结论。因此，在我国当前的社会保障实践中，即使没有开征社会保障税，统一由税务部门征收社会保障缴款，从征收成本最小化的角度来说也是更为恰当的。中央政府有必要上收下放给省级政府的社会保障缴款征缴机构的选择权，在全国范围内统一由税务部门征收社会保障资金，充分利用税务部门在资金征缴上的成本优势。此外，根据本书建立的完全信息静态博弈模型，在由税务部门征收社会保障缴款的同时，还必须采取如下两项配套措施：

1. 努力降低税务部门社会保障缴款的征收成本。由税务部门征收社会保障缴款实际上需要支付两个方面的成本，一是由此增加的税务部门的办公经费成本；二是税务部门对缴款者进行检查所支付的检查成本。税务部门的办公经费成本只影响国家征收社会保障缴款的净收入，对缴款者选择缴款还是不缴款的行为不产生任何影响。由于税务部门本身具有征收各种税收的职责，在工作

① 从征收成本最小化的角度来讲，由海关代为征收关税和进出口货物的消费税、增值税本身就由具有合理性。

上存在规模效应，其征收社会保障缴款所付出的办公经费成本要远远低于社会保障部门征收相同数额社会保障缴款所付出的办公经费成本，但为了实现国家社会保障缴款收入最大化的目标，税务部门应该尽量降低自身的办公经费成本。税务部门对缴款者进行检查所支付的检查成本对缴款者的行为存在很大影响，在博弈模型中可以看到缴款者是以 C/（M + P）的概率选择不缴款，或者说全部缴款者中有 C/（M + P）比例的缴款者存在不缴款的行为。在 M + P 给定的情况下，C 越小也即税务部门支付的检查成本越小，C/（M + P）的数值也就越小。因此，税务部门应该提高自身素质，降低检查的成本 C，从而促使更多的缴款者自觉地缴纳社会保障缴款。

2. 提高违反社会保障缴款相关法规行为的惩治力度。政府对缴款者偷、逃、漏缴款行为的惩治力度，可以用博弈模型中缴款者不缴纳缴款所遭受的罚款 P 表示，P 的数值越大则表示政府的惩治力度越强。从政府与缴款者博弈模型中可以看到，惩治力度对社会保障缴款的征收机构与缴款者都存在较大的影响。对于社会保障缴款的征收机构来说，税务部门选择 M/（M + P）比例的缴款者进行检查，由于检查的单位成本为 C，因此，税务部门为检查所付出的总成本为 MC/（M + P）。当 M、C 不变的条件下，政府对缴款者惩治力度越大即 P 越大，则税务部门选择检查的缴款者的比例 M/（M + P）越小，所付出的成本 MC/（M + P）也就越小。因此，更高的惩治力度可以降低税务部门总体的检查成本。对于社会保障缴款的缴款者来说，在模型中，其最优战略是以 C/（M + P）的概率选择不缴款。当 M、C 不变的条件下，惩治力度越大，则 C/（M + P）越小，从而促使社会保障缴款者从自身利益最大化的目标出发，以更低的概率选择不缴纳社会保障缴款，整个社会中自觉缴纳社会保障缴款的缴款者比例随着政府惩治力度的提高而上升。

二、基于成本最小化，选择恰当的养老保险筹资模式

从我国现实的养老保险筹资模式选择来看，在 1997 年以前我国实行的是现收现付制的养老保险筹资模式，而 1997 年国务院公布的《关于建立统一的企业职工基本养老保险制度的决定》正式确立了社会统筹与个人账户相结合作为我国养老保险制度。也就是说，从官方的表述中看，我国当前实行的是部分积累制的养老保险筹资模式。但是，从我国养老保险的实际运行来看，我国实际上实行的是现收现付制的养老保险筹资模式，因为我国从现收现付制向部分积累制转轨的过程中，并没有解决养老保险的“转轨成本”问题，而是由

“统账结合”模式中的本该实行积累的个人账户资金承担了制度的“转轨成本”，在资金的运行上始终属于现收现付制的养老保险筹资模式。从最大化我国养老保险收益的角度来讲，实行现收现付制是我国现阶段养老保险筹资模式的最佳选择，因此，我国当前“统账结合”模式中个人账户“空账”运行的状态实际上是相对合理的。

面对我国当前个人账户的“空账”问题，大部分学者主张要实现个人账户的“实账”运行，但也有学者提出了在我国建立名义账户制的设想，如郑秉文（2003）提出了瑞典模式的名义账户制在我国的应用，易纲、李凯（2007）、郑春荣（2008）虽然都主张要向积累制转轨，但也都赞同我国在当前相当长一段时期内采取养老保险名义账户制。同样，本书认为，实行名义账户制不失为我国当前养老保险筹资模式改革的恰当目标模式，也就是养老保险采取个人账户的方式进行缴纳，但这个账户只是名义上的，只作为公民养老保险金的记录账户，与公民退休时的养老保险待遇挂钩，但不进行养老保险资金的积累，在资金的筹集模式上采取现收现付制模式。实行名义账户制既可以在我国当前高储蓄率的条件下采取现收现付制的养老保险筹资模式，降低养老保险制度的运行成本，实现我国养老保险制度收益的最大化，也可以在未来我国储蓄率降低的条件下，给个人账户资金部分进行积累留下余地，从而实现我国养老保险资金的动态调整。当然，最为重要的是，选择名义账户制作为我国养老保险个人账户的运行模式，则资金在筹集上实际上就是一种现收现付制模式，我国养老保险制度面临的转轨成本也将随之消失。

第二节　完善社会保障资金的投资机制

一、深化社会保障资金投资机构改革

根据国际经验，不同性质的投资主体所运营的社会保障资金的收益率存在很大差异，因此，选择恰当的投资机构是实现我国社会保障资金保值增值的重要路径。尽管 2010 年全国社会保障基金由私营投资机构进行委托投资的资产规模达到 3589.34 亿元，占基金资产总额的 41.9%，获得了相对较高的投资收益，但仍有 58.1% 的基金资产由社会保障基金理事会下属机构进行投资。而分散在地方政府手中的养老保险、医疗保险的个人账户资金的投资也大部分都是由政府部门下属机构进行投资，资金投资的收益率不容乐观。我国应该积

极借鉴国际经验，转变政府的职能，把社会保障资金投资运营的具体安排交给经政府监管部门严格审核的具有一定资质的私营投资机构，而政府部门只保留对申请从事社会保障资金运营的私营机构进行审核和对他们的投资运营活动进行监督的权利。通过私营机构对社会保障资金进行运营来取得较高的收益，通过政府部门对社会保障资金进行严格监管实现资金的安全，通过两个部门的专业化安排实现社会保障资金收益与安全双重目标的同时实现。

此外，政府应该重新定位自身在社会保障资金投资过程中的角色，基于社会保障资金的重要战略地位，建立起一套完整的资金监管体系，发挥政府对社会保障资金的监管职能。政府对社会保障资金投资的监管范围，除了对资金投资主体进行监督以外，还要加强相关政府职能部门的监督，严格实行社会保障资金收支两条线的管理模式，确保进入资金账户的资金不被非法挪用而全部进入资金的运营，充分利用筹集到的资金进行投资。人力资源和社会保障部、财政部、审计局、中国人民银行等政府职能部门在各自职责的范围内加强社会保障资金的监管，并建立一套完善的投资预警机制，实现对社会保障资金投资风险的实时监控。通过恰当选择社会保障资金的投资机构，可以进一步提高资金投资效率，而政府部门通过自身角色的正确定位，可以和私营投资机构形成相互制衡的关系，在保证社会保障资金安全的同时降低投资成本。

二、完善资本市场，拓宽社会保障资金投资途径

（一）大力完善资本市场

鉴于资本市场的发育程度对社会保障资金收益存在的重要影响和我国资本市场的现状，我国政府应该加大完善资本市场的力度，实现我国资本市场从不成熟市场向成熟市场转型。稳定的资本市场是社会保障资金实现保值增值的必要市场环境，由于社会保障资金的规模庞大，且对资本市场的稳定负有不可推卸的责任，因此，每一次资本市场的大幅衰退，社会保障资金都会遭受严重的损失。要稳定资本市场，我国政府首先应该从制度安排上着手，通过对我国资本市场的交易制度、监管制度等各种制度的合理安排，为我国资本市场的稳定奠定制度基础。同时，由于我国当前资本市场不完善导致的投机行为泛滥，也是严重威胁资本市场稳定的重要因素，相关部门在对非法投机行为进行打击的同时，应该着力引导市场交易者的市场行为，让资本市场回归到投资而不是投机的市场。此外，市场信心对资本市场的稳定也有非常重要的意义，而市场信息公开是保持市场信心的重要基础。成熟的资本市场还体现在市场规模的不断

增长和投资产品的不断拓展，我国在培育成熟资本市场的同时，还必须注意引导更多的剩余资金有序地进入资本市场，并借鉴发达国家的经验来拓宽我国资本市场的投资工具，如引入在西方发达国家的成熟资本市场不可缺少的权益指数基金、行业指数基金、证券指数基金等投资工具。通过资本市场的不断完善，为我国社会保障资金的保值增值创造一个有利的市场环境。

（二）确立恰当的社会保障资金投资方针

结合我国社会保障资金自身条件和资金投资途径的现实状况，确立恰当的社会保障资金投资方针，对实现资金的保值增值目标有着非常重要的意义。以全国社会保障基金为例，在多年的基金运营过程中逐步确立了“审慎投资，安全至上，控制风险，提高收益”的投资方针。全国社会保障基金作为我国的战略储备资金，属于全体公民的“养命钱”，从而在资金的运营过程中坚持安全至上的原则，控制资金投资运营过程中的风险对保证社会保障资金的安全具有决定性意义。但是，在资金的四条投资方针中仅仅只有一条涉及资金的运营收益，而且还把提高资金的收益放在最不重要的位置，在资金的实际运营过程中往往会导致过度的注重资金的安全性。一般来说，资金的安全性与收益性存在负相关关系，对资金安全性的过度强调，往往会导致忽略资金的收益性，导致社会保障资金运营收益率的下降。在我国社会保障资金保值增值的要求越来越迫切的情况下，资金收益率的下降必然无法实现资金最初的定位目标，而战略储备资金与现实社会保障支出的缺口则必然会带来资金支付危机，影响社会保障制度功能的发挥。因此，在当前社会保障资金的支付压力比较小的初始运营阶段，应该把资金的保值增值作为资金的重要运营理念，把提高资金的运营收益摆在资金投资方针更重要的位置。同时，在资金的实际操作中坚决贯彻既定的资金投资方针，使资金在运营中获得足够高的收益并尽量避免投资风险。

（三）恰当选择资金投资途径，合理搭配资金投资组合

通过对全国社会保障基金投资途径的分析，我们可以发现，当前我国社会保障资金的投资范围还是比较广的，但在各个投资项目的资金比例上可能还存在进一步调整的需要，如在2009年期末，全国社会保障基金的资产中，银行存款和持有至到期投资这类收益率相对较低的投资项目就占了全部基金资产的38.58%。全国社会保障基金是为了满足未来人口老龄化导致的社会保障项目支出增加而设立的，当期并无资金支出压力，较低的投资收益率只会导致资金

整体收益的下降。我国社会保障资金的投资结构有待进一步优化，在扩大资金投资途径，逐步实现多元化投资的同时，还应注意资金在各个不同风险不同收益的投资项目间的合理分配，适当增加具有较高收益率投资项目的比重。

在合理搭配投资组合上，发达国家成功的社会保障资金运营经验值得我们借鉴。如加拿大养老保险投资部（CPPIB）在实际运作中，几乎全部采用指数化投资，这些指数大多集中在加拿大的TSP综合指数、美国的标准普尔500指数以及MSCI EAFE指数等，实际运营结果表明，这种运作方式是相当成功的。我国的全国社会保障基金在实际运营过程中，虽然也把一部分资金用于股票指数化投资，但它占全部资金的比重并不高，与加拿大养老保险基金几乎全部采用指数化投资的成功经验有很大差距。因此，我国在进行社会保障资金投资途径的选择时，应该积极借鉴国际发达国家的成功经验，合理搭配社会保障资金的投资组合，在控制资金投资风险的同时实现资金保值增值。

第三节　完善社会保障资金的支付机制

只有当社会保障资金落实到符合条件的公民手中时，公民的社会保障权利才真正得到实施，因此，我国必须充分重视社会保障资金支付机制的完善，选择恰当的资金支付方式，制定合理的资金支付条件。

一、选择恰当的社会保障资金支付方式

社会保障资金的支付方式从参保者的角度来说，就是社会保障金的获得渠道问题，如何让社会保障部门以最低的成本支付社会保障金，如何让参保者以最低的成本获得社会保障金，是我国控制社会保障权实施成本所必须考虑的。

最近几年来，我国社会保障资金的支付方式改革在逐步地推进。由于社会保障资金的发放往往以县市为单位，各个县市在社会保障资金支付方式改革的进程上存在很大差异。如上海市早在2000年就实现了养老金的社会化发放，将每个月的养老金通过商业银行发放给养老保险参保者，而广东省从2009年开始新增的按月领取养老金的人员可以自行提供本人的银行账户发放养老金。从总体上看，养老金的社会化发放是大趋势，而其他社会保障项目的社会化发放也需要同步推进。在当前养老金社会化发放的过程中也出现了许多问题，例如，许多城市规定按月发放的养老金集中于当月的某一天发放，这样虽然给社会保障经办部门的工作带来了便利，但由于全市所有养老金集中同一天发放，

导致随后几天到银行领取养老金的人员数量激增，既增加了银行正常业务的办理，又导致参保者需要等待好几个小时才能拿到自己的养老金，花费了巨大的时间成本。

在推进社会保障金社会化发放的同时，应该相应采取配套措施，一方面要允许参保者自主选择银行账户，另一方面可以考虑一个月中每一天都发放一定数量参保者的社会保障金，避免参保者扎堆去银行领取社会保障金的现象。此外，由于许多参保者对 ATM 机感到陌生，宁愿排队到柜台领取养老金也不愿到空着的 ATM 机上领取，因此，社会保障部门应该与银行做好及时的沟通，引导参保者使用 ATM 机取款，降低养老保险金的发放成本。

二、合理制定社会保障资金支付条件

本书在第五章第五节“我国社会保障资金的支付条件与支付成本”中提出，养老保险个人账户支付成本受退休年龄、退休余命等多种因素影响，通过构建一个养老保险个人账户支付成本的数理模型，分别测算了在不同条件下，各因素变化对个人账户支付成本的影响。因此，这里以养老保险个人账户支付成本理论模型为基础，相应地提出降低我国养老保险个人账户支付成本的具体政策措施，并由此为其他社会保障项目支付条件的制定提供参考意义。

（一）合理调整个人账户养老金计发月数

计发月数作为养老保险制度的内在设定因素，对个人账户支付成本有非常大的影响，在其他条件不变的情况下，计发月数越小，则我国养老保险体系需要支付的个人账户成本也就越高。因此，相关部门在制定不同退休年龄所对应的计发月数时必须非常慎重，既要充分考虑计发月数的确定是否有利于实现政策意图，又要充分考虑计发月数对养老保险支付的压力。从前面的分析中可以看到，无论是固定退休余命，还是退休年龄和退休余命同时变化，养老保险个人账户支付成本在劳动者选择 65 岁以后退休时都表现出较大幅度的增长，这说明政府为了鼓励劳动者在 65 岁以后退休支付了非常高昂的成本。政府建立退休年龄越高对应更少计发月数的养老保险制度，主要是为了从利益诱导角度出发鼓励劳动者延迟退休，从而降低当前养老保险支出，但没有考虑因此带来的未来养老金支出上的潜在支付危机。因此，有必要对我国养老保险个人账户计发月数的设计进行合理调整，一方面使之对劳动者延迟退休存在一定的激励效应；另一方面又不至于带来过高的养老保险个人账户支付成本，实现养老保险制度的可持续运转。具体的做法是：通过对计发月数的调整，适当提高 65

岁以后退休人员所对应的计发月数，使不同退休年龄所对应的养老保险支付成本曲线保持较低幅度的稳定增长，使曲线斜率不急剧上升。

（二）逐步提高养老保险参保者的法定退休年龄

对于提高养老保险参保者的法定退休年龄，在当前来说既具有可行性，也具有必要性。我国当前规定的男职工 60 岁、女职工 50 岁、女干部 55 岁退休的法定退休年龄，是上个世纪 50 年代初制定的，而当时的平均预期寿命男性是 40 岁、女性是 42.3 岁①。当时制定的法定退休年龄，在当时的人口寿命条件下具有一定的合理性，而我国社会经济经过几十年的发展，医疗水平有了极大提高，人均预期寿命也达到了平均 70 岁以上，如果再坚持近六十年以前的法定退休年龄是非常不合适的。从我国当前的人口预期寿命和医疗水平来讲，适当提高法定退休年龄是完全可行的，而对于越来越严峻的养老保险支付压力来讲，适当提高法定退休年龄也是完全必要的。此外，我国提高养老保险参保者的法定退休年龄，还必须以调整个人账户养老金计发月数为前提，如果在计发月数没有合理调整之前就提高法定退休年龄，在短期内必然会导致个人账户养老金支出迅速增加，影响我国养老保险制度的可持续运行。在合理调整计发月数的基础上，提高养老保险参保者的法定退休年龄，由于基础养老金的社会统筹性质，劳动者延迟退休可以有效增加社会统筹资金的收入，并一定程度上减轻社会统筹资金的支出。只要劳动者延迟退休带来的社会统筹资金支出的减少大于个人账户养老金支出的增加，就可以在总体上降低整个养老保险体系所承担的成本。法定退休年龄的提高必须考虑整个社会的就业形势，尽管当前各个行业“退而不休”、“返聘”等现象非常普遍，但统一提高法定退休年龄还是会增加整个社会的就业压力。因此，政府在考虑提高法定退休年龄时，一方面要选择恰当的时机，另一方面也要有一个循序渐进的过程，本书认为采取 5 年提高一年法定退休年龄，最终达到男、女性法定退休年龄都为 65 岁左右较为可行。

（三）改变养老保险个人账户可继承的比例

本书对养老保险个人账户支付成本的测算以一定的预期寿命为前提，即假设全部劳动人口的实际寿命都等于预期寿命，但现实生活中必然有一部分人的

① 参见饶茜等，提高我国养老保险退休年龄的相关分析 [J]，财经问题研究，2005 (1)：64 ~ 70。

实际寿命高于预期寿命，另一部分人则相反。在参保者个体的实际寿命与总体的预期寿命存在差异的现实条件下，养老保险制度关于个人账户能否继承，以及继承比例的规定直接关系到我国养老保险个人账户整体上的支付压力。我国当前关于个人账户可继承性的规定是，当个人账户在劳动者先于预期寿命死亡而尚未用完时，可以由劳动者的继承人作为遗产全部继承，这样一来就无法通过调剂不同实际寿命劳动者的个人账户资金来实现个人账户在预期寿命上的平衡，即低于预期寿命劳动者的个人账户剩余资金被继承，高于预期寿命劳动者的个人账户空缺的资金没有着落，最终作为个人账户的支付成本由国家财政承担。因此，为了降低个人账户的支付成本，实现养老保险制度的可持续运行，有必要对个人账户的可继承比例进行调整。强化个人账户的个人产权，对于劳动者参加养老保险有一定的积极作用，但实际上劳动者在参加养老保险制度的时候，一般是无法预期到自己将来的实际寿命，养老保险个人账户剩余资金可以继承比例的改变对劳动者参加养老保险积极性的影响非常小。因此，我国应该逐步降低个人账户的可继承比例，一个可供借鉴的经验是，瑞典在养老保险参保者占工资薪金收入 18.5% 的缴费中，只有 2.5% 的比例可以继承，剩余 16% 的缴费无法继承①。降低个人账户可继承的比例，对于降低养老保险个人账户的支付成本，从而促进我国养老保险可持续运行有非常重要的意义。

（四）充分考虑退休余命的增长，实现养老保险体系的动态管理

社会经济体系是一个持续变化的系统，影响养老保险可持续运行的各个因素处于不断演化的过程中，如我国劳动者的预期寿命在过去几十年里有了较大幅度的提高，平均人均预期寿命从 1982 年的 67.77 岁提高到 1990 年的 68.55 岁，到 2000 年时人均预期寿命已经达到 71.4 岁②，并且到 2050 年人均预期寿命有望达到 85 岁③。人均预期寿命的提高增加了养老保险的支付年限，在养老保险资金收入没有同步增长的条件下必然带来养老保险支付危机。因此，我国在设计养老保险体系时，必须充分考虑退休余命的增长对个人账户支付成本，以及整个养老保险体系带来的影响。此外，对于养老保险个人账户计发月数、法定退休年龄、个人账户可继承比例等因素的调整，也必须充分考虑各影

① 参见中国经济改革研究基金会、中国经济体制改革研究会联合专家组，中国社会养老保险体制改革［M］，上海：上海远东出版社，2006。

② 数据来源：《中国统计年鉴》2010 年。

③ 数据来源：中华人民共和国国家人口和计划生育委员会网站，www.chinapop.gov.cn。

响因素的现实变化。因此，在社会保障制度建立之初，必须对社会保障各因素将来可能发生的变化进行充分估计，并为社会保障制度预留足够的变革空间，实现养老保险体系的动态管理。

通过上述措施，可以有效降低我国养老保险个人账户支付成本，此外，我国还有许多其他社会保障项目，在具体的社会保障支付条件上也存在着一定的问题，我国应该综合考虑影响社会保障项目支付成本的各影响因素，采取措施降低支付成本，以实现社会保障项目的可持续运行。因为过高的社会保障待遇将会导致社会保障资金的入不敷出，从而影响资金的可持续运营，而这正是对实施社会保障权的最大威胁。

第四节　创建有效的社会保障监督机制

监督机制在任何时候都是不可或缺的，社会保障制度的运行必须创建有效的监督机制予以配套，否则，公民的社会保障权利将很难得到真正实施。由于社会保障监督工作同样会耗尽社会经济资源，因此，它必须体现效率原则，我国应以最小的成本实现保证社会保障资金安全的目标。结合本书第六章第二节“我国社会保障监督体系与监督成本”一节中对我国社会保障监督成本各影响因素的分析，我们可以构建一套实现成本最小化的社会保障监督体系。

一、新闻舆论监督是最有效、最低成本的监督方式

在所有社会保障监督方式中，新闻舆论监督是最有效、最低成本的方式。新闻舆论监督的有效性体现在它可以形成强大的社会舆论压力，使损害社会保障权益的各种违规行为暴露在公众视野中，并在公众视野的关注下得到解决。如原劳动和社会保障部以及各级社会保障部门曾多次曝光欠缴社会保障资金的企业，使企业恶意拖欠社会保障资金、损害社会保障权益的行为被社会所了解，并形成了一股强大的舆论压力。通过曝光欠费企业名单，许多原先欠缴社会保障资金多年的企业都通过各种途径筹集到资金，补缴了应缴未缴的所欠款项。从这些案例中可以看到，许多常规的社会保障监督方式在维护资金的安全性方面存在许多不足，而新闻舆论监督方式则是一种最有效的监督方式。

新闻舆论监督还是一种最低成本的监督方式，这主要体现在社会保障体系的任何参与方都几乎不用为新闻舆论监督支付相应的成本，无论投保者个人因素、政府操作因素或制度设计因素的现实条件如何，新闻舆论监督都是一种有

效的监督方式。在当前社会保障资金的安全问题越来越突出的形势下，我国应加大新闻舆论监督的力度，通过在制度上保证新闻的自由与中立，来促进其在我国社会保障监督体系中的作用。

二、信息公开是社会保障低成本监督的基础

社会保障监督工作需要充分的信息来源，如投保者个人因素中的收入水平、收入结构，政府操作因素中的信息系统建设方式等，都会影响社会保障的监督成本，而这些监督成本的产生很大一部分来源于相关信息收集所耗费的人力、物力成本。通过立法使涉及到社会保障工作的非机密信息实现全面公开，在制度上保证信息公开的途径、渠道和程序，可以大大降低社会保障监督的信息搜寻成本。此外，由于社会保障监督体系是一个全面的监督系统，监督主体的多重性决定了社会保障信息共享的重要性。通过社会保障信息的共享可以促进各监督主体搜集到信息的应用价值，但信息搜寻的成本并不因信息共享而增加。

由于确保社会保障资金安全是社会保障监督的主要目标，因此，社会保障信息的公开更多的是涉及到社会保障资金信息的公开，通过将社会保障资金纳入国家预算范畴，并通过国家预算细节的公开、透明化，可以有效实现社会保障资金信息的公开。经过全国人大批准的国家预算具有法律约束力，从而在制度上保障了监督工作的有效性，而通过预算细节的公开，可以使公众充分了解国家预算的执行情况，进而降低资金违规操作的可能性。

三、审计与财政部门的监督应不断加强

审计监督在我国当前社会保障监督中发挥着巨大作用，有相当比例的社会保障资金挪用、违规操作都是通过审计监督发现的。此外，财政监督在我国社会保障监督中也发挥了不可替代的作用，各级财政部门利用财政在国民经济中的枢纽地位与优势，通过各项监督工作全面了解本地区、企业和政府的财力状况，围绕社会保障资金的运行在总体资金流向上进行有效地监督①。我国在构建全面的社会保障监督体系时，应不断加强审计、财政监督部门在监督体系中的作用，并基于提高社会保障监督效益的要求，采取措施降低相应的监督成本。如在影响社会保障监督成本的政府操作因素中，选择税务部门作为社会保

① 参见尤明立、刘昌盛等，财政监督要为社会保障保驾护航［J］，重庆财会，2002（10）：24~25。

障资金的征缴机构，加强社会保障信息系统的建设；在影响社会保障监督成本的制度设计因素中选择“名义账户制”作为现收现付制养老保险筹资模式的现实选择。这些措施都可以有效降低审计、财政监督的成本，充分发挥自身优势实现社会保障的有效监督。

四、社会保障部门的自我监督功能不可忽视

要建立完善的社会保障体系，社会保障部门的自我监督功能不可忽视。社会保障部门对社会保障信息的了解有着先天优势，特别是来自基层的社会保障工作人员，他们在处理社会保障事务的过程中掌握了大量的第一手信息资料。对社会保障信息掌握的先天优势，可以使社会保障部门在第一时间发现社会保障系统中存在的问题，并了解导致该问题的关键原因所在。我国应该及时建立社会保障部门自我监督的有效机制，充分保障基层工作人员在监督机制中的发言权与其他各项合法权益，保证基层工作人员不因参与监督工作而遭受打击报复。由于基层工作人员作为社会保障部门的员工，在实施社会保障监督权力的同时，并不需要增加人员经费支出，只需构建一套完善的监督保障机制，因此，从成本上来说，只要有完善的运行机制予以保障，社会保障部门的自我监督也是一种低成本但高收益的监督方式。

总之，要维护我国社会保障资金的安全，实现公民的社会保障权益，必须建立完善而低成本的社会保障监督体系，并且在体系框架内充分发挥社会保障各监督主体的作用。

第五节　选择恰当的社会保障立法层次与信息系统建设方式

基于对社会保障立法层次、信息系统建设方式与社会保障权管理方面的交易成本进行的实证分析，我们认为，应该从以下方面来对我国社会保障制度的立法层次与信息系统建设方式进行完善。

一、选择恰当的社会保障立法层次

我国当前应该加大力度完善社会保障法律体系，从成本最小化的视角出发，对于相对稳定的社会保障实体性文件方面，应以全国人大或其常务委员会立法为主，如2010年10月通过的《中华人民共和国社会保险法》。此外，一些重要的社会救济制度也需要通过法律的形式予以固定。而对于难以适应社会

经济条件变化的社会保障程序性文件，我国还是应该建立以较低层次立法为主的体系，但最低立法层次应该只到省、部级。以最大限度地实现降低建设我国社会保障法律体系的立法成本。

在建立和完善我国城镇社会保障体系的同时，我国应该加大农村社会保障制度的建设力度，逐步构建与我国农村经济条件相适应的农村社会保障法律体系。由于我国当前农村社会保障体系建设还处于起步阶段，除了养老保险和医疗保险在我国个别地区初步建立以外，工伤保险、失业保险、生育保险等重要的社会保险项目在我国农村地区还是一片空白。对于已经开始试点的养老保险、医疗保险项目，我国立法机关应该在总结各地区试点经验的基础上，尽早出台具有全国指导意义的法律性文件，并由各个省份结合各省具体经济条件出台实施细则予以落实。在农村地区尚未启动的工伤保险、失业保险、生育保险等项目，有必要在国务院的统一安排下选择部分省市首先进行试点工作，在取得相关成熟经验时，再考虑是否进一步出台法律法规层次的规范性文件。

此外，对于我国在城镇建立的养老保险、医疗保险等五大社会保险项目，虽然已经由统一的《社会保险法》在总体上予以规范，但由于我国各省现实的社会经济条件差距比较大，在具体的实施细则上应由国务院作最低或者最高指标的限制，再由各省结合自身情况在国务院限定的指标内选择适合自身条件的具体实施细则。

二、选择恰当的社会保障信息系统建设方式

系统建设方式对社会保障信息系统的建设成本有着决定性的作用，我国当前过高的信息系统建设成本，对于社会保障权的实施有一定的负面作用，但是，要改变我国当前的信息系统建设方式，一个必要的前提是在全国建立相对统一的社会保障制度。尽管我国各个省份的现实社会经济条件差距很大，但在全国范围内建立一个统一的社会保障框架性制度还是完全有可能的，以这个框架为基础建设一个社会保障信息系统框架也是完全可行的。因此，要降低我国信息系统的建设成本，首先要完成的一项任务是，至少实现我国各个社会保险项目的省级统筹，有条件的社会保障项目则进一步实现全国统筹。

在具体的系统建设方式上，我国社会保障信息系统的建设大体上可以分成两步走：第一步是由国家人力资源和社会保障部牵头，通过招投标的方式创建一个社会保障信息系统框架，这个框架应该涵盖所有的社会保障项目，以及社会保障资金管理、工作监督、信息查询等相应功能，并且做到系统具体参数的

可设置性与代码的开放性；第二步是由人力资源和社会保障部将社会保障信息系统框架授权给各省使用，再由各省结合自身的特点与社会保障项目的具体规定来设置信息系统中的各种参数，使之与本辖区的社会保障项目相适应，进而将通过各省修改、完善的社会保障信息系统在全省范围内推广使用。这样既可以做到降低社会保障信息系统的建设成本，又可以提高信息系统在不同地区的适应性与有效性。

同时，信息系统的建设不是一蹴而就的，在将信息系统投入到社会保障实际工作的同时，我们还必须建立完善的信息系统使用反馈机制，将系统使用过程中出现的问题，需要改进的地方及时反馈给各省的系统维护单位，进一步完善信息系统，提高信息系统的使用效率，充分发挥信息系统在降低社会保障体系运行成本中的功能。

第九章

控制我国社会保障权实施成本的配套措施

社会保障制度的建立对社会经济运行产生了深刻的影响，而社会经济现实条件反过来也会对社会保障权的实施成本产生方方面面的影响。我们在采取一系列旨在降低我国社会保障权实施成本的政策措施的同时，为了使这些措施更好地发挥作用，必须同时出台相应的配套措施，从改善社会经济现实条件的角度入手降低社会保障权的实施成本。

第一节　深化收入分配制度改革，实现经济包容性增长

居民收入水平和居民收入结构影响着社会保障权的实施成本，同时，社会保障项目得以运行的资金从根本上来说都来源于居民的收入，因此，不断深化收入分配制度改革，对于降低社会保障权的实施成本具有非常重要的意义。

一、提高居民收入占国民收入的比重

促进我国经济的高速增长是提高我国居民收入的捷径，因为居民收入是整个社会物质财富生产这块“大蛋糕”的一部分，一般而言，居民收入水平的绝对数额总是随着社会物质财富的增长而增长。改革开放以来，我国经济一直在高速增长的轨道上运行，在经济增长的速度上已经很难再有提升的空间，且经济持续增长的动力已逐渐显现隐忧。投资需求、消费需求和出口需求是拉动经济增长的三驾马车，长期以来，我国一直依赖投资需求和出口需求来带动经济增长，国内居民消费一直处于比较低迷的状态，消费需求对经济增长的贡献率极低。而出现国内消费需求低迷的一个重要原因是，在国民收入分配格局中，我国居民收入占国内生产总值的比重一直保持在较低的水平，从这个角度来说，我国居民收入占国民收入的比重还有较大的提升空间。

提高居民收入占国民收入的比重，首先应当适当降低国家财政收入占国内

生产总值的比重。在我国当前的国民收入分配体系中，大量的社会财富集中到政府手中，这意味着用于居民收入分配的社会财富总额的减少，但与此同时，政府却又没有相应地承担起提供更为优质的社会公共产品的职责。其次，我国应该大力提高劳动收入占居民收入的比重。社会物质财富的生产，需要投入劳动力、资本、资源、技术等生产要素，当前，我国劳动力对社会物质财富的贡献度被严重低估，在社会物质财富的分配中，劳动力分配到的份额与劳动力对物质财富生产的贡献极不相称。此外，在我国现实条件下，权力等因素不属于生产要素，也不对社会物质财富的生产做出贡献，但由于权力资源的稀缺、垄断和世袭，权力拥有者凭借权力自身的特殊性也参与到了社会物质财富的分配中。我国应该建立完善的制度来履行相关法律法规中关于公民权利相关条文的表述，如切实保护公民的监督权、选举权、被选举权、言论自由权等，以权利来抑制权力，大力打击权力失控的行为，逐步提高劳动力作为生产要素在社会物质财富分配中的比重。只有大力提高居民收入占国民收入的比重，我国社会保障体系的运转才会有物质基础的保障，并在此基础上进一步降低社会保障权实施的成本，实现公民的社会保障权利。

二、进一步规范工资制度

工资薪金收入是计缴社会保障缴款的基数，其大小与易监控程度决定着具体社会保障项目缴款的费（税）基宽窄与费（税）率高低，决定着一国对所得课税的普遍性与易操作性，而这对社会保障资金的筹集成本有着重要的影响。

规范工资制度的直接意义在于：一是货币化后的工资一般会高于非货币化的工资。在我国当前的工资制度下，居民除了得到名义上的货币工资外，还有大量的以实物形式发放的隐性工资，而这些本该计入居民工资收入总额的隐性工资由于难以观测，不仅逃避了政府税收也从来没有缴纳过社会保障缴款，全面实行工资的货币化，有助于扩大社会保障费（税）的费（税）基，有利于筹集尽可能多的社会保障资金。二是较宽的社会保障费（税）基有助于降低社会保障费（税）率，这一方面可减少社会保障参保者少报工资总额的现象，维护社会保障资金负担的公平；另一方面也有助于减少新社会保障参保者的“逆选择”现象，同时，较低的社会保障资金征收率更易于被社会保障项目参保者接受，减少参保者的抵触心理，从而降低社会保障资金的征收成本。三是工资的货币化、市场化将使收入更加透明。在政府完全建立起全国统一的、多部门共享的个人收支信息体系，且实名制下的个人工资收入一律通过银行来支付的情况下，社会保障资金的征管与稽核必然大大简化并富有效率，而社会保障资金征缴效率的提高意味着资金筹集成本的下降。因此，实现工资的货币化发放是社会保障缴款顺利、公正、高效、低成本征缴的前提条件。

目前，我国的货币性工资收入占整个工资薪金收入的比重总体来看仍然偏低。在我国的现实国情下，推进现行工资制度的货币化改革可采取如下措施：一是实行职务消费的规范化、制度化和货币化，将非货币性奖金、福利、实物转化为货币。我国当前非货币性福利最多的领域主要集中在政府机关、事业机关以及国有企业，这是我国市场化改革不到位遗留的产物，我国应该进一步加大改革的力度，通过制度建设来规范职务消费，将所有非货币性福利折算成货币性工资计入工资总额，实现各领域工资的透明与规范。二是完善价格体系，创建现代薪酬制度，完善劳动力市场。在我国的私营企业领域，也存在大量非货币性福利的现象，主要原因是我国的劳动力市场不够规范，尚未建立起现代薪酬制度，而私营企业则利用这一漏洞逃避税款，逃避企业对社会的责任。三是进一步完善财政收支两条线管理制度，全面清理单位小金库，从制度上根除隐性收入。我国政府部门隐性收入普遍的现象还与我国的财政管理体制有关，各个单位仍然存在的“小金库”是政府部门隐性收入的来源①，只有全面清理单位小金库，所有财政资金纳入收支两条线管理体系，才能使政府机关隐性收入成为无源之水、无本之末。工资制度的规范为切实降低我国实施社会保障权的资金筹集成本奠定坚实的基础。

三、实现我国经济的包容性增长

包容性增长的概念，最早是由亚洲开发银行于2007年提出的，此后，国家主席胡锦涛多次提出要实现我国经济的包容性增长，使得包容性增长的概念深入人心。包容性增长的基本含义是公平合理地分享经济增长成果，它对保障公民的社会保障权利，降低社会保障权实施成本的意义重大。全体公民公平合理地分享经济增长成果，意味着社会保障制度有了更坚实的物质基础，更有利于扩大社会保障制度覆盖范围，而规模效应的存在有利于降低社会保障制度的运行成本。深化收入分配制度改革实际上是促进经济包容性增长的重要内容之

① 例如，据中央电视台新闻频道2012年1月17日报道，我国开展“小金库”专项治理工作三年来，共查处了60722个、涉及金额315.86亿元的“小金库”，10429人被追究责任。

一。此外，经济包容性增长还要求提高公民的个人能力素质，它是促进公平合理分享经济增长成果的基础。更高的个人能力意味着公民在社会财富生产中发挥着更大的作用，因此，也可以获得更多的劳动收入。我国应该大力发展教育事业，在当前加大高等教育投入的基础上，同步增加基础教育、职业教育的投入，提高公民的劳动素质，以促进个人能力的提高。

第二节　加强社会主义法治建设

制度对于人类活动的作用在于提供行为准则与行为预期，它使人们在作出各种决策前就知道，哪些行为在当前的社会体系下是可行的，哪些行为是不可行的，并根据相关制度来预测自身行为可能的后果。因此，制度对于人类社会的正常运转至关重要，而法律制度作为一种对公民行为的硬约束，在公民日常生活中发挥着越来越关键的作用。我国通过建立完善的社会保障体系来实现公民的社会保障权利，而为了降低社会保障权实施的成本，我国积极建立社会保障法律体系的同时，还需要构建完善的配套法律体系。

一、加快社会主义法律体系建设

已于2010年10月28日高票通过的《中华人民共和国社会保险法》对主要社会保障项目作出了明确的规定，这对构建我国社会保障法律体系具有里程碑式的意义。除此之外，我国与社会保障体系有关的配套法律体系还有待进一步完善，如公民的工资制度、资金征缴办法、资金管理办法等都有进一步完善的空间。我国应该在考虑立法层次与立法成本关系的基础上，通过多层次的立法，构建全面的社会主义法律体系。

由全国人民代表大会及其常务委员会制定的各项法律具有最高效力，而我国的法律体系除法律外还包括由国家最高行政机关国务院制定的行政法规，由省、自治区、直辖市人民代表大会及其常务委员会制定的地方性法规，由国务院各部委制定的行政规章以及民族自治地区制定的自治法规等。由于我国的法律体系建设还处于起步阶段，社会经济形态处于转型时期，因此，存在大量的行政法规、地方性法规、行政规章等来规范公民各方面的经济生活，在这样的现实条件下，加强对国务院、国务院各部委以及地方政府相关法规制定工作的监管也就显得非常重要。完善的法律体系是实现社会保障权的基础，也是降低社会保障权实施成本的前提条件。国家对涉及违规挪用社会保障资金的行为制定严厉的惩罚措施，可以对挪用社会保障资金的主体产生一定的威慑作用，潜在挪用者可能会通过成本与收益的比较，来决定是否做出挪用资金的行为，从而一定程度上降低社会保障资金被挪用的风险，降低实施社会保障权的成本。

二、有法必依，严格执行法律法规

我国构建社会主义法律体系的目的是为了有法可依，因此，各级行政、司法机关在具体执法过程中必须做到有法必依，执法必严。有法必依是依法治国的必然要求，制定了完善的法律却没能在实际生活中得到应用，则法律成为摆设，也就无法实现制定法律的初衷。以对社会保障资金投资的违规操作为例，我国制定了一定的惩罚措施，从而给从事资金投资的操作者形成一种预期，他必须遵守国家制定的各种保障资金安全的投资规则，否则，将会受到法律的严惩。但是，如果当他违规操作却没有得到应有惩处时，就会带来一种示范效应，让所有从事社会保障资金投资操作的人都意识到相关法律法规只是“一纸空文”，对社会保障资金进行违规操作可能给自己带来利益而不用承担成本，因而极有可能导致社会保障资金的投资成本急剧上升。因此，为了有效控制社会保障权的实施成本，我国在制定完善的社会主义法律体系的同时，还必须做到有法必依，认真贯彻国家制定的各项法律法规。此外，执法必严也是降低社会保障权实施成本的重要途径，严格执行法律法规可以更大限度地发挥法律法规的威慑作用。

第三节　重视公民社会保障需求管理

公民对社会保障制度的需求，一定程度上影响着社会保障权的实施成本，我国政府在采取措施降低社会保障权实施成本的同时，还必须采取配套措施对公民社会保障需求进行有效地管理，从需求的角度降低成本。

一、大力发展社会主义市场经济，创造更多就业岗位

失业率是影响公民社会保障需求的重要因素，我国人口基数庞大，传统计划经济时代可以通过户籍制度将大量人口限制在农村，但随着我国市场经济的发展，全体公民共享经济发展成果的呼声越来越强烈，农村剩余劳动力的转移不可逆转，大力发展社会主义市场经济，努力创造更多的就业岗位是维护我国社会和谐稳定的必然选择，也是降低我国社会保障权实施成本的有效配套措

施。创造更多就业岗位意味着有更多的人缴纳失业保险费，有更少的人领取失业保险金。此外，就业岗位的增加也可以减少非自愿退休劳动者的数量，从而影响养老保险的支付成本。

我国应该大力发展第三产业，据统计，2010 年底我国共有就业人员 7.61 亿人，其中：2.79 亿人从事第一产业、2.18 亿人从事第二产业、2.63 亿人从事第三产业，第三产业人口占全部劳动人口比重的 34.6%①，该比重远远低于发达国家的水平，尚有很大的提升空间。同时，第三产业相比第二产业而言，相同的产值可以提供更多的就业岗位，第二产业往往属于资本密集型产业，而第三产业则属于劳动力密集型产业，第三产业的发展壮大意味着会有更多的就业岗位被创造出来。

同时，我国政府应该看到民营经济对增加就业岗位的重要作用。社会主义市场经济以公有制为主体，但公有制的主体地位主要体现在对国民经济命脉的掌握上，其他领域则应该大力发展民营经济，充分发挥民营经济在带动国民经济增长中的重要作用。民营经济与公有制经济相比，可以吸纳更多的劳动力，创造更多的就业岗位。我国政府应该为民营经济创造良好的发展环境，在制度上确认民营经济在国民经济中的重要地位，并维持政策的稳定性。

二、发展体育事业，提高国民身体素质

国民身体素质与一国的社会保障需求密切相关，国民身体素质越高，则对养老保险、医疗保险、工伤保险等社会保障项目的需求越少，我国应该把发展体育事业，促进国民素质提高作为控制社会保障权实施成本的重要配套措施。

在各种体育竞技比赛中，我国已经成为一个体育大国，在奥运会、亚运会等重要体育赛事中的金牌数量遥遥领先，但这并不代表我国已经成为一个体育强国，相反，我国距离体育强国还有相当长的路要走。我国体育大国的地位是通过对运动员的大量专项资金投入实现的，但国家对全体公民身体素质提高的投入却非常有限，而全体公民身体素质的提高才是一个国家成为体育强国的真正标志。我国政府应该及时转变观念，重视公众体育设施建设，加大对城市和农村的体育设施投入。城市体育设施的欠缺是我国当前城市中大量出现健身俱乐部的重要原因，但是健身俱乐部实际上只能满足少数高收入阶层的体育锻炼

① 数据来源：2011 年《中国统计年鉴》。

需求，大量中低收入阶层所需要的体育锻炼设施非常欠缺。此外，政府对农村体育设施的投入更是少之又少。

我国政府在重视公民体育设施投入的同时，还必须积极打造一种全民健身的社会风气，使全体公民更主动地投入到体育锻炼中，同时还应该通过制度化的措施，强制规定住宅区建设时按照住宅面积的一定比例设置公共锻炼场所，建造一定数量的公共锻炼设施，满足社区居民的健身需求。此外，由于每个学校都会有操场等体育锻炼场所，各级政府应该积极促进学校资源的社会化共享，例如，在学生放学后开放学校的操场、篮球场、游泳池等体育设施供附近居民使用，并加强安全管理。

国民身体素质的提高是一个长期的过程，因此，政府相关配套措施对降低社会保障权实施成本的作用，也需要一个相当长的时期才会显现。

三、加强医疗卫生事业建设

医疗卫生水平是衡量一国社会发展水平的重要指标，它不仅包括了该国治疗重大疾病的能力，还包括该国的基础医疗水平和疾病预防水平。对公民社会保障的需求而言，一个国家的基础医疗和疾病预防能力显得尤为重要，较高的基础医疗和疾病预防能力，可以更早地发现人们潜在的疾病，有利于疾病的治疗，也有利于节省疾病治疗的成本，而疾病治疗成本的降低，实际上就是公民对社会保障需求的降低，即从需求的角度影响社会保障权实施的成本。

我国当前对医疗卫生事业的投入非常有限，如2010年中央与地方财政在医疗卫生上的支出为4804.18亿元，占当年度全部政府财政支出的5.35%，同样还有相当大的提升空间。同时，医疗卫生投入的结构也有待进一步调整。我国应该逐步加大对基础医疗和疾病预防能力建设的资金投入，建立完善的疾病预防体系，在源头上控制疾病的发生概率，以降低对医疗保险等社会保障项目的需求，进一步降低社会保障权的实施成本。

参考文献

［1］ Alan L. Gustman、Thomas L. Steinmeier. Changing the Social Security Rules for Work after 65 ［J］. Industrial and Labor Relations Review, 1991 (4): 733～745.

［2］ Andrew B. Abel. The Effects of Investing Social Security Funds in the Stock Market When Fixed Costs Prevent Some Households from Holding Stocks. ［J］ The American Economic Review, 2001 (3): 128～148.

［3］ Bingwen Zheng. Institutional Root Cause of the Irregularity of Social Security Funds in China. ［J］ China & World Economy, 2007 (5): 65～76.

［4］ Henry Aaron. The Social Insurance Paradox. ［J］ The Canadian Journal of Economics and Political Science, 1966 (3): 371～374.

［5］ Henry T K Mok. Averting the Old Age Crisis: Problems of the Privately Managed Mandatory Provident Fund Scheme ［J］. Asian Journal of Public Administration, 2000) (6): 33～55.

［6］ ISSA study group on investment of social security funds. Guidelines for the Investment of Social Security Funds. ［EB/OL］ http://www.issa.int/Resources, 2004.

［7］ John Woodall. Investment of Social Security Funds: Issues and Experience ［EB/OL］ www.asean-ssa.org/Material/BM_ 22Mar 2002_ 2.pdf, 2002.

［8］ J. R. Hicks. A Suggestion for Simplifying the Theory of Money. ［J］ Economica, 1935 (2): 1～19.

［9］ Laurence J. Kotlikoff. Privatization of Social Security: How It Works and Why It Matters ［J］. Tax Policy and the Economy, 1996 (10): 1～32.

［10］ Martin Feldstein. Social Security, Induced Retirement, and Aggregate Capital Accumulation. ［J］ The Journal of Political Economy, 1974 (5): 905～926.

［11］ Olivia S. Mitchell、Stephen P. Zeldes. Social Security Privatization: A Structure for Analysis ［J］. The American Economic Review, 1996 (5): 363～367.

［12］ Paul A. Samuelson. An Exact Consumption-Loan Model of Interest with or without the

Social Contrivance of Money. [J] The Journal of Political Economy, 1958 (6): 467 ~ 482.

[13] R. H. Coase. The Nature of the Firm. [J] Economica, 1937 (4): 386 ~ 405.

[14] R. H. Coase. The Problem of Social Cost. [J] Journal of Law and Economics, 1960 (3): 1 ~ 44.

[15] Reid Gary、Mitchell Olivia. Social Security Administration in Latin America and the Caribbean [R] Washington, DC: World Bank Report 14066, 1995.

[16] Sebastian Edwards、Alejandra Cox Edwards. Social Security Privatization Reform and Labor Markets: The Case of Chile [J]. Economic Development and Cultural Change, 2002 (3): 465 ~ 489.

[17] Sita Nataraj and John B. Shoven. Has the Unified Budget Undermined the Federal Government Trust Funds. [EB/OL] NBER Working Paper No. W10953, 2004 (12).

[18] World Bank. Averting the Old Age Crisis [R] Washington, DC: Policy Research Report, 1994.

[19] Wyatt. Measurement of Investment Performance Survey for Hong Kong Retirement Schemes [R] Hong Kong: Wyatt Company (HK) Ltd, 1995.

[20] 陈冬红、王敏. 社会保障学 [M]. 成都: 西南财经大学出版社, 1996.

[21] 董克用. 中国经济改革 30 年 社会保障卷 [M]. 重庆: 重庆大学出版社, 2008.

[22] 林治芬. 社会保障资金管理 [M]. 北京: 科学出版社, 2007.

[23] 庞凤喜. 社会保障税研究 [M]. 北京: 中国税务出版社, 2008.

[24] 庞凤喜. 转轨中的财税改革与思考 [M]. 北京: 中国财政经济出版社, 2007.

[25] 史蒂芬·霍尔姆斯、凯斯·R. 桑斯坦. 权利的成本——为什么自由依赖于税 [M]. 北京: 北京大学出版社, 2004.

[26] 奚洁人. 科学发展观百科辞典 [M]. 上海: 上海辞书出版社, 2007.

[27] 谢尼亚·舍尔—阿德龙编, 王发运等译. 建立社会保障——私有化的挑战 [M]. 北京: 中国劳动社会出版社, 2004.

[28] 徐滇庆. 中国社会保障体制改革 [M]. 北京: 经济科学出版社, 1999.

[29] 郑功成. 社会保障学 [M]. 北京: 商务印书馆, 2000.

[30] 郑秉文. 社会保障体制改革 [M]. 北京: 中国水利水电出版社, 2005.

[31] 张维迎. 博弈论与信息经济学 [M]. 上海: 上海人民出版社, 2004.

[32] 边恕. 日本公共年金的支付危机与养老保险制度改革 [J]. 日本研究, 2003 (3): 7 ~ 13.

[33] 边恕、穆怀中, 俄罗斯养老保险制度改革及其经济效应分析 [J]. 俄罗斯研究, 2004 (4): 26 ~ 30.

[34] 蔡社文．未来5～10年我国财政社会保障支出趋势分析［J］．宏观经济研究，2002（4）：53～57.

[35] 财政部赴法国、丹麦考察团．市场经济下的财政政策支出管理和社会保障制度——访问丹麦、法国考察报告［J］．财政研究，1997（3）：43～48.

[36] 曹朴．影响我国社会保障支出水平的因素分析［J］．经济问题，2006（6）：77～78.

[37] 陈长民．健全我国社会保障监督体系的思考［J］．财会月刊，2006（2）：62～63.

[38] 陈琍．社会保障缴款征收机构的国际比较研究［J］．财政研究，2008（1）：78～80.

[39] 陈西平．社会保障基金监督政策解读［J］．劳动者，2004（3）：20～21.

[40] 陈向京．我国社会保障基金筹集和管理问题探析［J］．财政研究，2008（11）51～53.

[41] 陈志强．我国失业保险政策变迁的公共政策分析［J］．中国劳动关系学院学报，2010（6）：23～26.

[42] 崔光营．开征社会保障税不应心存疑虑——关于社会保障基金筹集形式的调查、分析和思考［J］．税务研究，2000（12）：54～58.

[43] 邓大松．论我国社会保险基金的运用［J］．经济评论，2000（4）：126～128.

[44] 邓大松、李琳．中国社会养老保险的替代率及其敏感性分析［J］．武汉大学学报（哲学社会科学版），2009（1）：97～105.

[45] 邓大松、吴汉华、刘昌平．论中国社会保障基金治理结构与管理模式［J］．经济评论，2005（5）：44～48.

[46] 邓晖．从苏联到俄罗斯：养老金制度改革之评述［J］．世界经济情况，2005（24）：14～18.

[47] 董岩．俄罗斯统一社会税简析及其对中国之借鉴［EB/OL］．中国财税法网，20010. 9. 1.

[48] 杜仕菊．论农民工社会保障权保护的特殊性［J］．中国劳动关系学院学报，2008（8）：61～64.

[49] 冯义秀、王欣东．社会保障基金投资运作与审计监督［J］．北京工商大学学报（社会科学版），2003（11）：61～63.

[50] 桂涛．关于社会保障税立法的探讨［J］．税务研究，2002（11）：49～52.

[51] 郭殿生．集中投资还是分散运营——中国社会保障基金投资管理模式选择［J］．税务与经济，2003（4）26～29.

[52] 郭曰君、吴新平．以宪法为依据，保障公民的社会保障权——从宪法修正案第二十三条谈起［J］．辽宁大学学报（哲学社会科学版），2004（7）：61～65.

[53] 国家税务总局所得税管理司课题组．建立长效稳定的社会保险资金筹集机制［J］．税务研究，2007（10）：38～42.

[54] 侯爱黎．自由主义视野下的公民权利与国家权力思想理论述评［D］．成都：西南交通大学，2007.

[55] 胡彩霄．关于我国社会保障法律制度的思考［J］．宁夏社会科学，2005（7）：24～26.

[56] 胡敬、王智华．我国农村养老保险的制度变迁［J］．才智，2010（3）：268.

[57] 黄新华．政治交易的经济分析——当代西方交易成本政治学述评［J］．厦门大学学报（哲学社会科学版），2009（5）：5～13.

[58] 蒋承松、楚道文．居住权的法律与政策保障研究［J］．政治与法律，2008（2）：2～8.

[59] 姜峰．自由与权力：如何超越零和博弈？［J］．北大法律评论，2008（9）：230～238.

[60] 寇国明、邱长溶．统筹城乡的基本养老保险个人账户基金市场化运营机制与模式［J］．财经研究，2008（3）：4～17.

[61] 劳动和社会保障部中国养老保险基金测算课题组．中国养老保险基金测算报告［J］．社会保险研究，2001（5）：3～21.

[62] 靳东升．社会保障缴款征收管理的国际比较［J］．税务研究，2007（10）：34.

[63] 李德山．农民工的社会保障权不容忽视［J］．人权，2004（5）：43～45.

[64] 李乐平．论社会保障权［J］．实事求是，2004（3）：57～61.

[65] 李乐平．论社会保障权的属性［J］．实事求是，2008（4）：50～54.

[66] 李乐平．论我国社会保障权的实现［J］．实事求是，2008（1）：64～66.

[67] 李运华．社会保障权原论［J］．江西社会科学，2006（5）：26～32.

[68] 李荣辉、梁小惠．中国现代公民权利理论发展的宪政解析［J］．党史博采，2005（7）：4～6.

[69] 林宝．提高退休年龄对中国养老金隐性债务的影响［J］．中国人口科学，2003（6）：48～52.

[70] 林义．我国养老保险模式转换［J］．财经科学，1994（1）：60～63.

[71] 刘汉松．博弈论视角下的我国税收发票管理问题探究［D］．武汉：华中师范大学，2008.

[72] 刘军．权利发展与权利成本［J］．博览群书，2005（2）：99～101.

[73] 刘雪斌、何筠．我国失业保险制度的变迁和发展［J］．当代财经，2004（1）：42～45.

[74] 刘俊霞．社会保障权与农村社会保障制度［J］．中南财经政法大学学报，2005（4）：21～25.

[75] 刘苓玲．论我国社会保障权实现的难点与途径［J］．商业研究，2006（17）：129～132.

[76] 刘五丰、韩金玮．社会保障税的模式选择及配套改革［J］．税务研究，2008（4）：93～94.

[77] 罗君丽．交易成本概念的演化——一个不完全的综述［J］．河南社会科学，2007（11）：89～92.

[78] 罗志先．当前农民工社会保障权现状、缺失原因及其对策思考［J］．中共中央党校学报，2005（4）：77～81.

[79] 罗志先．试论农民工社会保障权的法律保护［J］．现代法学，2006（11）：114～121.

[80] 吕铁贞、郭曰君．社会保障权相关问题探讨［J］．青海社会科学，2006（5）：118～121.

[81] 梅阳．论改革和健全社会保障资金筹集与运行系统［J］．财政研究，2004（5）47～49.

[82] 孟芳．我国农村社会保障监督体系现状与对策研究［J］．乡镇经济，2008（11）：67～70.

[83] 孟宪民．社保费征收费改税的建议［EB/OL］．中国税务网，2008.8.27.

[84] 潘锦棠．中国生育保险制度的历史与现状［J］．人口研究，2003（3）：29～35.

[85] 潘孝珍．金融危机冲击下扩大我国消费需求的税收政策选择［J］．南京财经大学学报，2010（1）：43～49.

[86] 潘孝珍．税收政策是调节收入分配的有力工具［N］．中国税务报，2010.2.3.

[87] 潘孝珍．社会保障缴款征收机构的选择［J］．吉林工商学院学报，2009（11）33～36.

[88] 庞凤喜．社会保障缴款"税"、"费"形式选择中若干问题辨析［J］．财政研究，2011（10）68～71.

[89] 庞凤喜．论社会保障权的实施成本及其控制［J］．中南财经政法大学学报，2011（1）21～27.

[90] 庞凤喜．论社会保险税的征收与深化社会保障制度改革的关系［J］．税务研究，2007（10）：43～46.

[91] 庞凤喜．论社会保障缴款的性质［J］．中南财经政法大学学报，2008（10）：3～8.

[92] 庞凤喜、燕洪国．论社会保障缴款征收机构的选择［J］．涉外税务，2007（6）：12～18.

[93] 庞凤喜、洪源．我国社会保障基金管理模式构建研究［J］．现代财经，2006（2）3～8.

［94］钱继磊、赵晔．揭开权利成本分析的面纱［J］．公民与法，2010（5）：51～53.

［95］饶茜等．提高我国养老保险退休年龄的相关分析［J］．财经问题研究，2005（1）：64～70.

［96］任保平．世界各国社会保障模式的比较及其启示［J］．税务与经济，2003（1）．10～14.

［97］石宏伟、周德军．论社会保障权和我国社会保障立法的完善［J］．江苏大学学报（社会科学版），2005（9）：24～28.

［98］施晓琳．我国农村社会保障立法的历史考察［J］．生产力研究，2007（18）：29～32.

［99］孙树菡、朱丽敏．中国工伤保险制度30年：制度变迁与绩效分析［J］．甘肃社会科学，2009（3）：59～65.

［100］孙炳耀．人口年龄结构与老年社会保障筹资模式［J］．中国人口科学，1999（3）：18～25.

［101］唐鸣、杨正喜．论农民工的社会保障权［J］．中南民族大学学报（人文社会科学版），2006（9）：111～115.

［102］唐政秋．社会保障权探微［J］．行政与法，2005（4）：47～49.

［103］翁丽秋．中国养老保险制度变迁之研究［D］．高雄：国立中山大学，2008.

［104］王芳．对现阶段我国社会保障立法发展滞后的思考［J］．西北大学学报（哲学社会科学版），2005（5）：132～136.

［105］王海勇、金菁．世界各国社会保障筹资的基本经验［J］．经济研究参考，2007（58）37～47.

［106］王健．完善社会保障基金监督系统的路径选择［J］．江苏大学学报（社会科学版），2008（3）：15～18.

［107］王萍．我国社会保障立法刍议［J］．当代财经，2005（3）：40～42.

［108］王小章．公民权视野下的社会保障［J］．浙江社会科学2007（3）：92～96.

［109］王晓燕．我国社会医疗保险制度的变迁与发展［J］．科学对社会的影响，2005（2）：31～34.

［110］王泽英．社会保障基金不可纳入财政预算［J］．经济理论与经济管理，2002（2）：17～21.

［111］汪泽英、曾湘泉．中国社会养老保险收益激励与企业职工退休年龄分析［J］．中国人民大学学报，2004（6）：74～78.

［112］吴传毅．公民的基本权利与宪法保障［J］．北京行政学院学报，2007（2）：80～84.

［113］吴光皎、邓剑光．社会保障权及其宪法保护的基本原则［J］．太平洋学报，

2007（12）：50～54.

［114］徐锦文．关于我国社会保障基金筹资问题的思考［J］．财贸经济，2004（9）：17～19.

［115］许艳霞、徐飞．试实地农民的社会保障立法［J］．社会科学辑刊，2008（4）：64～66.

［116］薛小建．社会保障权的价值：正义［J］．法学家，2005（5）：31～34.

［117］杨燕绥．社会保险经办机构能力建设研究［M］．北京：中国劳动社会保障出版社，2011

［118］杨丹芳．我国统账结合的养老保险模式中一些制度设计的经济思考［J］．财政研究，2003（3）：38～39.

［119］杨芳．加强审计监督 保障"社会保障"［J］．审计文汇，2000（1）：10～13.

［120］杨体军、谢慧馨等．健全我国社会保障资金财政监督体系的思考［J］．中国财政，2003（12）：49～50.

［121］杨威．论社会保障权的保障［J］．福建法学，2009（1）：31～33.

［122］易纲、李凯．转型名义账户制：探索中国养老保障体制改革的新思路［J］．比较，2007（29）：10～25.

［123］殷俊．论中国社会养老保险金积累模式的选择［J］．经济评论，2002（5）：55～58.

［124］于立深．我国宪法典公民权利条款评析［J］．长白学刊，2002（4）：27～29.

［125］于阳、舒华英．中国基本养老保险的制度变迁与现状［J］．生产力研究，2008（22）：45～46.

［126］喻中．自由个性能否挣脱"税的依赖性"［J］．中国图书评论，2006（2）：57～59.

［127］袁艳红．社会保险费征收主体的选择［J］．经济经纬，2008（2）：159～161.

［128］原志峰．加强社会保障资金审计监督的思考［J］．现代审计与会计，2003（11）：8～9.

［129］袁志刚．中国养老保险体系选择的经济学分析［J］．经济研究，2001（5）：13～19.

［130］张国海．关于农村社会保障管理和监督的几点思考［J］．经济问题探索，2005（12）：61～64.

［131］张国平．我国养老保险统账结合模式的风险分析与改革取向［J］．宁夏社会科学，2005（11）：81～84.

［132］张姝．浅析社会保障权的主体［J］．行政与法，2004（12）：59～60.

［133］张姝．实现社会保障权的条件和机制［J］．社会科学战线，2006（6）：

274～276.

［134］张天柱．社会保障审计监督面临的形势与对策［J］．华南热带农业大学学报，2004（9）：63～65.

［135］张问国．社会保障基金的投资运营分析［J］．经济前沿，2005（3）95～98.

［136］张霞．城市劳动力市场二元分割与外来农业户籍劳动者社会保障权益缺失［J］．中国社会科学院研究生院学报，2007（3）：90～97.

［137］张新民．构建我国农村社会保障体系的立法思考［J］．现代法学，2008（11）：82～88.

［138］张映芹．经济转型时期中国社会保障转制成本的化解途径［J］．思想战线，2009（1）：55～60.

［139］张勇．养老保险费地方税务征收中存在的问题分析［J］．经济与社会发展，2004（8）：61～63.

［140］张勇．中国个人账户的支付能力研究［J］．数量经济技术经济研究，2007（7）：126～134.

［141］张宇、雷玉华．社会保障费征收透视及诊断［J］．税收征纳，2002（2）：19～20.

［142］赵俊康．我国养老保险转轨成本研究［C］．养老基金管理与生活质量国际论坛论文集，2005：66～78. 整理得到。

［143］赵曼．社会保障监督的分析框架［J］．社保从财务理论与实践，2007（3）：82～90.

［144］赵哲伟．关于完善我国社会保障制度的立法思考［J］．中央财经大学学报，1998（7）：59～62.

［145］曾煜．试论我国社会保障法律体系之完善［J］．学习与探索，2006（5）：109～112.

［146］郑秉文．“名义账户”制：我国养老保障制度的一个理性选择［J］．管理世界，2003（8）：33～45.

［147］郑春荣．基于可持续性的养老保险个人账户目标模式［J］．财经研究，2008（2）：99～108.

［148］郑春荣、杨欣然．退休年龄对女性基本养老保险金影响的实证分析［J］．社会科学家，2009（2）：51～54.

［149］郑功成．社会保险费改税应当缓行［N］．中国经济时报，2000. 2. 2.

［150］郑功成．推进我国社会保障改革的几点思考［J］．中国软科学，2001（4）：19～22.

［151］郑功成．中国社会保障制度改革的新思考［J］．山东社会科学，2007（6）：

5～10.

［152］郑贤君．基本权利的宪法构成及其实证化［J］．法学研究，2002（2）：45～56.

［153］郑志刚．新制度经济学的研究方法与交易成本范式［J］．南开经济研究，2002（6）：27～31.

［154］钟会兵．作为宪法权利的社会保障权——基于文本与判例分析［J］．学术论坛，2005（10）：118～123.

［155］钟仁耀、徐铁城．城镇新旧养老保险模式中养老金水平比较研究［J］．财经研究，2006（11）：56～65.

［156］朱彩霞．公民权利演进的第三条道路——个案模式理论的初步思考［J］．东岳论丛，2010（1）：151～154.

［157］朱丽君．高额医疗费用社会保障成本测算［D］．上海：华东师范大学，2010.

［158］朱楠．中国延长退休年龄的财务平衡预算及其方案设计［J］．中央财经大学学报，2009（8）：10～14.

［159］朱青．当前养老保险筹资模式不宜转向基金式［J］．经济理论与经济管理，2001（12）：16～21.